世界最高峰の経済学教室

広野彩子 編著

12 Premier Lessons from the World's Leading Economists

Gary Becker
Richard H. Thaler
Dan Ariely
Paul Milgrom
Alvin E. Roth
John A. List
James J. Heckman
Abhijit Banerjee
Daron Acemoglu
Joseph E. Stiglitz
Dani Rodrik
Raghuram Rajan

日本経済新聞出版

まえがき

経済学っていったい何の役に立つのだろう。本当は何が面白いのだろう。今、本当はどこまで分かっていて、どのような研究が盛んなのだろう。筆者は、一記者としてそんな素朴な問いに取りつかれるようになった。全国紙記者から、出版社の経済誌記者に転じて間もない2000年代初頭のことだ。

まだ、現在のようにインターネットが十分に発達していない時代である。SNS（交流サイト）もスマートフォンも存在しない。とはいえもう21世紀なのに、当時、新聞など大手メディアで目にする経済学者の名前は、大抵ケインズ、フリードマン、シュンペーター、たまに批判的にマルクス、そしてアダム・スミス中心であることに素朴な疑問を持った。いずれも重要だが、前世紀以前の古典的な学者である。日本でも知られている海外の現役経済学者としては、ポール・クルーグマン氏やジョセフ・E・スティグリッツ氏などがいたが、知識にも手がかりにも乏しい当時の筆者には、文章が得意で、世間に伝えたい思想や強い信念を持っている人だけが活躍しているように見えた。ノーベル経済学賞受賞者が毎年選ばれているにもかかわらずだ。

科学については次々と新しい研究が話題になり、時に報道メディアのトップを飾っていた。一方、われわれの経済・社会生活を活写し分析する、身近なはずの経済学は、時が止まったままに見えた。経済環境も政治思想、社会のありようもまるで違うのに、なぜひたすら同じ古典的理論だけが繰り返し引用されるのかが、素朴な疑問だった。きっとあるに違いない最新の専門知との間に、一般人には見えない分厚いファイヤーウォールがあるように感じ、壁の向こうにあるダイナミズムの方向性を本格的に探りたくなった。今にして思えば、大変身の程知らずなテーマに首を突っ込んでしまったと思う。

しかし、新しいもの好きな一般紙の新聞報道出身の体質ゆえか、最新の議論に純粋に興味があり、好奇心が勝った。単なる知識で終わらない、社会の今を理解するうえで役に立つ研究があるはずだとの確信があった。本書は手探りで続けてきた、約20年の取材・探究・編集・執筆活動をまとめた集大成である。

本書は、主に米国で活躍する世界最高峰の経済学者12人へのインタビューをもとに構成している。すべての学者に対して、理論がどう役に立つのか、理論を使って考えることが、政治・経済・社会・ビジネスにおける目の前のテーマや世の中の理解にどう役立つのか、その時々のテーマに沿ってしつこく尋ねた。

研究の動機は人それぞれである。だが、一人ひとりに象徴的な出会いと人間ドラマがあり、その人だけの文脈があった。本書をざっとお読みいただくことで、21世紀の今もなお注目され、応用されている革命的な知見を生み出した経済学者たちが何を大切にし、どのように研究に取り組み、大きな社会課題の解決に向けてどう知的に格闘してきたかが、読み取れるはずだ。

各章のインタビューの前のパートではそれぞれの経済学者について「概説」を書き下ろした。そこでは、とりわけ取材時の世相、語り手の関心や研究史、人間関係に注目した。メディアの記者が「人もの」と呼んでいるものだが、著名な人物の半生と、偉業が成し遂げられた背景を、本人はもちろん文献調査や多方面にわたる関係者への対面取材、現場取材を通じて特集する記事を書くことがある。技法的にはそのイメージだ。インタビューの理解を助けるための概説のつもりがついあれもこれもと盛り込み、本編並みに長くなってしまったものもある。また、本編の合間にも質問に加えて解説をさしはさんでいる場合もある。

各章に登場する経済学者の研究の背景や理論の概要、理論をめぐる論争などについては、国内の第一線の研究者に改めて取材した。インタビュー当時の肉声に加えて著作物、論文などにもなるべく数多く当たって書き、本人から最新の追加コメントを直接いただいたケースもある。中には現在進行形のトピックも含まれており、筆者の理解の範囲で執筆している。特定分野の専門家の目から見て抜け落ちている視点などについては、ウォッチャーにすぎない筆者の人的資本の限界ということで、ご寛恕いただきたい。幸い、多くは各分野の専門家の助言や本人のレビューをいただいている。

前半は「人間と市場をめぐる経済学」をテーマとした。ざっくりと主にミクロ経済学の最先端を追うものだ。ジャンルでいえば人的資本論、行動経済学、オークション理論、マッチング理論、フィールド実験、そして「生き抜く力」の経済学といったラインアップになっている。語り手は、故ゲイリー・ベッカー氏、リチャード・H・セイラー氏、ダン・アリエリー氏、ポール・ミルグロム氏、アルビン・E・ロス氏、ジョン・A・リスト氏、そしてジェームズ・J・ヘックマン氏だ。

後半は、政策や政治をめぐる経済学だ。開発経済学、産業政策論、制度・政治経済学、新しい資本主義の経済学、そして金融政策論である。語り手はアビジット・バナジー氏、ダロン・アセモグル氏、ジョセフ・E・スティグリッツ氏、ダニ・ロドリック氏、そしてラグラム・ラジャン氏である。

本書に登場するこれら12人のうち7人がノーベル経済学賞を受賞している。ただしポール・ミルグロム氏、リチャード・H・セイラー氏は最初のインタビュー時点ではまだノーベル経済学賞を受賞していなかった。

筆者は、『朝日新聞』を経て日経BPの週刊経済誌『日経ビジネス』編集部に移籍した記者・編集者である。記者歴は本稿執筆時点でちょうど30年になる。学生時代は早稲田大学政治経済学部経済学科で学び、経済学のさわりに触れた。転職後、主に破綻企業の再生を取材しながら、政策と理論の関係に興味を持つようになっていた。そして2003年から米国のプリンストン大学大学院の公共政策修士課程に留学し、マクロ経済分析や計量分析、ファイナンスや応用ミクロ経済学などのごく一部を集中的に学んだ。学術の専門家ではないが、学術を通して現実を理解するために必要な知識について、すべてではないが一定のトレーニングを受けた。そこで、経済学部の博士課程に在学していた安田洋祐氏（大阪大学）、陣内了氏（一橋大学）、中島大輔氏（小樽商科大学）といった日本人の経済学者と知己を得た。修士課程修了後も筆者は記者・編集者として経済学の動向に長年関心を持ち、取材してきた。

前編著『世界最高峰の経営教室』は、『日経ビジネス』誌上で、2019年ごろから海外の著名な経営学・ビジネスに関わる有識者らを探してインタビューし、連載したものをベースにした。経営学については2012年から早稲田大学ビジネススクールの入山章栄教授や慶応義塾大学の琴坂将広准教授、米カリフォルニア大学サンディエゴ校のウリケ・シェーデ教授ら国際畑の研究者の連載を中心に手がけたものの、経済学に比べると蓄積が浅かった。本の出版は経営学関係が先になったが、筆者の取材歴がより長く、ライフワークとして取り組んできたのが、経済学の新潮流の掌握である。

当時主務でコラムを担当していたのが、無料登録で読めた『日経ビジネスオンライン』（当時のコンテンツの多くは閲覧不可となり、現在は日経ビジネス電子版）だった。媒体の自由な編集方針を生かして、国内外で活躍する若手経済学者に寄稿を依頼するコラム「気鋭の論点（のちに「気鋭の経済論点」と改題）」の企画・編集に取り組み、最新の研究に関する寄稿記事を配信する活動を続けてきた。寄稿や取材、懇親、雑談などでご一緒した経済学者は、しっかり数えたことはないが国内外でおそらく200人以上に上るだろう。

そうした長年の取り組みもあって２０２０年10月10、11日に開催された日本経済学会では、お世話になってきた教授陣からのお誘いで、パネル討論に登壇する機会をいただいた。長年にわたって、経済学を経済誌のコンテンツとしてどう発信してきたかなど、安田洋祐・大阪大学経済学部教授（当時、准教授）の司会によりＮＨＫエデュケーショナルのチーフプロデューサーである吉村恵美氏（経済学を特集するＮＨＫ教育の番組「オイコノミア」をプロデュース）、日本評論社『経済セミナー』の編集長である尾崎大輔氏と一緒にお話をさせていただいた。アーカイブ記録が日本経済学会唯一の日本語版機関誌『現代経済学の潮流　２０２１』（東洋経済新報社）に収録されているので、興味のある方はぜひ参照いただきたい。

２０２１年7月からは、経済産業省管轄の政策シンクタンク、独立行政法人経済産業研究所で1年間、エディトリアル・コメンテーターを務めた。ファカルティフェローとして活動する経済学者らがプロジェクトとしてどのような研究に取り組み、どのような議論をしているか、経済産業省を中心とする経済政策当局とどのように意見交換をしているのかを知り、議論に参加する機会を得た。ウオッチャーの立場からさまざまな質問をしたり、ユニークな研究については日経ビジネス本誌や電子版に寄稿をお願いしたりした。

在任時はコロナ禍であったこともあり、大阪大学感染症総合教育研究拠点の大竹文雄特任教授らによる「日本におけるエビデンスに基づく政策形成の実装」プロジェクトの1つで、ナッジによるワクチン接種の向上策を検討した[1]研究のディスカッションペーパーに基づく議論が印象に残った。そこで質問させていただき、行動経済学者である大竹教授から教わった。個人的には第2章に登場する、「ナッジ」を普及させたノーベル賞経済学者リチャード・H・セイラー氏への取材が、実践に役立つ経済学へのさらなる興味を決定付けたものでもあった。

そうした所属メディアのカバー外におけるアウトリーチの経験も踏まえた本書は、現代的な経済学におけるそれぞれの分野が発展してきた歩みと、「これまで・今ここ・これから」とそこにある研究者の信念や人間模様をざっくりつかむ資料としては、多少はお役に立てるものと考えている。

概説には、経済学の専門家は当たり前に知っているかもしれないが、非専門家が読んでも、経済や社会の動きを見つめるうえで学びや気付きがあるような最先端の議論や興味深い知識を集めるよう努めた。日々の活動や変革のボトルネックになっている問題の解決策を見つけるヒントが、見つかるだろう。

その意味で本書は、経済学に関心のある社会人、学生、研究者、この社会を少しでもよくしたいと日々格闘されているすべての方々に、考える材料としてぜひ読んでいただきたい。本書の語り手はすべて、世界が認める超一流の経済学者である。

中にはゲイリー・ベッカー教授のようにすでに亡くなられた方もいる。今から改めての深い取材が困難なノーベル経済学賞受賞者の個人史については、その一部を本人の語りとして紹介文を掲載しているノーベル財団の公式サイト（英語）を公開情報として参考にさせていただき、また比較的多めに引用させていただいたことをあらかじめ特記したい。また、参考にしたうち超長文の公開論文などは、短時間で全体像とポイントを把握するにあたり、高速で日本語にしてくれる翻訳ソフトウエアが大活躍した。つくづく良い時代になったものだ。ただインタビュー本体や未翻訳の英語による文献や書籍の翻訳は、筆者によるものである。

筆者は一記者で、非専門家ではあるが、現実を見ながら広く分野を横断するウォッチャーだからこそ伝えられる面白さがあると信じて取材および執筆を続けてきた。研究の背景や事情を知り、時には研究者の方々の人間関係の機微に迫るほど近づきながら、偶然にまったく知らなかったその人だけのファクトと出合うときの驚きは何物にも代えがたく、面白い。第三者の立場でそうした前向きな「面白さ」をしっかり伝えることは、健全なジャーナリズムの役割の1つだと信じている。

章と章は底流でつながっている部分も多いが、関心を持った章や研究者を見つけたら、順番を問わずにぜひそこから読み進めていただきたい。読者の多様なニーズにすべて応えることはもとより不可能であるし、すべての分野を網羅することも不可能だ。また、こうしたジャンルのインタビューは先方の賛同があって成立する共同作業である。そもそも会っていただけなかったり、今回再掲載を丁重に辞退されたりした方もいた。本書の中でさらに関心を持った理論や研究についてはぜひご自身で探究し、掘り下げていただきたい。今後世の中を変えていきそうな経済学のトレンドを知るガイダンスとして、うまく活用していただけたら幸せである。今とこれからを世界最高峰の経済学者はどう考えているのか。今とこれから、経済学は何ができるのか。何が変わりそうなのか。本書はきっと、こうした問題を考察する手がかりになると、信じている。

注

1 加藤大貴、佐々木周作、大竹文雄「風しんの抗体検査とワクチン接種を促進するためのナッジ・メッセージの探究―全国規模オンライン・フィールド実験による効果検証―」２０２２年３月、独立行政法人経済産業研究所（ＲＩＥＴＩ）ホームページ。

Contents

第2章 リチャード・H・セイラー *Richard H. Thaler*

第10章 高齢化から付加価値を生み出せ

ジョセフ・E・スティグリッツ ― Joseph E. Stiglitz

第12章 ラグラム・ラジャン　Raghuram Rajan

第 1 章

ゲイリー・ベッカー

Gary Becker

高齢化社会の「人的資本理論」

Profile

米シカゴ大学教授

1930年米ペンシルベニア生まれ。自営業だった父はカナダ移民で、東欧生まれの母とともに学校を8年生で退学した。米プリンストン大学数学科卒業、1955年米シカゴ大学経済学部博士課程修了（Ph.D.）。米コロンビア大学教授を経て1970年、シカゴ大学教授。1992年、教育や犯罪など市場以外で見られる人の行動やその相互作用の分析にミクロ経済学を応用した功績で、ノーベル経済学賞を受賞した。2014年、83歳で死去。

（写真：Cheryl Senter）

教育や犯罪も経済学で分析したゲイリー・ベッカー

「人的資本」理論の開拓者

さて本書の巻頭を飾るのは、米シカゴ大学のノーベル賞経済学者である故ゲイリー・ベッカー教授と、「人的資本理論」である。

ベッカー氏は、ミクロ経済学の理論を、市場の経済活動以外を含めた人間の行動と相互作用を分析することに応用した功績で、1992年にノーベル経済学賞を受賞した[1]ほか、多数の受賞歴がある世界的な経済学者であった。

人材を、経済成長に必要な「人的資本（Human Capital）」と見なす発想は、ベッカー教授が構築したものの1つである。人を「資本」と見なし、専門的な、あるいは一般的な教育という形に「投資」することで、経済成長や人口構成にどのような影響を与えるのかを理論的・実証的に分析した。

教育を、まるで株式投資のようにリターンの期待できる「投資」と見なし、教育を受けた者と受けていない者の賃金格差を、収益と見なす。高い学歴を得るためなど教育の投資収益率が高いことが教育投資を動機付ける、と考える。人的資本の生産能力を高めることで高い「リターン」が得られることは、ベッカー氏らの研究が明らかにしたものである。企業や政府が「人的資本」に投資することの重要性を説いた功績は大きい。

またベッカー氏は「人的資本」のほか、教育、犯罪と刑罰、結婚、離婚、労働市場における差別など人の行動に、経済学的な分析手法を使ったことでも知られる。人種差別問題については、差別が差別される人だけでなく、差別している人にとっても不利益になることを証明した。つまり、従来は社会学の範囲で分析されてきた事柄を、経済学で理論的に検証した研究者なのである。

フリードマンの講義に触れて経済学者を志す

ベッカー氏は米プリンストン大学の学部生時代に数学を専攻したが、次第に経済学に興味を持つようになった。だが3年生の時、「経済学は重要な社会問題を扱っていない」と思い、一時、「社会学への変更も考えた」という。最終的にはシカゴ大学の大学院で経済学を学ぶことになった。

1951年、後のノーベル賞経済学者、ミルトン・フリードマン教授のミクロ経済学の講義を受講したことをきっかけとして、経済学に本格的に開眼する。経済理論とその応用を説くフリードマンが、「経済理論は頭の良い学者がプレイするゲームではなく、現実を分析する強力なツールである」と強調したことに心を打たれたからだった。

シカゴ大学経済学部のセミナーは、発表する研究者が聴衆の研究者らから完膚なきまでに批判されることで知られている。ベッカー氏もフリードマン氏からの厳しい批判を受けながら日々研究に邁進し、思い切った持論で議論を巻き起こしていく流儀を身に付けた。

1957年には、フリードマンと共著で論文を発表した。その論文と博士論文をもとにした著書では、マイノリティの収入や雇用、職業に差別や偏見が及ぼす影響を、経済理論を使って分析した[2]。このころからすでに、現実の問題に対して理論的に正面から挑んでいく姿勢が明白だった。

当時としては実に先鋭的とも言える研究で、経済学者や心理学者からは敵意を持たれたり、無視されたりして、長い間、注目を浴びることはなかったという。だがフリードマンをはじめ実力あるシカゴの経済学者らは、その視点の重要性を見抜き、ベッカー氏に支援を惜しまなかった。

新たな地平を切り開いた著書『*Human Capital: A Theoretical and Empirical Analysis, with Special Reference to Education*』（The University of Chicago Press）は、ベッカー氏がシカゴからいったん離れて米コロンビア大学と全米経済研究所に移ったのち携わったプロジェクトで成し遂げたものである。だがベッカー氏は1968年にコロンビア大学で、大学の「地域における人種差別的な施策と戦争支援」に抗議する大規模な大学紛争があったのをきっかけに、1970年、シカゴ大学に再び戻った。

人的資本論を生み出した後は家族にまつわる研究に主に注力し、結婚、離婚や、家庭内におけるほかのメンバーに対する利他心などについて研究した。1981年にはその一連の論文をまとめた『*A Treatise on the Family*（家族論）』を出版。こうした数々の実績を受けて1983年には社会学部との兼任になった。家族構成や家族構造の変化が、格差や経済成長に与える影響についても探究した。

ベッカー氏はノーベル経済学賞を受賞してからも活発に研究活動や後進の指導を続け、受賞から15年後の2007年、経済学分野ではフリードマン以来という「The Medal of Freedom」という栄誉あるメダルを米国大統領から授与された。経済学界を代表する偉大な研究者であることを証明する勲章である。

実際、ベッカー氏はフリードマンの忠実な教え子であった。人前でフリードマンを呼ぶとき、必ず「My teacher」と付けて紹介した。[3]

実は人的資本理論も、近代的な要素についてはは師であるフリードマンとサイモン・クズネッツが開発したものである。2人は特定のタイプの職業訓練に対する収益率を計算し、技能の重要性を紹介したうえで、一般的な人的資本と特殊な人的資本の区別を導入した。だが、ほとんどは暗黙知的な考察で、経験則に基づくものだった。ベッカー氏はその後を受け、人的資本に関するさまざまな文献をまとめ、簡潔な理論的枠組みで結びつけたのである。[4]

多くの後進を育て、政策にも大きな影響を及ぼす

ベッカー氏は師を生涯尊敬し、また自らも多くの後進を育て、尊敬され続けた。ベストセラーになった一般向け啓蒙書『FREAKONOMICS（『ヤバい経済学』）』の著者、スティーブン・レヴィット氏や第6章に登場するジョン・A・リスト氏など、現在活躍している世界的な経済学者

にもベッカー氏の影響を受けた人たちは数多い。

例えばレヴィット氏はベッカー氏を「彼には真実が分かるので、人々から恐れられていた。だがベッカー氏の根底にあるのは深い人間愛だった」と振り返っている。[5] ベッカー氏の理論は、政策面にも幅広い影響を与えた。

「教育投資」という言葉を現在、われわれはメディアなどで日常的に耳にしており、さほど違和感のない表現と受け止められているだろう。だが前段にも触れた通り、1960年代に研究が世に出た当初は、こうした考え方は大いに嫌われた。人を資産＝奴隷のように扱っている、という違和感や、すべてをお金に置き換えて考えるのはおかしいなどとして、抵抗を感じる人も多かったようである。

そのため米国でも、「人的資本への投資」という言い方が大々的に使われるようになったのは1993年ごろと、比較的最近だったようだ。例えばベッカー氏はブッシュ元大統領やクリントン元大統領の選挙戦で「人的資本への投資（investing in human capital）」という言葉が使われてきたのを受け、「十数年前であれば、大統領選挙でこの（ヒューマン・キャピタルという）専門用語を聞くなどということは思いもよらなかった」[6] と著作で述懐している（抄訳は筆者）。

日本で急速に注目を集める「人的資本理論」

テーマとしてはユニークで身近であるにもかかわらず、日本でこの「人的資本理論」が注目されることは、これまでほとんどなかった。2022年前後になってスポットライトを浴びるまで、ノーベル経済学賞受賞から実に30年もかかっている。これほどまでに長い間、日本であまり認知されていなかったのはなぜだったのか。

手がかりとして、日本では当時、今に至るまで世界や日本の経済学界に最も大きな影響を与えてきた日本を代表する経済学者、故宇沢弘文氏らの影響が考えられる。当時、日本の主要な経済学者は「新自由主義」を掲げたフリードマン氏を筆頭とするシカゴ学派に「非現実的である」「反社会的である」などとしてきわめて批判的だったからだ。なにしろ、米国ですら新奇的過ぎて受け入れられなかった理論だ。

ベッカー氏に師事し、米シカゴ大学に学んだ慶応義塾大学経済学部教授の赤林英夫氏は、「その（日本の経済学者の）論調は、筆者（赤林氏）が、シカゴ大学などに行ったら日本（の大学）で就職できないだろう、と真剣に悩んだほど厳しいものだった」と振り返っている。世界的に見ても、故ポール・サミュエルソン氏などベッカー氏を批判していた経済学者は多かった。だがこうしてわざと議論を巻き起こし、それに反論してさらに議論を進めていくスタイルこそ、「シカゴ流」の戦術であり、米国では、トップクラスの経済学者が総じてその術中に見事にはまっていたという見方もできる。

赤林氏によれば「ベッカーは、ローレンス・サマーズの言葉を借りれば、すべての社会現象を経済学で説明しようとする『経済学帝国主義』の『帝王』であった。そのため他分野の研究者から、すべての行動を金銭的動機に基づく合理的意思決定として解釈すると批判されることもあった」[7]。

だが、動機を金額に換算するのは、議論がしやすく、分かりやすいからである。昨今は、幸福度の計測などにも関心が高まり、専門家の間でも受け入れられている。社会学的なテーマに対して学生時代から強い関心を持っていたと研究歴からも分かるように、ベッカー氏の考え方も「金銭的動機」だけに着目したものではなかったはずである。だが、当時はなかなか理解されなかった。

金銭的動機だけに着目したわけではないことが伝わる研究もある。例えば、ベッカー氏は経済学でいう「合理性」の定義を拡張し、他者に対する「思いやり＝利他心」を合理的行動のモデルに導入したこともある。家族間の利他心に関する研究はその1つだ。

例えば「ベッカーのモデルでは、親の効用関数（消費者の満足度を消費量と価格との関係で表すもの）の中には子供の効用関数が組み込まれている。つまり、子供がハッピーになれば、親もハッピーになるということだ。その原則で考えれば、利他心も決して非合理的ではない」のである。[8]

ベッカー氏のような「人間の合理性」に着目する研究は、第2章以降で扱う行動経済学の進展にもつながっていく。例えば寄付の動機付けは、のちに発展していった行動経済学の重要な研究テーマとなった。

経済学を広く紹介する活動にも力を入れる

ベッカー氏は、一般読者向けに分かりやすく経済学を紹介する活動にも心血を注いだ。

１９８５年から２００４年まで、米ビジネス誌『ビジネスウィーク』（現ブルームバーグビジネスウィーク）で、プリンストン大学のアラン・ブラインダー教授と交代で月に1度、コラムを掲載し、米国の世論や社会政策に強い影響を与えてきた。

２００４年からは経済法学者のリチャード・ポズナー氏と一緒にブログ「The Becker-Posner Blog」を開設。米国政治から格差問題、ハリウッドの話題まで、独自の視点から考察し、積極的な発言を続けていた。この内容は日本でも、ブログの記事などを翻訳した『ベッカー教授、ポズナー判事のブログで学ぶ経済学』（東洋経済新報社）として出版されている。ほか、教科書である『経済理論―人間行動へのシカゴ・アプローチ』（宮沢健一、清水啓典訳、東洋経済新報社）が、１９７６年に翻訳出版されていたことも付記したい。

ベッカー氏は、２０１４年に死去した。83歳だった。

新領域を切り開いたリーダーとして多くの研究者を指導し育ててきたベッカー氏に、生前、リーダーシップの育て方と日本の将来について直接尋ねたのが、本インタビューである。２００８年に発行した実験媒体『日経ビジネスマネジメント』に、「賢人の警鐘」シリーズの１本として掲載された。[9]

ベッカー氏は、リーダーを育てるには、自分で考える力を養う教育、身近なモデル、さらには上下関係を超えて議論できる風土が大切と説いた。充実した社会人教育と移民政策が、人口減少社会の日本に、さらなる成長をもたらすと力説した。

インタビューは２００８年７月29日のものだが、今、まさに日本社会が直面して議論している問題を見抜き、攻勢に転じるための道筋を、ベッカー氏独自の視点から提唱していた。高齢化社会の現実は当時の状況からさらに進んでいるのだが、その洞察に改めて触れ、現代社会を理解する参照点にできればと思う。

Interview

「インセンティブの経済学」を育てた矜持とリーダーシップ

リーダーにとって重要な批判を受け入れる姿勢

シカゴ大学で教壇に立っていたベッカー氏は生前、夏は米ボストン郊外ケープ・コッドにある別荘で過ごしていた。直接コンタクトしてインタビューを快諾いただいた筆者はボストンからプロペラ機でケープ・コッドに入り、観光バスの史跡ツアーなどで時間をつぶした後、タクシーで山の中腹あたりにあったベッカー教授の別荘を訪れた。白い邸宅の柔らかな日差しを浴びるダイニングテーブルには、米経済紙ウォールストリートジャーナルが置かれていた。ご家族が見守る中、ベッカー氏はゆったりとリラックスした様子で話し始めた。筆者はまず、リーダーシップの教育方法について質問した。

――「リーダーシップは、優れたリーダーの背中を見ながら学ばなければいけない。経営大学院では、リーダーシップをうまく教えられていないように思う。というより、教えるだけでは不十分なのだ。
まず、リーダーは他人から面と向かって批判を受けることに慣れるべきだ。相手が年下だったり、地位が下だったりしても、対等に意見を戦わせる。そこから、『箱の外で考える（Think outside the box）』ことを学べる。
あなたの『箱』には、前例や経験などこれまでのやり方が詰まっている。批判を通じて、それとは違う新しい視点から考えることができる。考え方の違う相手とのやりとりが、創造的なリーダーを育てるのだ」

ベッカー氏の強調した「批判を受け入れる姿勢」は、ベッカー氏が所属したシカゴ大学のポリシーでもある点をここで改めて付記したい。例えば第2章に登場するリチャード・セイラー教授もシカゴ大学経営大学院の教授だが、このベッカー氏の発言の本質を理解するうえで大変重要な発言をしている。

「私が教えているシカゴ大学は、言論の自由を尊重するという意味ではリーダー的な存在だ。この点で、最も優れた大学の1つと見なされている。誰かが何かを言った時に怒られることに耐えられない人は、私たちの大学に来るべきでない。人種差別や人を侮辱するような発言はもちろん許されない。だが私がある政策理念が悪い、と言いたければ、自由に言うことができるはずで、あなたも私に反対意見を言うことができる」（2章に掲載）

ベッカー氏は自身も、シカゴ大学において、同僚、後進の研究者たちの範となる、優れたリーダーであったのだろう。

「経済学の世界でも、数学的な手法やスキルは確かに大学で学べる。だが、良い研究をするには、周囲に優れた研究者がいることが重要だ。優れた研究者が、日々何をしているのかを観察しながら学ぶのだ。同じことが、リーダーシップにも言える。良いリーダーのそばで学ぶことが、一番の勉強になる」

考える力をつける教育が経済成長にとっては大変重要だ

実はベッカー氏には日本人の教え子も多い。そして、日本の大学を訪れて講義した経験もあり、予想以上に、日本社会に対する知識や問題意識と愛情を持っていた。だからこそベッカー氏のコメントは、手厳しかった。

「かつて日本の大学で6週間、講義したことがある。日本の初等教育は世界でも評価が高いのに、大学や大学院教育といった高等教育は決して評価が高いとは言えない。中学校、高等学校までは大変強力だ。だが大学の場合、もちろんきわめて優れた大学もあるのだが、えてして『大学』と呼べるレベルには達していない。それは、日本の2つの伝統のためだと思う。

1つ目は、日本の大学生は、米国の大学生ほど勉強しない。よい大学に入るために一生懸命に勉強するものの、入ってしまえばあまり勉強しなくてよくなる。これは変えるべきだ。

2つ目は、自力で考えることを十分に教えない。講師と意見を戦わせることをせず、批判を嫌がる。米国人の学生は全く違い、とにかく講師を批判する。時々、やりすぎじゃないかと思うこともあるほどだ。

批判すれば、講師から反応が返ってくる。良い講師は、批判を受け入れ、間違っていれば間違いを指摘し、正しければ、説明しながら意見を変えるだろう。そのやりとりが必要なのだ。礼儀正しくなければならないが、若い人も目上の人の考えをどんどん批判すべきなのだ」

2008年時点のコメントであり、現在の大学教育の現場は、ベッカー氏が来日して教えたころに比べれば、大学生が勉強するようになっていると信じたい。だが、「批判の応酬」については残念ながら、ベッカー氏が思い描くほどの強度で実現しているようには思えない。

「私の経験からいくと、シカゴ大学でこれまで出会った日本人学生の多くは、日本で、自分で考えるトレーニングを十分に受けていない様子だった。もちろん、トレーニングの問題だから、やがてはコツを習得し、慣れていった。しかし入学したばかりの時は、どうしたらいいのか分からない様子に見えた。

日本人にはきわめて優秀な学生もいた。しかしそうした学生ですら、自分で考えるとはどういうことか、実感するまでにしばらく時間がかかった様子だった。つまり、優劣の問題ではなくて、日本人は慣れていないだけなのだ。いったん慣れれば、きっとうまくできるだろう。

考える力を育てる質の高い教育は、経済成長にとって大変重要だと思う。数多くの研究に裏打ちされたことでもあり、教育は経済成長にとって重要なことの1つだと、研究でも実証されている。次から次へと新しい技術が生まれる現代の世界では、教育を受けた人のほうが、新しい技術をより使いこなせることも分かっている。

新しい技術を生み出す人もまた、教育を受けた人だ。また、教育を受けた人のほうが、新しい環境により早くなじめる。より柔軟なのだ」

日本の経験から理論形成への刺激を受ける

これが、ベッカー氏が打ち出した「人的資本理論」の基本的な概念だ。実は、ベッカー氏は、初期のころから日本経済の急成長に注目し、人的資本理論を構築するうえでも、日本の動向から大いに刺激を受けていた。人的資本理論を解説した著書『*Human Capital*』の第2版までが翻訳された『人的資本　教育を中心とした理論的・経験的分析』（佐野陽子訳、東洋経済新報社）に寄せた日本人読者向けのはしがきで、ベッカー氏はこう書いている。

「日本は、本書（『人的資本　教育を中心とした理論的・経験的分析』）で進めた諸原理のための全く素晴らしい実験室であるがゆえに、特にうれしく思っている。鉄鉱石がないのに鉄鋼で世界3位、自動車で第2位の生産者であり、油田がないのに第3位の石油の消費者であり、銅・銀・金・石炭鉱山はないに等しいのに第2位の工業産出高を記録し、小さくて（カリフォルニア州と同じ位）岩石や山の多い土地であり、就業人口の12％しか農業についていないのに1億人以上の巨大な人口を養っているという国がここにある。

このような証拠——そして香港、シンガポール、オランダ、イスラエルにも同じような証拠があるが——から、自然資源が経済発展に必須であると信じ続けられるだろうか。日本とオランダのように文化的にも地理的にも相異なる国に共通な基礎的資源、つまり技能の高い意欲の盛んな人口を無視し続けられるだろうか。本書の伝えるところは、十分な意欲をもち、教育・職場訓練・健康・その他の人的資本に十分投資を行ない、経済制度を妨げることなければ、どのような個人でも国でも繁栄することができるということだ」[10]

高齢化で人的投資はますます重要になる

ベッカー氏はインタビューで、少子高齢化・人口減少が確実なものとして予測されていた日本の状況に対しても貴重な考察を展開していた。

——「日本の人口減少は、経済に影響を与える大きな問題だ。日本の出生率は非常に低く、何もしなければ、30年以内に日本の人口はとても少なくなるだろう。イノベーションの多くは若い人が生み出す。若者の減少は、日本だけでなくほかの国にとっても試練だが、日本にとってとりわけ試練だと言える。企業は、2つのやり方で計画し始めなければならない。

1つには、外国人や移民を労働力として取り込むことを視野に入れなければいけない。移民は古くて新しい問題で、日本では反対する人が多いことも私は知っている。欧州でも問題になっている。ドイツは移民を好まない国だったが、今は多くの移民を受け入れている。

ドイツは日本同様、移民に抵抗感を持つ社会だった。しかし第二次世界大戦後に移民を受け入れた。最初は抵抗したし、今も本音は嫌だろうが、受け入れている。例えばポーランド人、トルコ人。移民は皆、ドイツ経済に大きく貢献した。

メリットとデメリットのバランスを見る必要がある。日本政府が移民受け入れを真剣に考えるなら、ドイツはいいお手本になるかもしれない」

移民について日本では過去、繰り返し議論になってきた。だが働き手不足という現実がどんどん進む中、実質的には「移民」のような海外の労働者を数多く受け入れてきた。わざわざ日本を選んでやってきた勤勉な移民を、まずは貴重な人的資本として考える発想が必要なのではないだろうか。

海外労働力の受け入れは確かに容易ではないだろう。ドイツで移民をめぐる鋭い反発が政治問題になったのは記憶に新しい。ベッカー氏の言葉を借りると「本音では嫌だが受け入れた」結果であるが、一方でドイツは、メリットを享受しているのも確かだ。このように移民は軽々に取り上げにくいテーマと言える。

だが、高齢者の再教育は、昨今、日本が取り組もうとしていることであり、民意のハレーションも移民に比べれば少なく、受け入れやすいことだろう。ベッカー氏の言葉を聞こう。

「2つ目は、社員が60歳を超えても働き続ける前提で、社員に『投資』しなければいけないことだ。年齢の高い人を再教育したり、トレーニングしたりして、イノベーティブになってもらうことは可能だ。60代で現役を引退するのではなく、70代まで働けるような仕組みが必要だ。すでに、心身とも健康な高齢者の間では珍しいことではなくなっている。現代の高齢者は、昔に比べればイノベーティブな仕事をする能力も高いだろう」

人的資本理論によれば、人的資本も「減耗」する。その減耗の度合いについても数値で表現され、研究する対象になってきている。では、長い間、知識やスキルがアップデートされていない高齢の労働者の場合でも、すなわち著しく人的資本が減耗して時代遅れになっている場合でも、再投資で改めて資本を蓄積することは割に合うのだろうか。

「確かに、加齢によって『人的資本の減価償却』も起こる。つまり、年を取れば取るほど、生産性が落ちてしまうことは避けられない。この点については、最新の教育プログラムによる再トレーニングで克服することができるだろう。つまり、年長の働き手に最新の情報を与えるのだ。

例えばインターネットやコンピューターの使いこなし方を覚えてもらうなど、最新の技術を学んでもらう。とはいえ高齢者向けには、より系統立った再教育プログラムが必要だ。

年長者の多くは、再教育を望んでいる。自分たちも、最新のスキルを使えるようになりたいはずだ。今後一般的な社会人教育や企業研修というものがさらに増えてくるだろうし、そうあってほしい。

費用対効果を考えたら、年長者はリストラの対象になるのかもしれない。だが若者を雇いにくくなる以上、企業も、年長の人々の雇用を維持したほうが、費用対効果が高まると考え始めるようになるだろう。確かに若い労働者は、年長者より人件費が安い。だが同時に、生産性も低い。年長者をトレーニングし、生産性がさらに高くなれば、高い人件費はその高い生産性に見合ったものとなる。

年を取ると頭が固くなる、とよく言われる。確かに年を取ると、変化に対して柔軟であることが難しくなるかもしれないが、学ぶことはできる。私も、インターネットを学んだのはずいぶん、年を取ってからだ。始めたのは15年前（１９９３年）だ。いまや、ネットなしでは生きられない」


２０１８年に世界経済フォーラム（ＷＥＦ）が「リスキリング革命」を提言した。次世代のデジタル時代に適応するための人材の再トレーニングは、人的資本理論の真骨頂であり、きわめて

理にかなっていることがベッカー氏のコメントからよく伝わってくる。実際、ベッカー氏は、1976年の『人的資本』日本語版において次のように述べている。

「職場において、あるいは職場を離れて学ぶことは、観察上の収入に対して学校教育や訓練やその他の人的資本投資と認められるものと同じ種類の効果をもっていて、人的資本に投資する一つの方法と見なすことができる。なぜならば、このような活動はすべて収入に同じような効果を与え、人的資本投資総額およびこの投資の収益率は、ある適当な仮定に基づいて観察上の収入についての情報だけから推定することができるからである[11]」

ベッカー氏が早くからこのように考えたのは、世界の変化のスピードが加速している様子を感じ取り、目の当たりにしていたからだ。

「世界は変わり続けており、常に新しいことを学び続けなければいけないということを、誰もが肝に銘じておけばよい。人的資本は、コストであるだけでなく、便益でもある。そして、より生産性が高まったなら、より多くの賃金を支払うべきだ。そうすればさらに生産性が高まり、企業が得るものも増える。柔軟な報酬制度が必要だ」

日本への助言

今の日本に必要なのは、インセンティブを工夫した柔軟性

近年、ビジネスの世界ではVUCA（変動性、不確実性、複雑性、曖昧性）が1つのバズワードになってきた。変動しやすく不確実な社会では、前を向いて新しいことに対応し続けるしかないという経済環境は、インタビュー当時よりさらに加速しているように思う。昨今は米オープンAIが発表した生成人工知能（AI）、ChatGPTによる衝撃が社会を揺るがした。AIの進化が人の担う仕事の質を大きく変えつつあり、どのような人的資本投資を決断するかが、人類の将来を左右しそうでもある。

ベッカー氏はさらに、日本のもう1つの重要な社会課題である少子化についても貴重な考察を披露していた。

「人口減少には、ほかにも方向性がある。ほかの多くの国がやっているように、もっと子供を増やすような強力な補助金を家計に支給するのだ。劇的に子供の数を増やすのは無理だろうが、1世帯で扶養する子供の数を増やすことは可能だ。

私の定義では、経済学は、人々がインセンティブ（動機付け）に対してどう反応するかを学ぶ学問だ。もっと子供を産んでもらうなり、高齢者に新しいスキルを身に付けてもらうなり、何か新しいことをさせるには、やったほうが得だと思える何かを示さなければならない」

インセンティブの経済学ということは、人に対する働きかけに注目するわけだ。インセンティブを与えて利得を提示することで、どう望ましい意思決定を促すか。インセンティブがあってもなお意思決定がうまくいかない理由の解明については、心理学を取り入れた行動経済学の発展を待つことになる。

「現代は、『知識経済（Knowledge Economy）』の世の中だ。高等教育は、知識を与えるだけでなく、どうしたらもっと知識が得られるかを教える。教育を受けた人はどうやってグーグルとインターネットを活用したらいいかを、教育を受けていない人よりも理解している。

例えば、自分がかかっている病気について、事前に検索サイトで調べておくだけで、次の診察で医師に良い質問ができるだろう」

ベッカー氏は「情報経済」と呼ばず「知識経済」と呼んだ。そこに本質がある。情報を知識の断片として記憶させるのが教育ではない。情報をどう選別し、ほかの知識と組み合わせて発展させ、実践的な生きた知識にしていくか。そこに教育が大きな役割を果たしていく必要がありそうだ。

「相手が年下でも、違う考え方の人の批判に耐える力をつける。移民を受け入れる。インセンティブを与えて子供を増やす。年長者が最新のスキルを身につけたいという気にさせ、柔軟性を向上させる。それが今の日本に必要だ」

子供を増やす、ということに対しては、日本はもう現在のままであれば向こう数十年、成果が見られないまま少子化が進むことがほぼ確定している。だが一方で、繰り返しになるが、年長者の個々のスキルアップについてはまだできることが残っており、希望がある。

「第二次世界大戦後、何もないところから、世界で最も裕福な国の1つにまで上り詰めた日本なら（子供を増やしたり、年長者に最新のスキルを身につけさせたりすることは）絶対にできる。そして日本は、長所は必ず守り抜いてほしい。協調性。一生懸命さ。勤勉さ。こうした長所は失ってはいけない。良いところを守りつつ、新しいものを取り入れるのだ。実際は、ここが一番難しい。

中国、インドなど多くの国との競争の中では、柔軟である必要がある。柔軟性のなさが、今の日本の問題なのだろうと思う」

モノカルチャーな風土の日本でも、多様性の実現が叫ばれて久しい。さまざまな意見を異端視してはねつけるようなことをせず、きちんと聞いて理解する柔軟性が必要である。そんな心のあり方を鍛えるには、自由闊達に議論できる仕組みと環境を、組織や教育の現場で意識的に整備する必要があるということだろう。

ベッカーの薫陶を受けた研究者が語るその素顔

ベッカー氏に師事した日本人研究者で、筆者が仕事を一緒にさせていただいた専門家に、前出の経済学者、赤林英夫・慶応義塾大学経済学部教授と、社会学者の小野浩・一橋ビジネススクール教授の2氏がいる。

2014年にベッカー氏が亡くなった折には、『日経ビジネスオンライン』に大変貴重で示唆に富む追悼寄稿を執筆していただいた。本稿でも、ここまでに寄稿の内容を随所で引用している。最後に、ベッカー氏を悼む寄稿で2氏が明かしたベッカー氏の素顔が見える生前の言葉などを紹介して本章を終え、次章へとつなげていきたい。

「これは誰もが口にすることだが、ベッカーが研究を始めるまでは誰の目にも見えていなかったことが、彼がいったん研究するとあたかも自明のことのように思われる。まるでコペルニクスのように、ほかの人に見えないものが見えている彼の講義に出ることは、そのような発見を追体験することにほかならなかった（中略）彼（ベッカー）が私に対する論文指導の際にしばしば、『経済学の研究は、interesting か important でなければならない。世の中にある論文のほとんどは、interesting でも important でもない』と語っていた。interesting も important もどちらもさまざまに解釈できるが、その片方を満たすような新しい研究を提案することさえも、実際は至難の業である」（赤林英夫氏[12]）

「私はベッカー先生に個人的な相談を持ちかけた。当時ちょうど結婚を考えており、結婚はどう思いますかという質問をしたのである。するとベッカー先生は結婚について、このように熱く語ってくれた。『私は、結婚・出産・家庭内分業などの理論を書いてきたことでよく勘違いされることがあるが、個人的には結婚は素晴らしい制度（institution）だと思う。2人の人間が深い絆で結ばれ、関係を築いていくということは、実に美しい。（当時ですでに60年以上結婚生活が続いていた）フリードマン夫妻を見なさい！　結婚はぜひ勧める！』」（小野浩氏[13·14]）

注

1　Gary S. Becker–Biographical. NobelPrize.org. Nobel Prize Outreach AB 2023. Mon. 6 Feb 2023. https://www.nobelprize.org/prizes/economic-sciences/1992/becker/facts/

2　前同。

3　小野浩「経済学を人の行動に応用した先駆者、ベッカー教授」『日経ビジネスオンライン』（現・日経ビジネス電子版）、２０１４年５月７日。

4 Heckman, James J., "Gary Becker: Model Economic Scientist," *The American economic review*. 2015, vol. 105, no. 5, p. 74-79.

5 Steven Levit, "Gary Becker, 1930-2014", May 5 2014, Freakonomics. https://freakonomics.com/2014/05/gary-becker-1930-2014/

6 Gary S. Becker, *Human Capital*, Third Edition, The University of Chicago Press, 1993（初版は１９６４年）.

7 赤林英夫「ノーベル賞・故ベッカー教授『経済学の帝王』から学ぶ『折れない心』」『日経ビジネスオンライン』（現・日経ビジネス電子版）、２０１５年１月26日。

8 ２０２２年２月７日、筆者の小野浩・一橋ビジネススクール教授への取材に基づく。

9 広野彩子「人的資本の活用　議論の応酬がリーダーを創る　ゲーリー・ベッカー」『日経ビジネスマネジメント』Vol. ３、２００８年、日経ＢＰ。

10 ゲーリー・Ｓ・ベッカー、佐野陽子訳『人的資本　教育を中心とした理論的・経験的分析』２５７ページ、東洋経済新報社、１９７６年。

11 前同。

12 前掲、赤林英夫。

13 前掲、小野浩。

14 ベッカー氏は２回離婚している。

第 2 章

リチャード・H・セイラー
Richard H. Thaler

「にんげんだもの」の行動経済学

Profile

米シカゴ大学経営大学院特別教授
1945年米ニュージャージー州生まれ。1974年米ロチェスター大学で経済学の博士号取得（Ph.D.）。米コーネル大学、米マサチューセッツ工科大学（MIT）経営大学院などを経て1995年から現職。行動経済学の研究で2017年にノーベル経済学賞を受賞した。著書に『行動経済学の逆襲』（早川書房）、『セイラー教授の行動経済学入門』（ダイヤモンド社）、『NUDGE 実践 行動経済学 完全版』（日経BP）などがある。
（写真：陶山勉）

スミス、ケインズ、サイモン、フリードマン……実はとても伝統的?

「ナッジ」の社会実装にも貢献

第2章は、行動経済学への貢献で2017年にノーベル経済学賞を受賞した、リチャード・H・セイラー米シカゴ大学経営大学院特別教授の登場だ。

セイラー氏は、1980年代から心理学の知見に基づき、経済的な意思決定のあり方を分析してきた。特に、人の「完全に合理的な行動を取らない傾向」、「公正さ・合理性の感覚」、そして「自己抑制の欠如」という3つの心理的な要因に着目した。その発見の多くが経済学の研究や政策の多くの分野に影響を与えたこと、最近の言葉でいう「社会実装」にも貢献したことが、受賞理由だった。[1]

セイラー氏らが提唱した「ナッジ」は、耳にしたことのある読者も多いかもしれない。ナッジという単語は「肘でそっとこづいて促す」、「そっと背中を押す」というほどの意味だが、行動経済学ではエビデンスに基づき文言や選択肢のつくり方を工夫し、人々の選択をより安全な方向に導くツールのことである。バイキング形式の食堂で体に良いおすすめメニューを選ぶよう、研究で明らかになった人の行動のパターンに基づき配置とメニューのつくり方を工夫することなどがそうだ。

「ナッジ」のツールとしての分かりやすさが社会に受け入れられ、行動経済学は日本を含め世界で一躍ブームとなった。人間の行動や意思決定の「癖」を理解できるツールとして活用されている。コストがほとんどかからないことから、日本でも、根拠に基づく政策立案（ＥＢＰＭ）のツールの1つとして、「あなたが避難することが、みんなの命を救うことにつながります」という豪雨災害時の早期避難促進ナッジ（広島県）[2]、ライスの量の選択を呼びかけることなどで「頼みすぎない」、「食べ残さない」行動を促す食品ロス削減の行動促進（横浜市の実証実験）など数多くの自治体で実験や活用が進んでいる。研究については、例えば本書まえがきで、大阪大学の大竹文雄特任教授らによる経済産業研究所での研究「風しんの抗体検査とワクチン接種を促進するためのナッジ・メッセージの探究─全国規模オンライン・フィールド実験による効果検証─」を紹介した。しかし背景になっている学術的な考え方とは無関係なナッジの拡大解釈や誤解も生まれ、賛否両論の反応がある。人を操作・誘導するものと受け止める人もいるが、セイラー氏は「危険を知らせながら、その人がどうするかは任せるのがナッジだ」と言う。それにナッジは行動経済学のほんの一部の概念にすぎない。

行動経済学のルーツはアダム・スミス

こうして社会には急速に受け入れられつつある行動経済学だが、経済学界では長らく異端のような扱いだった。

筆者はセイラー氏にこれまで、4回インタビューする機会があった。まずは、その1つで聞いたセイラー氏による行動経済学の解説を紹介しよう。

「まず、行動経済学を伝統的な経済学と対比してみましょう。人は誰もが賢く、完璧に自己管理ができると仮定するのがこれまでの経済学です。食べすぎることも飲みすぎることもなく、いつでも合理的で正しい選択をする。しかし実際には、人は必ずしも合理的ではない。それを前提に、人の行動が市場取引に与える影響を分析するのが行動経済学だと考えてください」

さて、ここからは筆者の概説になる。専門的な内容を含むため、セイラー教授にも目を通していただいた。

行動経済学は「異端」視され続けたとはいえ、その起源は経済学の系譜と潮流の中で発展してきたものである。英ロンドン・スクール・オブ・エコノミクスのアシュラフ・ナバ教授、米カリフォルニア工科大学のコリン・キャメラー教授、米カーネギーメロン大学のジョージ・ローウェンシュタイン教授によると、行動経済学のルーツは、経済学の父と言われる英国の哲学者、アダム・スミスだ。[3]なお著者陣のキャメラー氏とローウェンシュタイン氏は、セイラー氏に勝るとも劣らない、世界的な行動経済学者である。

スミスは1759年、最初の著書である『道徳感情論』で、人間の行動は「情動（passion）」と「公平な観察者」とのせめぎ合いで決まると主張している。
情動とは、飢えや性などの衝動、恐怖や怒りなどの感情、痛みなど、行動の動機付けとなるものを指す。スミスは、行動は情動に直接コントロールされると考えたが、行動を外からの視点、つまり「公平な観察者」——経済人の肩越しに一挙手一投足を精査する道徳の監視者——の視点で見ることにより、人は情念に支配された行動を克服することができると考えた。[4・5]

実証経済学を切り開いたフリードマン

現実問題に着目する実証経済学を切り開いたのは、第1章ゲイリー・ベッカー氏の師、ミルトン・フリードマンである。フリードマンは1953年に出版した古典的論文「The Methodology of Positive Economics（実証経済学の方法論）」の冒頭で、実証経済学のありようについて、ジョン・メイナード・ケインズの父、英国の経済学者ジョン・ネヴィル・ケインズが著した1891年の書『*The scope and method of political economy*（政治経済学の範囲と方法）』を引用して論じている。父ケインズはこう述べる。

「……このように経済理論のより優れた相対性を否定するものではなく、単に経済の（現実の）問題の相対性をより肯定しているにすぎない。この区別を中立に慎重にやらなければ、前者（経済理論）の相対性が誇張される可能性がある。このような違いが見落とされるからこそ、方法論に関する見解の相違が誇張されてしまう。こうした論争においては一方は主に理論的な問題を考え、もう一方は実践的な問題を考えて議論する。それゆえに互いにignoratio elenchi（無知蒙昧）の誤謬に陥りやすくなる」[6]

そしてフリードマンは父ケインズが「（理論と実証の）両者の混同はよくあることで、多くのいたずらな誤りの原因となってきた」とし、政治経済において明確な実証科学を認識することの重要性を説いたと指摘した。[7]

フリードマンはそのうえでPositive science（実証的科学）を「あるものに関する体系化された知識の体系」、Normative science（規範的科学）を「あるべき基準について論じる体系化された知識の体系」と定義する。「Positive Economics（実証経済学）は（中略）ケインズ（父）が言うように、『あるべき姿（what it ought to be）』でなく『ありのままの姿（what it is）』を扱う。実証経済学の仕事は、状況のあらゆる変化の結果について正しい予測をするために用いることができる、一般理論の体系を提供することにある」と提唱した。[8・9]

さてフリードマンはさらに、「実証経済学は、物理学と同じ意味で『客観的』な科学であり、そうあり得る」としたうえで、「（実証経済学の）仮説の構築は、インスピレーション、直感、発明による創造的な行為であり、本質は、見慣れた材料に新しいものを見いだすことだ。このプロセスは、論理的なカテゴリーではなく心理学的なカテゴリーで論じられ、科学的方法に関する論文ではなく自伝や伝記で研究され、三段論法や定理ではなく、格言や実例によって推進されなければばならない」と方法論を論じている。[10]

行動経済学の現代的起源はジョン・メイナード・ケインズ

日本を代表する行動経済学者の1人である依田高典・京都大学大学院経済学研究科教授によれば、「主流派の新古典派経済学と対決しながら『マクロ経済学』を打ち立て、不確実性が人間の心理に大きな影響を及ぼし、将来に対する期待が結局はマクロな意味で失業を生むことを初めてきちんと取り上げた」として、行動経済学の現代的な起源をジョン・メイナード・ケインズだと説明する。[11] ちなみに、依田氏は京都大学の学生時代から当時「経済心理学」と呼ばれた行動経済学を専攻していたが、ゼミで最初に読んだ論文は、セイラー氏の時間選好率をテーマにする論文だった。なお時間選好は、将来の消費よりも現在の消費を選ぶ度合いのことである。

「あるべきもの」と「あるもの」

さてセイラー氏がいつ、本格的に行動経済学に目覚めたのか。インタビューではこのような話を披露してくれた。

「大学院で経済学を専攻していた時でした。多くの人が経済学の教科書とは全然違う行動をしていることに気付きました。指導教官に、ワインの収集家がいたんです。20年前に10ドルで買って市場で100ドルに値上がりしたワインを持っていました。でも彼は、特別な時にたしなむくらいで、決して売らない。かといって、同じ銘柄のワインを100ドルで買うこともない。経済学で考えれば、彼にとって100ドル以下の価値なら100ドルで売るはず。価値が100ドル以上なら、お得なのでもう1本、市場で同じワインを買うはず。しかし彼は、今あるワインを飲むだけで取引をしない。これは経済理論とは合わないと考えました。

私はこうした合理的と言えない、おかしな行動の事例を集めてきました。それをどうしたら理論的に説明できるか、空想し続けているうちに、研究の生産性を高める方向性が見えてきたのです。その結果、40年にわたり空想し、行動経済学の理論を考えることになりました」[12]

サイモンの「限定合理性」概念を発展させる

もう少し、詳しく掘り下げよう。セイラー氏がこうした疑問をどう展開していったかは、代表的な著作の1つ『セイラー教授の行動経済学入門』（篠原勝訳、ダイヤモンド社、『*The Winner's Curse*』の翻訳書）の第1章で、もう少し詳しい説明がある。

ここでは、前出のミルトン・フリードマン「実証経済学の方法論」の別の章で展開され、後の経済理論に重大な影響を与えた合理的選択モデルを紹介している。そのうえで、その理論の脆弱性を指摘している。

フリードマンは同書で、合理的と仮定したうえでの予測が正しかったと分かれば「人々は経済理論のモデルに含まれている計算をすることはできなくても、あたかもその計算をしたかのように（as if）振る舞う」と言えると説いた。[13] だがセイラー氏は、実際には合理性を前提とする理論から逸脱した事例が多いため、フリードマンの議論は脆弱であるとして、反論した。

合理性から逸脱した事例の法則性を経済学で系統立てようと試みたセイラー氏は、経済理論上、「あるべきものの意思決定」を「規定」するのと、「あるものの意思決定」を「記述」することに、同じモデルを使っていることが問題だと指摘している。[14]

なお、合理的選択モデルへの批判自体はセイラー氏が最初ではない。行動経済学の基礎となった重要な発見は、1978年にノーベル経済学賞を受賞したハーバート・サイモン氏が著書『*Administrative Behavior*』（日本語版『経営行動』ダイヤモンド社）で、1947年に提唱した「限定合理性」の概念である。行動経済学における理論構築の出発点だ。限定合理性は、「意思決定の結果に関して人間が持つ情報や知識は完全ではなく、計算能力にも限界がある」とする概念だ。

サイモンは、近代経営学の祖で企業経営者であるチェスター・I・バーナードが1938年に出版した著作『経営者の役割』に出合い、経営を意思決定の面から見ることに触発され、人間行動を「意思決定のプロセス」と捉えた。組織を理解するうえで、人間行動を理解する重要性を説いた。[15]

サイモンは組織を理解するカギである、意思決定過程に関する名著『経営行動』を発表したのである。限られた知識や計算能力と不確実性といった理由から、人の意思決定のありようについて、「『最適』な選択をする代わり、『満足』のいく選択を求めること」を示した[16]（『』は筆者）。ちなみにサイモンは認知科学、ＡＩ分野、システム工学分野でも偉業を遺した稀代の研究者で、日本では経済学よりもむしろＡＩやシステム工学の専門家の間でよく知られているかもしれない。[17]

　とはいえ、既存の経済理論を代替するところまではいかなかったサイモンの「限定合理性」の概念を発展させ、２００２年に行動経済学への貢献でノーベル経済学賞を共同受賞したのは、２人の社会心理学者らだ。米プリンストン大学名誉教授の社会心理学者で、セイラー氏の親友でもあるダニエル・カーネマン氏と、実験経済学分析の実験手法を確立したバーノン・スミス氏の２人だ。カーネマン氏の共同研究者であった数理心理学者で１９９６年に亡くなる前は米スタンフォード大学の教授であったエイモス・トベルスキー氏も、存命であれば受賞していたであろう。

　カーネマン氏とトベルスキー氏が不確実な状況のもとにおける意思決定のモデル「プロスペクト理論」（利益を得る場面でそれを確実に手に入れることを優先し、損失が出そうな場面では最大限の回避を優先する行動心理）を発表したのは、サイモンが「限定合理性」でノーベル経済学賞を受賞した翌年の１９７９年のことだった。サイモンの「限定合理性」を、カーネマン氏らが心理学で実証的に提示した。

　プロスペクト理論のほかにも「損失回避」、「参照点」など、さまざまなバイアス（ゆがみ）がある人の意思決定、行動では利益の最大化は難しく、サイモンが指摘したように、よくて満足する程度に終わるというわけだ。セイラー氏はカーネマン氏、トベルスキー氏の共同研究者でもあり、ある意味、後継者だ。カーネマン氏とトベルスキー氏は心理学から経済学の領域に踏み込んだが、フリードマンの合理的選択に挑む形で伝統的な経済学の理論に組み込んだセイラー氏の功績は大きい。

またセイラー氏に先んじて、投資家の心理の分析に行動経済学を応用した行動ファイナンスの功績で、2013年に米エール大学教授のロバート・シラー氏もノーベル経済学賞を受賞している。

シラー氏は近年、まるで感染症のように用語や物語が広がっていく様子に注目する「ナラティブ経済学」を研究している。

「専門の経済学者が、過去を解釈したり未来を予測したりする時、ビジネスパーソンや新聞記者が考える状況を引用したりすることはほとんどないし、ましてタクシー運転手の考えなどを聞くことはない。でも複雑な経済を理解するには、経済的な意思決定に関連する多くの対立する世間的なナラティブやアイデアを考慮しなくてはならない。そのアイデアが正しいかまちがっているかは関係ない。

時代および私生活の『物語』は絶えず変わり続け、それにより人々の行動も変わるのだ」

と、実に現実的で、興味深い洞察を披露している。[18]

現実には世間の「信念」が、経済の大きな動きに無視できないほど大きな役割を果たすということである。実はセイラー氏は、この分野の創始者の1人でもある。心理がもたらすさまざまな「不合理」を解明することが、社会をより良くするうえできわめて重要だと考えてきたのだろう。

行動経済学は、伝統的な経済学から大きく逸脱していたわけではない。アダム・スミス、ケインズ父、サイモンやフリードマンの提唱をベースに、社会心理学という異分野のアイデアを借りて、新たな理論を生み出したものだった。

社会実装に貢献

セイラー氏は言う。「親友（ダニエル・カーネマン氏）はこう言ったんです。『リチャードの一番の長所は怠惰なことだ』って。なぜか分かりませんが、『褒め言葉だ』とも言う。ダニエルによると『本当に重要なことだけ一生懸命やる』からだそうです。それが怠惰という言葉になったのでしょう」[19]

「重要なこと」に全力投球してきたセイラー氏の研究による、合理的でない傾向や自己抑制の欠如などに関する洞察は、「ナッジ」などの形で政府・自治体の施策やビジネスに社会実装されていった。セイラー氏が2017年にノーベル経済学賞を受賞したのは、世界で行動経済学の影響力が増しつつあった時期だ。受賞理由にある通り、経済学への貢献だけでなく政策への貢献、つまり「社会実装」に尽くした貢献が認められたものだと言えそうだ。

本章は、2部構成からなる。ナッジに関連する研究を詳細に紹介した、キャス・サンスティーン氏との共著『*Nudge*（当時の日本語版は『実践　行動経済学』）』にちなんだインタビューと、その完全版を受けたロングインタビューである。

筆者は、この初版の『実践　行動経済学』のブックツアーで来日したセイラー氏に2009

年、初めてインタビューする機会を得たのがきっかけで、行動経済学に本格的に興味を抱いた。経済学の取材に関心のある記者を探していた米シカゴ大学経営大学院の依頼で、当時外資系PR会社に勤めていた西村章子氏が筆者に声をかけてくれた。セイラー氏は、政策における行動経済学の考え方を生かした制度設計と従来の制度設計の違いや、人が陥りやすい「自信過剰」を取り除くコツなどについて丁寧に説明した。

筆者が米プリンストン大学大学院に留学した時、カーネマン氏による行動経済学関連の授業を履修するチャンスがあったのだが、必修科目と同じ時限で履修がかなわず、残念に思っていた。履修した同級生に、後から根掘り葉掘り講義内容を聞いたりしたものだった。そのため、とてもわくわくしながらセイラー氏のインタビューに臨んだ。

Interview

40年以上「真実を叫び続けた少年」は今

相田みつを氏の言葉をモットーに

初めてインタビューした時のセイラー氏は、時間に少しだけ遅れて現れた。相田みつを美術館に立ち寄っていたという。不思議に思い、まずそのことから聞いてみた。すると、セイラー氏の、意外でかつ興奮冷めやらぬ「みつを絶賛」のコメントから会話が始まった。

「日本に来て、すぐ相田みつを美術館を訪れた。もちろん初めての経験だ。彼の残した書の言葉は実に素晴らしく、心を打たれた。印象に残ったのは、〝しあわせはいつもじぶんのこころがきめる〟というフレーズと、〝にんげんだもの〟だ。行動経済学に通じるものがある。相田さんが存命だったら、きっと次の共著者になってもらった。本気だ。感動して、思わず『相田みつをTシャツ』まで買ってしまった。相田さんの人に対する洞察は、伝統的な経済学とは全く違う発想だ。今後は、私もこの『にんげんだもの』をモットーにしようと思う。講演でも、スライドで彼の言葉を引用させてもらった」

セイラー氏の「みつを愛」はTシャツだけにとどまらなかった。書も購入して研究室のドアに張ったと後に話していた。では、相田みつを氏の言葉のどのような点が〝行動経済学的〟と感じたのだろうか。

「展示されていた書の言葉を見て、相田みつをさんは行動経済学者だったに違いない、とさえ思った。伝統的な経済学では、人は合理的で、常に最適な選択をすると仮定して理論を構築してきた。経済学に登場する『人』は、常に感情に振り回されず、とても抑制が利いて判断を間違えず、飲みすぎて二日酔いになることもない。

だが、行動経済学が考える『人』は違う。感情に振り回されることもあるし、しょっちゅう判断を間違える。時には飲みすぎて二日酔いになる。人間には『心』があるのだから、仕方ない。まさに『にんげんだもの』だ。

だから、伝統的な経済学が仮定する『人』はおそらく、人類ではないのだ。合理的で、頭が切れて、常に『効用』を『最大化』できる『エコン類』とでも言うべき、『人類』以外の別の生き物なのだ。相田みつをさんの詩は、行動経済学が想定する『人類』を、実にうまく表現している」

別のインタビューでは「相田さんの詩に『つまづいたっていいじゃないか。人間だもの』という言葉があります。判断を間違わないことが前提ではなく、人は必ずしも合理的でないことを前提にする。こういう考え方は行動経済学につながるものです」、「相田さんの詩は、人間が人間であるゆえんを巧みにつかんでいます。『人間だもの』もそうですが、私のお気に入りの詩に、こういう言葉があります。『そのうち、そのうち、弁解しながら日が暮れる』。明日に延ばせることを今日やるな。まさに私のモットーです」などと話していた。[20]

「ナッジ」とは何か：選択肢を考えるエキスパート「選択アーキテクト」

経済学が前提とする「エコン類」と人類の違いを明確にして、豊富な事例と共に行動経済学について分かりやすく書かれた共著『*Nudge*（ナッジ）』。ナッジの意味についてセイラー氏の説明を直訳すると「ひじで軽くつつく」といったニュアンスであった。当時、2人は「ナッジ」という言葉を使って、何を表現しようとしたのか。

「私たちの言うナッジとは、『選択アーキテクト（choice architect）』のする仕事を指している」

「選択アーキテクト」とは、望ましい意思決定を促す方向に人を「ナッジ」するようなデザインや仕組みなどをつくる者のことである。セイラー氏はさらに具体的に説明する。

「では説明しよう。想像してほしい。例えば、シカゴ大学で私が働いているビルは、3階から5階までが広い吹き抜けの階段でつながっている。部屋から廊下に出れば、その気になれば各フロアの様子が分かるし、声だって聞こえる。薄暗い非常階段や密室状態のエレベーターを使わなくても、別のフロアの人に気軽に声をかけることもできる。フロアが違っても互いに近くにいるような感覚を持つことができ、話しかけやすい雰囲気なのだ。

結果として互いにその吹き抜けの階段を上り下りすることになり、交流がより活発になる。これをわざと狙って設計した人がすなわち選択アーキテクトだ。そして、そう仕向ける吹き抜け階段の構造、すなわち『ナッジする仕組み』が『選択アーキテクチャー』だ」

実はこの、吹き抜けの階段を上り下りして交流を活発にする仕組みについては、セイラー氏の師でもあるカーネマン氏が2008年7月、シンガポールのビジネス紙上のインタビューで名前こそ出さないが、暗に触れている。人の幸福度を高めるうえで役に立ちそうな政策の1つとして以下のように言及していたのだ。「例えば、建物の建築様式を工夫することも役に立つ。人々が互いに交流しやすいような作りにして、生活環境を整えるのだ。私たちは幸せというものについて、多くを学んでいるところだ」[21]

――「また、大学のカフェテリアでは、メニューをつくる人と、その料理をディスプレーする人が両方いる。メニューをどのような順番で見せ、どうやってなるべく健康に良いものをたくさん食べてもらうかを計画することが『ナッジする』ことだ。

カフェテリアの陳列の順番が学生の食事の選択に影響を与えるとしよう。仮に最初と最後が選ばれやすいというならば、デザートをディスプレーの最初や最後に持ってきたりはしないだろう。この順番を決める人が『選択アーキテクト』で、順番が『選択アーキテクチャー』だ。学生が大学でバランスの良い食事をするためには、食事の内容を決める人だけでなく、ディスプレーする順番を決める人も重要なのだ。

別の例も紹介しよう。シカゴ大学から我が家までの通勤途中の車道 Lake Shore Drive には、危険なカーブがある。そこで、カーブになると、幅が狭くなるように線が引いてある。走っている時にこれを見ると、自分がとてもスピードを出しているように錯覚し、思わず減速する。減速を強制しているわけではないのだが、安全のためそうするように誘導する。このデザインもナッジ、ということだ。もちろん、『スピード落とせ』などの警告も掲げてあるのだが、錯覚を見せる線が一番効果的だ」

注意を促された本人に「管理されている」という感覚はなくても、実際はある程度管理されているというわけだ。これをセイラー氏は当時、「リバタリアン・パターナリズム」という言葉で表現した。リバタリアンは自由主義者のこと。パターナリズムは、例えば家父長制のように、強い立場の者が弱い立場の者の選択に対して、本人の意志に関係なくよかれと思って介入する「温情

主義」のことだが、上から下に強制するニュアンスがある。リバタリアン・パターナリズムとはどういう意味なのか。

強制でも自由放任でもない第3の方法論

「急進的な人は、すぐに何かを禁止したり、法律で縛ったりしようとする。例えば米国では、健康に悪いから学校ではコカ・コーラを禁止しよう、と運動する人たちがいる。極端な例ではあるが、こうしたやり方はあくまで上からの強制であって、人間的な対応ではない。

逆の極端な例は『レッセ・フェール（なすに任せよ）』、まさに自由放任主義のやり方だ。人は何が自分にとって最善の選択かを知っているのだから、政府は強制すべきでない、好きなようにさせよというものだ。

しかし『リバタリアン・パターナリズム』の考え方は政治的にこの中道を行く。『無理強いはしませんが、お手伝いします』というスタンスだ。強制はしないが、本人が自ら、本当に望ましい選択をするように誘導するというか、持っていくというか——。そういう仕組みのことを言う。

自由主義者を意味する『リバタリアン』と親が決定するという意味の『パターナリズム』は反語だと言う人もいる。でも、この2つの考え方は共存できる。われわれも『リバタリアン・パターナリズムは矛盾ではない』という論文を書いて反論した。

リバタリアンは、われわれの文脈では『選択の余地を残す』といったニュアンスだ。パターナリズムは、もともとは親が温情的に子のやり方を選ぶ、という感じの意味で、ある意味選択を強制するニュアンスがあるが、われわれからすれば『手助け』の意味でしかない。ある程度手助けしながら自由にさせる。選択の余地を残したまま、なるべく望ましい方向へ誘導していくわけである。これがリバタリアン・パターナリズムの意味するところだ」

「料理長のお任せコース」のような感じ

リバタリアン・パターナリズムは、『*Nudge*』共著者のサンスティーン氏と2003年、権威ある学術誌の1つである『アメリカン・エコノミック・レビュー』誌に発表した論文「Libertarian Paternalism」に基づく。セイラー氏らは、「反パターナリズムには、間違った仮定と2つの誤解がある。間違った仮定は、人々は常に自らの利益を最大にする選択をするというもの。誤解の1つ目は、パターナリズムに代わる実行可能な方法があるということ、2つ目はパターナリズムはいつも強制を伴うというものである」と解説している[22]。

より良い意思決定に向けて、強制はしないが、そちらがより良い(一般的なリスクが少ない)と認識できるよう手助けするという意味である。セイラー氏らは論文発表後、数多くの批判にさらされたが、この意味は「ナッジ」そのもの。つまりナッジは、リバタリアン・パターナリズムの社会実装ツールなのである。

――「決して強制はしない。子供に、体に良いから豆腐をたくさん食べさせたいと考えたとしよう。例えば豆腐に『ミッキーマウス豆腐』と名付けたら、子供は喜んで食べるかもしれない。相手が人類ではなくて『エコン類』だったら、豆腐がミッキーマウスだろうが何だろうが全く関係ない選択をするかもしれないが、人類が相手の場合はこういうシカケが実に効果的だ。何にせよ重要なのは、ふさわしい専門家を雇い、危険を避けるための適切な選択肢をつくり上げることだ。

日本料理店には、『料理長のお任せコース』というのがあるだろう？　あのような感じを想定してほしい。選ぶほうとしては、細かいところはよく分からないけれど、それでもなるべく自分で吟味して意思決定をしたい。だから、ひとまず専門家が知恵を絞っていくつかの選択肢を用意し、そこから選んでもらう。

私は日本料理が好きなのだが、料理長のほうが私よりずっと日本料理について詳しいのは当たり前で、ある程度お任せしたほうが安心だ。その意味で、リバタリアン・パターナリズムに基づくやり方は『お任せコース』の提示にとてもよく似ている」

一番なくすべきは「自信過剰」バイアス

政策への応用はすでに見られているナッジだが、ビジネスへの応用についてはどうだろうか。

──「個人の意思決定に関わることだけでなく、企業戦略の意思決定においても、この考え方を取り入れると大変効果的だ。私はビジネススクールで企業経営における意思決定のあり方についても講義している。そこでは、どうして人は意思決定を間違えるのか、を教えている。そのための一番重要なのは、自信過剰を取り除くことだと繰り返し教えるようにしている。そのための最大のアドバイスは、『(客観的な) 予測をきっちり把握せよ』というものだ。

例えば、シカゴ大学が優秀な教授を他大学から引っ張ってこようとしているとしよう。優秀な人だから当然、シカゴ大学だけではなくて米スタンフォード大学や米ハーバード大学、米ペンシルベニア大学ウォートン校といった名だたる学校からお声がかかっている。

そこで同僚に、『あの教授がシカゴ大学を選んでくれる確率はどれくらいかね?』と聞くと、なぜか『8割方OKだ』と答える。『4校のトップスクールからオファーがあるのに、8割かい? 根拠は何なの』と聞くと、『うちが一番いい学校だからだ。それに面接でも、シカゴが一番好きだと言っていたからね』と言う。

『じゃあ、君が求職中でスタンフォードからオファーが来たら、相手にどう言うの』とまた聞くと、『そりゃあ、もちろんスタンフォードが一番好きだと答えるね』と。

つまりそういうものだと分かっているくせに、そんな理由だけで毎回、8割方大丈夫だと皆が自信を持ってしまう。自信過剰に陥っているわけだ。

そして4分の1の確率でたまたまその人がシカゴに来れば、同僚たちの『自信過剰』が正当化されてしまう。だからそんな時に私は、『じゃあ賭けをしよう。君は8割だな。私は4分の1だ』と言ってみる。冷静な意見が提示されたところで、はっと自分のバイアスに気付くわけだ。

このように、意思決定をする時には、自信過剰からくるバイアスを取り除くことが大変重要なのだ。ビジネススクールでも、『常に上司に対して違った意見を述べられるような環境づくりをすることが大切だ』と学生たちに助言している。実際、失敗した政治家や経営者は、おおむね過去に、こうした助言に耳を貸そうともしないタイプの人たちだった」

ナッジの政策への応用例：「明日はもっと貯めよう」

この部分は、後半のインタビューにも登場する「動機付けられた推論」――自信過剰による思い込みについてである。こうした都合の良い思い込みを取り払って意思決定するためには、違った意見を言い合える環境が必要、ということだ。

次に、セイラー氏は、政策にナッジが応用された例をいくつか紹介した。確定拠出型貯蓄プランの加入の仕組みと、選択パターンの設計だ。プランで提供されている選択肢から選ぶか（オプトイン）、あるいは初期設定を加入にし、加入しない場合はあえて選ぶ仕様にするか（オプトアウト）だ。初期設定を自動加入にし、不要な場合にわざわざ書類を提出する方式に変更した結果、プランへの加入者が大幅に増え、90％を超えたケースもあったという。

セイラー氏の工夫の1つは、「Save More Tomorrow（明日はもっと貯めよう）」というキャッチフレーズを考えたことだったという[23]。初めて実行されたのは1998年である。

「人が昇給するたびに、プラン加入に招待する。オプトアウト方式によってすぐに加入する人が増え、拠出率が高まり、貯蓄率が増えた。Save More Tomorrow のネーミングは、もっと将来について自己コントロールしてほしいことからつけた。このプランを最初に採用した企業では、年金資金への拠出率が3倍になった。今は全米中でこの仕組みが使われている。私は政策当局に、経済学者だけでなく心理学者の助言も聞くようにとアドバイスした。

一般読者向けの本を書いたのは今回が初めてだったが、多くの国で翻訳されて、幸いに好評を博した。大変報われた感じがした。相田みつをさんがご存命だったら本当によかったのに、残念だ」

さて、ここまで2009年のインタビューを紹介してきた。やりとりの最後、自身が将来、ノーベル経済学賞を受賞すると思うかと聞くと、セイラー氏は、「さあね。スウェーデン次第だよ」とにこりと笑った。その結果は、ここまで読み進めてくださった読者がご存じの通りである。

「多様性」を重視する

さて、2018年にセイラー氏が再び来日した。この時は、ノーベル賞授賞後で、セイラー氏本人からも「ぜひインタビューを受けたい」と返信があり、当時の東昌樹編集長、尾島島雄副編集長、大竹剛副編集長らとともにインタビューに臨むこととなった。

日本人が改めなければいけないことは何かと問われ、「日本人は権威を引き立てすぎるところがあるとかねて思っていました。教師の教えに『間違っています』と反論する学生が少ない。もっと質問するように教育すべきです。ところが最近、日本である大企業のイベントに参加した際は様子が異なりました。少人数の会合で担当者は『日本人だから質問はしないと思います』と言うのです。ふたを開けると、あと2時間は続くのではないかと思うほどの質問の嵐でした。日本人も変わってきたのでしょうか」と答えた。「質問が少ない」という指摘は第1章のベッカー氏と同じだが、セイラー氏は変化を見て取ったようだ。

また、昨今話題となってきた反グローバル主義（脱グローバル主義）については「反グローバル主義は恐怖、それも不合理な恐怖からきています。米国は完全な移民国家ですが、問題を抱えています。今の米国人はほぼ全員が500年の間にやって来た移民とその子孫です。そんな国が（メキシコとの国境に）壁を造るなんて最悪だ」、「米国はあらゆる階層で移民が欠かせません。シリコンバレーは移民が中心になっている会社ばかりです。カリフォルニア州は、一国家より大きな経済圏ですが、テクノロジーの分野も農業も、移民がいなければ成立しません」、「私は資産運用会社の運営にも関わってきましたが、投資の世界では分散投資が良いこととされているでしょう。国も同じです。多様性は大事です」と、ポートフォリオマネジメントの発想から、多様性が重要であると訴えていた。

2021年11月、セイラー氏が三菱ＵＦＪリサーチ&コンサルティングの小林庸平氏と「日経ビジネスＬＩＶＥ」に共同登壇した際には「人はきちんと自分自身をコントロールし、常にベストな選択をできるような生き物ではない。また、他者への思いやりが人の行動に与える影響は、経済学者が考えるよりもずっと大きい」と話していたのが印象に残る。[24]「思いやり」、「信頼」など、倫理に関わる発言が目立っていた。

「ナッジ」誕生から14年セイラー教授が思うこと

近年は、政策やビジネスに生かせるツールとして行動経済学が一般社会で注目を浴びる一方、その科学としての妥当性に強く疑義を唱える動きも出てきた。そんなムードの中でセイラー教授は2022年、『実践　行動経済学』を大幅に改訂した『NUDGE　実践　行動経済学　完全版』（日経BP）を日本で刊行した。筆者はそれを機に、ロングインタビューを実施した。[25]

セイラー氏は「人間は非合理的で、しばしば選択を誤るものだという考え方が経済学界で認められるまで40年かかった」と回顧。ナッジは善意に基づくべきだとの原則を強調した。筆者にとっては、日経ビジネスLIVEを除くと3回目のインタビューで、時間も十分にいただけた。2009年当時と比べると、セイラー教授の心境の変化や、自身の考え方が普及したことに対する複雑な思いも伝わってきた。

「共著『実践　行動経済学』が世界各地でベストセラーになったことでナッジという言葉が広まった。共著者であるキャス・サンスティーン氏（米ハーバード大学法科大学院教授）と私にとって、認知が広がるのは大変ありがたい。

私たちの基本的なアプローチは、人々がやりたいと思うことを、より簡単にできるよう仕組みを設計することにある。ナッジは、人々が自分たちの暮らしを良くする選択に導くよう、民間の組織や政府が取り組むべきことだ」

「王様は裸だ」と叫び続けた

伝統的な経済学では、「人間は合理的で、自分の利益を最大にするような選択や行動ができる」ことが前提とされてきた。セイラー氏は自らの論文や『実践 行動経済学』をはじめとする啓蒙書で、それに「ノー」を突きつけてきた。「人間は不合理で、しばしば最適な選択をしないことがある」という考え方は経済学界では長い間、なかなか主流派の研究者たちから認められなかった。その間の心境を、セイラー氏はしみじみと振り返る。

「アンデルセン童話では、1人の少年だけが『王様は裸だ』と真実を語った。ほかのみんなは何も言わず、何も着ていない王様の服を称賛した。とても危険なことである。歴史上、人々が群集心理に従うことで、非常に悪い結果を招いたことはたくさんある。時には小さな子供が『ノー』と言い続けなければならない状況があるのだ。

私は経済学界でまさに童話の少年のような存在だった。伝統的な経済学者が言う人間は、非常に合理的で感情に任せて判断したりせず、とても頭が良く、間違えないことが前提だった。それに対して私は『いや、人間は（不合理で感情的でよく間違える）ただの人間だ』と指摘し続けた。

約40年前、私がそうした論文を書き始めた時、経済学者たちは私のことを頭がおかしくなったと思ったようで、実に不評だった。自分は童話の少年のようだとよく思った。もしかしたら自分のほうに問題があるのかと考えたりもした。

ほかの全員が王様の服を褒めていたら、ひょっとして私だけ何か問題があるのだろうかと考えてしまうだろう。そうでなければ、自分以外の全員に何か問題があるのか、と。私たちの考えが認められるまでに、とても長い時間がかかった。

だが40年の間に経済学はすっかり様変わりした。行動経済学の分野で仕事をしている若い経済学者がたくさんいる。真実を叫ぶ小さな少年が増えたのだ。とはいえ、ナッジは行動経済学がカバーする考え方のほんの一部である。現在世界中、何百もの国や都市で（ナッジの社会実装に取り組む）いわゆる『ナッジユニット』が活動している。あまりに多すぎて、それぞれが何をしているのか、私にはもはや把握しきれないくらいだ」

世界で最初のナッジユニットは、2010年に英国で設立された「行動インサイトチーム（BIT）」である。自動車税の支払い手続きを済ませた後に臓器ドナー（提供者）への参加登録を促し、ドナーを増やす取り組みであった。また、日本の環境省にも「日本版ナッジ・ユニット」がある。

「2022年11月にロンドンに出張し、英国のナッジユニットを訪問した。その後も大変うまくいっている様子だった。ナッジには『選択アーキテクト』、つまりナッジするためのツールをつくる設計者が必要だ。国にはそれぞれ固有の法律があり、立法府、行政府、裁判所の意思決定に基づく。誰が何をすべきかについて経済学者の意見を聞く者はまずいない」

ナッジは善意に基づくべきだ

「事前に危険があることを知らせておき、あとは好きにさせればよしとするのがナッジの考え方である。それは善意に基づくべきだ。もちろん、ナッジですべての問題を解決できるわけではない。時には厳しい制限を課さなければいけない政策課題もある。

私たちは新型コロナウイルスのパンデミック（世界的大流行）を経験したが、日本は米国よりはるかに厳しいルールに従っていた。どの国も（対処の仕方が）違っていたのだ。政府は自国でどのような政策が最善か決定するために存在している。どの政策がベストかは、いまだに分かっていない。

（行動の自由と感染抑制には）トレードオフの関係がある。アジアの多くの地域では、人々の自由はより少ない代わり、病気にかかる人も亡くなる人も少なかったと思われる。しかし、適切なトレードオフが何かについては経済学者が決めることではない。大統領や首相はそれを決めるために選ばれるのである。

ともかく私たちにできることは、政府がどのような政策を採用しても使えるツールをつくり、手助けをすることだけだ。事前に危険があることを知らせておき、あとは好きにさせればよしとするのがナッジだ。繰り返すが、それは善意に基づいているべきだ」

昨今は企業も、ナッジをビジネスに活用できないか興味を持っている。いわば収益を目的とするナッジである。これは、現在のセイラー氏から見て好ましいことなのだろうか。

「今回、インタビューの時間を思い出すためのリマインダーを自分宛てに送ったが、これはセルフナッジだ。アシスタントもリマインダーを私に送信してくれた。ナッジが、まずはそうした個人の自己管理ツールとして使われるのが、私たちの望みだ。

朝、時間通りに起きられるように目覚まし時計をセットする、クレジットカードの支払いを忘れないように、銀行口座からの自動引き落としを活用する――。このように、私たちは多くを記憶する必要がない世界を望んでいる。

ナッジをビジネスに応用しようとする動きは非常に活発だ。私の知る限りだが、米アマゾン・ドット・コムは約400人の経済学者（取材時）を抱え、利用者がウェブサイトにアクセスするたび、彼らがその行動データを使って実験している。稼ぐためであり、かつ、より良いサービスを提供するためでもある。

そしてそのこと自体に問題はない。それによって良いサービスを提供できているからこそ、多くの消費者から支持されているわけだ。

しかし私たちは、人の行動を変えるためのあらゆる努力を『ナッジ』と呼びたくはない。もしあるお店が、歯磨き粉や電化製品をもっとたくさん買ってもらう最適な方法を見つけるための実験をしたとしたら……それは『善意のナッジ』ではなく、「稼ぐためだけのナッジ」だ。しかも消費者の利益になるとは限らない。

良いことではない目的にもナッジは使えてしまう。だから、私はいつも本にサインを求められると、『Nudge for good（善意のナッジを）』とサインすることにしている」

ブレグジットは悪い見本

善意が、向けられた側にとってはありがた迷惑、あるいは大きな障害になるようなこともある。セイラー氏はそうした例の1つとして、2016年の国民投票において展開された、英国のEU（欧州連合）離脱における離脱派のキャンペーンを挙げる。

「たとえ本人は善意からであっても、それが良いナッジであるとは限らない。例えば、英国がEUから離脱したブレグジットという出来事があった。個人的には、あれは非常に悪い政治判断だったと思う。ブレグジットのキャンペーンを展開した人たちは、行動経済学に基づいたある言葉を思いつき、使った。『Take Back Control（主導権を取り戻せ）』だ。

人は基本的に負けず嫌いで、失うことを嫌う。『取り戻す』という言葉を使うと、何かを失ったという意味になる。また人はコントロールすることが好きでもあるから、『Take Back

Control』という3つの単語で伝えると、われわれは（EUのせいで）何かをコントロールする力を失ったので、政策変更でそれを取り戻そうという理解になる。

ブレグジットのキャンペーンは実に非論理的だったと思う。ブレグジット以後、英国が以前より自己管理できるようになったわけではない。むしろEU加盟国のパスポートではなくなったため、（英国と欧州大陸を隔てる）海峡を渡った先で長い行列に並ばなければならなくなった。つまり悪気がなくても、このようなことは起こってしまう。

『Take Back Control』というキャッチフレーズをつくった人は、行動経済学の考え方をよく知っていたし、本人は正しい政策だと考えて使ったのだと思う。ただ、いずれにせよ、その人はそのフレーズを必ずしも人々にとって有益とは言えない目的のために使ったことは間違いない。

たとえ本人は善意からであっても、それが個人や社会にとって良いナッジとは限らない。英国がEU（欧州連合）から離脱したブレクジットは非常に悪い政治判断だったと思う」

このように、使い方によっては人々の行動や心理に大きな影響を与えてしまう可能性もあるナッジ。例えば、全員が問題だと分かっているのに、対処せず受け入れてしまっているような状況がある。これを「多元的無知」という。これを打破するうえで、誰かがナッジを使ったり、声を上げたりすることは効果的だろうか。

「人々は、事実を無視するという選択ができる。しかし時には本当のことを思い出す必要があるのは確かだ。（社会）心理学に『動機付けられた推論』という概念がある。自分がよいことをしていると思いたいために、エビデンスに基づかず、むしろ願望に基づいて判断や意思決定をしてしまうことだ。人は自分の能力を過信しがちだから。

例えば、私がロンドンで学生を教えていた時のことだ。授業の冒頭で、『このクラスで自分は上位10％だと思うか』と聞いた。8割の学生が、自分は上位10％だと思っていた。そんなことはあり得ない。平均以上になれるのは半分だけだ。でも、彼らは自分は上位10％だと思いたい。これが動機付けられた推論だ」

大きすぎる問題にナッジは向いていない

ナッジをもっと大きな社会課題の解決に使うことはできないのだろうか。例えば、二酸化炭素（CO_2）の排出削減など地球環境の保護には、外交上の交渉や産業界の技術革新は当然として、人々の行動変容も促す必要があるだろう。ここにはナッジを使えないだろうか。

「気候変動問題をナッジだけで解決することはできない。問題が大きすぎる。気候変動対策で一番大事なのは、（炭素税の）額をきちんと設定することだ。世界中のすべての経済学者が、ある種のカーボンプライシングを課すべきだという意見でおおむね一致している。問題は、そう考えているのが経済学者だけだということだ。炭素税は政策としてきわめて不人気なのだ。

米国では最近（2022年）、国民に電気自動車（EV）や太陽光発電などを奨励する法案がバイデン政権下で可決された。しかし補助金の話はあっても、税金については一切言及がなかった。燃料をたくさん使う車には税金をかけられるし、燃料を使わない車には補助金を出せる。しかし、片方（補助金）のほうがより政治的に実現可能性が高いからだ。

炭素税の金額が適正である必要がある。大きな変化は、産業全体で起こさなければならない。消費者の行動変容も確かに重要だが、いまやどう発電し、どう物を動かしていくかが肝だ。製品や食料をどう輸送するのか。企業は料金に反応する。クリーンな方法より汚染する方法のほうにコストがかかるなら、企業も重い腰を上げるだろう。

とはいえ、ナッジのようなやり方を使った政策を展開する余地はある。例えば、ピーク時に電気料金が高くなる設定にすることだ。米カリフォルニア州で猛暑が続き、電力会社が十分に供給できるかどうか心配になった時、地域の全員に『緊急事態です。サーモスタットの温度設定を上げ、エアコンの使用を控えましょう』というテキストメッセージを送ったところ、とてもうまくいった。

あえて人々に注意喚起して『みんなが同じ不安定な状況にありますよ』と伝えたわけである。電気が止まるのは誰だって嫌なものだ。皆が数時間程度なら少し不愉快な思いをしてもいい、と言えたら一晩中停電することはなくなる。停電よりましである」

エネルギー関係で言えば、米国では、ガソリン価格の値上げが最も話題になる。2022年からインフレーションが進み、大きな問題となってきたのではないか。

「ガソリンが人々の関心を集める理由は2つある。1つは、車を満タンにする時に価格を必ず目にするだろう。車にガソリンを入れて100ドルだったら思わず目を見張るだろう。一方で、スーパーで買い回る時に、すべての値段を見るわけではなく、必要なものの価格しか見ない。また、米国には、ガソリンスタンドは価格を大看板で表示しなければいけない法律がある。そのために私自身は電気自動車に乗っているのでガソリンは入れないのだが、価格は知っているのだ。これは、経済学と心理学が一緒になっている例だ。

政治家は、石油価格の高騰が有権者をとても怒らせることを分かっている。それは、ほかのものよりかなりわかりやすく、目立つからなのだ」

逆に言うと、ガソリン価格にははっきりかかるコストが開示されていると言える。しかし、情報開示が不十分で、消費者が搾取されている例がある。「覆い隠された要素」と呼ばれるものだ。プリンターのインク代のような隠された上乗せ価格のことを指す。行動経済学者のグザビエ・ガベックス氏とデヴィッド・レイブソン氏が2006年の論文でそう呼んだ。[26] 商品の価格が、ユーザーの真のコストを表していないケースだ。企業は、目の前の商品だけをいわば近視眼的に受け入れるという、心理的なバイアスで間違える消費者を「搾取」しようとする。

セイラー氏の共著者である法学者のサンスティーン氏は、ホワイトハウスで情報規制庁の長官を務めていた2011年、こうした問題を解決するための「スマート・ディスクロージャー」を提唱し、サミットを開いたこともある。[27] スマート・ディスクロージャーとは複雑な情報やデータを機械で読み込めるフォーマットに標準化してタイムリーに公開し、消費者が知ったうえで意思決定できるようにするものだ。だが現実はいまだに、「覆い隠された要素」が溢れている。例えば日本で横行している、値段を変えずに量を減らす「ステルス値上げ」もそうではないか。

「実は最近、旅行を計画していた。実際は行かなかったのだが、予定していたホテルにはいろいろと隠された請求が埋め込まれていた。部屋の料金もそうだが、『リゾート手数料』なんていうのもあった。なんだそりゃ?と思った。1泊30ドルの追加料金なのだ。その料金分の何も得られていないのに!

また、車を持っていると、駐車料金がものすごく高い。もし私がホテルでショッピングをしたら、きっと隠された課金だらけだろう。覆い隠されているのだ。最初から本当はいくらかかるのかが分かるべきだが、価格を不透明にするという目標が戦略の中心にある。これは『スラッジ』を生み出す原因だ。だが、広い範囲の『スマート・ディスクロージャー（賢い情報開示）』が旅行選択エンジンに組み込まれていたら、もう少し買い手の状況はましになるだろう」

「スラッジ」をなくそう

改訂版では新たに、ナッジを良くない目的に使う「スラッジ」という言葉を盛り込んでいる。もともとは「汚泥」などを意味する言葉だ。ナッジはそっとより安全な方に促すが、スラッジは選択する意欲を失わせたり、選択者にとって良いとは思えない選択を促したりする。

例えば煩雑すぎる事務手続きは、時間がかかり簡単に入手できない書類をそろえるなど苦痛になりがちだが、このことが場合によっては手続きをさせないスラッジとして機能している。これは克服できるのだろうか。

「スラッジと呼ばれるものの多くは、実は単にデザインが悪いだけなのだ。いろいろな事情で、必要以上に複雑になってしまった部分もあるだろう。

子供に靴ひもの結び方を教えようとしたら、何をするのかゼロから思い出さなければならないのと同じことだ。覚えてしまえばあとは、何も考えなくてもできるようになる。しかし最初に子供に説明するためには、ある意味、もう一度手順を思い出さなければならない。

ソフトウエアやユーザーインターフェースをデザインする設計者もこれと同じだ。設計者はスマートフォンの画面をなぞると何が起こるかを理解している。しかしこれを誰もが知っていると考えてしまいがちだ。

新しいスマホを手に入れたら、ユーザーは常に新しいことを覚えなければならないが、その移行を最も容易にしてみせた企業が成功している。米アップルの製品は使いやすいから、ビジネスがうまくいっているのだ。

制度設計を担当する人たちは、人が何かしようとしている姿をしっかり観察すべきだ。ソフトウエアをつくる人は、使う人が最初から使い方を分かるのが当然だと思いがちだ。しかし、ユーザーの立場に立ってみれば、決してそうではないのだから」

2022年10月のインタビュー時は、米テスラ創設者のイーロン・マスク氏がツイッターを買収する、しないでメディア上に混乱が広がっていた。セイラー氏はツイッターのヘビーユーザーである。どう見ていたか。

「イーロン・マスクが学んだことの1つは、何かを批判するということは、実際に自分がそれを修正するよりはるかに簡単ということだと思う。マスクはツイッターを使うのが好きで、かつ好んで不満を言っていた。しかしいざ自分が所有してみて、それほど簡単なことではなかったと気付いた。

ソーシャルメディアのプラットフォームを運営している場合、人が偽の情報、フェイクニュースを発信すれば明らかに有害だが、ウェブサイトなどニュースソースの何が真実で何が嘘かを判断するのはきわめて難しい。

私が教えているシカゴ大学は、言論の自由を尊重するリーダー的存在だ。この点では最も優れた大学の1つと見なされている。自分の気に障る発言をする人の思想に耐えられないのであれば、シカゴ大学に来るべきではない。われわれは、誰もが発言する権利を持っている。人種差別や侮辱発言はもちろん許されない。だがもし私が、ある政策を悪いと言いたかったら、自由に言えるはずだし、あなたが私に反対することだってできる。

私は、人が、ほかの人々が異なる視点を持つ権利を尊重すれば、より良い社会をつくることができると思う。大学のようなコミュニティであれば、いやならほかにも大学はいくらでもあるから、簡単だ。もっと閉鎖的な環境にいたいのなら、よそに行けばいい。ツイッターだって皆がやる必要はない。

だが、ツイッターは学術ツールとしては優れている。経済学者のコミュニティがあり、ツイッターに論文を投稿し、それを要約しているし、大学院生はそうやって就職活動に臨む。面白い猫の動画ばかりではなくて、知的な活動をしている人々もいる。なくなったらとても残念だ」

ナッジはもうアップデートしない

初版から約15年。本書の一部を刷新し、改めて世に出すことは、セイラー氏にとって大変感慨深い作業となったようである。

――「『NUDGE　実践　行動経済学　完全版』を書くことになったのは、新型コロナウイルスの世界的大流行のせいだ。原書の出版社から2020年の2月か3月ごろだっただろうか、新しい紹介文を書けないかと打診されたのがきっかけだ。その後、数カ月間、家の中で何もしない時期があり、調子に乗ってしまった。まるで住宅リフォームのわなだ。少しだけ直すつもりだったのが、あれもこれもと直したくなるという（笑）。だからナッジに関しては、今回の本で最終版だと思えた。

もう私は『王様は裸だ』と孤独に叫ばなければいけない子供ではなくなった。だから、後世に残る本になるような書き方をすると決めた。ナッジについての私たちの考察は、『NUDGE　実践　行動経済学　完全版』で終わりだ」

ナッジの改善には終止符を打ったとするセイラー氏。それでは、ナッジに次ぐ新しい言葉を生み出したいといった構想はあるのだろうか。

「（新しいコンセプトを発表する）可能性は否定しない。約束はできないが……。オリジナルの『実践　行動経済学』を知っている方が今回の改訂版を読むと、意外と新ネタが多いことに気付くだろう。実は新しいトピックを本当にたくさん盛り込んでいる。だからノーとは決して言わない。

日本はもちろん、世界中の読者を強く意識して改訂作業をした。オリジナル版を書いたときは、これほど世界中でヒットするとは思っておらず、米国の事例中心だったからだ。改訂

――版では世界中で読まれるような本にした」

最後に。インタビュー中の雑談の中で、「愛は不合理ですね」と問いかけられたときのセイラー氏は、こんなふうに答えている。

「愛は理屈で語れませんね。冗談で妻に『愛とは（統計学の）残差だ』と話したことがあります。私が妻のことを好きだと思う理由、説明できる理由をすべてリストアップしてみましょう。リストにできない理由、説明ができない何かが愛。これが私の愛の定義です[28]」

さて、ナッジは完結してしまった。だが、セイラー氏の著書はたくさんある。例えば、2021年に開催したウェビナー講演の中でセイラー氏は、「約30年前に初めて出版した著書『*The Winner's Curse*』（日本語翻訳版は篠原勝訳『セイラー教授の行動経済学入門』ダイヤモンド社）の改訂版を計画している[29]」と話していた。同書は本書でも引用しているが、カーネマン氏、トベルスキー氏らとの共同研究などもふんだんに盛り込んだセイラー氏の単著で、より広範な内容の啓蒙書だ。セイラー教授の新しい洞察を知る機会は今後もまだありそうである。

注

1 Richard H. Thaler – Facts. NobelPrize.org. Nobel Prize Outreach AB 2023. Wed. 5 Apr 2023. https://www.nobelprize.org/prizes/economic-sciences/2017/thaler/facts/

2 「豪雨災害時の早期避難促進ナッジ」自治体ナッジシェアホームページ。https://nudge-share.jp/b1ceb8da402447a6ab40083f882b3dc8

3 「ナッジを活用した食品ロス削減」横浜市ホームページ、２０２２年10月４日。https://www.city.yokohama.lg.jp/kurashi/sumai-kurashi/gomi-recycle/sakugen/foodloss-nudge.html

4 Ashraf, Nava, Colin F. Camerer, and George Loewenstein, "Adam Smith, Behavioral Economist," *Journal of Economic Perspectives*, 19 (3) : 131-145, 2005. DOI: 10.1257/089533005774357897

5 「公平な観察者」の訳語は堂目卓生『アダム・スミス「道徳感情論」と「国富論」の世界』（中央公論新社、２００８）を参照。

6 Keynes, John Neville, Felix, David, *The scope and method of political economy*. New Brunswick, NJ, Transaction Publishers, 2011, ISBN1-351-47448-0.

7 Milton Friedman. "The Methodology of Positive Economics." In Essays *In Positive Economics*, Chicago: Univ. of Chicago Press, 1953, pp. 3-16, 30-43.

8 前同。

9 富田重夫「M・フリードマン著『実証経済学の方法論』」『三田学会雑誌』慶應義塾経済学会、１９５５年、Vol.48 (9), p.723 (73)-726 (76) や、瀧澤弘和「フリードマンの『実証経済学の方法論』再読　理論の意味論的把握による再評価」『經濟學論纂』中央大学経済学研究会（= *The journal of economics*. 2012, vol. 52, no. 4, p. 239-275.）を参照した。

10 前掲、Milton Friedman.

11 「依田高典・京都大学大学院経済学研究科教授に聞く　行動経済学は、役に立つから愛される」日経ＢＰムック『新しい経済の教科書２０１４～２０１５年版』57ページ、および後日の取材に基づく。

12 東昌樹「『人間だもの』こそ本質」ノーベル賞経済学者に聞く　リチャード・セイラー氏、『日経ビジネス』２０１９年1月14日号（同席し話を聞いた）。

13 前掲、Milton Friedman.

14 リチャード・セイラー、篠原勝訳『セイラー教授の行動経済学入門』ダイヤモンド社、２００７年。

15 ハーバート・Ａ・サイモン、佐々木恒男／吉原正彦訳『意思決定と合理性』ちくま学芸文庫、２０１６年。

16 Herbert Simon, "Chapter 5, A Taste of Research: The City Manager's Association", *Model of MY LIFE*, p72-73, The MIT Press, 1996.

17 ハーバート・Ａ・サイモン、稲葉元吉・吉原英樹訳『システムの科学　第３版』パーソナルメディア、１９９９年。

18 ロバート・Ｊ・シラー著、山形浩生訳『ナラティブ経済学　経済予測の全く新しい考え方』東洋経済新報社、２０２１年。

19 前掲、東昌樹。

20 前掲、東昌樹。

21 「The Business Times アジア金融基地の目　なぜ、人は意思決定を間違えるのか」２００８年10月30日、日経ＢＰムック『日経ビジネスマネジメント』Vol.3,p108～111。

22 Thaler, Richard H. and Cass R. Sunstein. "Libertarian Paternalism." *The American Economic Review*, vol. 93, no. 2, 2003, pp. 175-79.

23 Ayako Hirono, "The Japanese poet who inspired Nobel economist Richard Thaler", *Nikkei Asian Review*, Nikkei Asia), 2017, October 12.
https://asia.nikkei.com/Economy/The-Japanese-poet-who-inspired-Nobel-economist-Richard-Thaler

24 前同。

25 日経ビジネス編「セイラー教授（下）行動変容のカギは『信頼』　日本人は『ナッジ』を警戒!?」日経ビジネスＬＩＶＥ「資本主義の再構築とイノベーション再興」アーカイブ、２０２１年10月22日。
https://business.nikkei.com/atcl/gen/19/00363/101500005/

26 Gabaix, Xavier and Laibson, David I., Shrouded, "Attributes, Consumer Myopia, and Information Suppression in Competitive Markets," April 11, 2005, MIT Department of Economics Working Paper No. 05-18,
https://ssrn.com/abstract=728545 or http://dx.doi.org/10.2139/ssrn.728545

27 Cass Sunstein, "Informing Consumers through Smart Disclosure", Whitehouse, March 30, 2012, https://obamawhitehouse.archives.gov/blog/2012/03/30/informing-consumers-through-smart-disclosure

28 前掲、東昌樹。

29 前掲、日経ビジネス編。

第 3 章

ダン・アリエリー
Dan Ariely

「利他的な行動」の経済学

Profile

米デューク大学心理学・行動経済学教授
1967年生まれ。1991年テルアビブ大学卒業、1994年に米ノースカロライナ大学チャペルヒル校で認知心理学の修士号を取得、1996年に同博士号（Ph.D.）。1998年に米デューク大学経営大学院で経営学の博士号（Ph.D.）を取得した。2000年から2010年まで米マサチューセッツ工科大学（MIT）経営大学院とメディアラボの教授職を兼務したほか、米カリフォルニア大学バークレー校、米プリンストン高等研究所などに在籍し、2008年から現職。高価な偽薬（プラセボ）は安価な偽薬よりも効果が高いことを示したことから、2008年にイグ・ノーベル賞も受賞。著書に『予想どおりに不合理』、『不合理だからうまくいく』、『ずる』、『アリエリー教授の「行動経済学」入門』（いずれも早川書房）などがある。
（写真：アリエリー氏提供）

なぜ人は、予想通りに不合理なのか

リチャード・セイラー教授の次に登場するのは、世界的なベストセラーになった『予想どおりに不合理』（早川書房）など多くの著作で知られる行動経済学者、ダン・アリエリー米デューク大学教授との短いやりとりである。

アリエリー氏は経済学の博士号を持たず、異端児が多いとされてきた米国の行動経済学界の中でも、ひときわ目立つ個性派だ。行動経済学分野での自由な探究を続けている。個人サイトに行くと、数多くのユニークな動画や写真が掲載されている。[1] 行動経済学分野の影響力が高まるにつれ、行動経済学の「再現性」に厳しい視線が注がれるようになった。アリエリー氏の代表的な研究にも疑いの目が向けられたのだが、何とアリエリー氏は自ら過去の研究を検証し、再現性がなかったと発表した。[2] 潔いと言うべきか。そして2012年に学術誌で発表した元の論文は取り下げられた。[3] この共著論文のもとになった研究は、著書『ずる　嘘とごまかしの行動経済学』（早川書房）でも紹介されている。書類を書く時、用紙の最上部に署名することが道徳心を呼び起こし不誠実な報告を防げるとした、民間企業を巻き込んだ実験だった。

行動経済学者を代表してセイラー氏の長い章がある中で、短いながらもあえてアリエリー氏のインタビューも収録した。斬新なテーマや著作で知名度の高いアリエリー氏の研究は社会に少なからぬ影響を与えており、触れる必要があると感じたからである。そしてもう1つは、2014年のインタビューであるにもかかわらず、昨今、注目を浴びている「利他的な行動」の研究に関して、一般的な認識をひっくり返すような面白い研究に触れられていたからである。とりわけ昨今学際的に探究されているテーマでもあり、紹介したい。

例えば、医学博士のマイケル・クレイグ・ミラー氏は「利他主義というのは、自己利益のみのため行動する人々を非難したり、罰したりすらしようとする衝動が進化したものかもしれない」と言及している。[4] 利他は単純に「人のために」といった動機や衝動ではない、という分析である。まさに「情けは人のためならず」であり、セイラー教授の「にんげんだもの」並みに、日本語に根付いたシンプルな表現が、本質を突いている。

また意外な一面として、アリエリー氏は、第5章で紹介するマーケットデザイナーで、ノーベル賞経済学者のアルビン・ロス氏およびアクセル・オッケンフェルス氏と、オークションのデザインに関する共同研究を2005年に発表している。オークションのデザインを少し変えるだけで、入札者の行動に大きな変化をもたらすことを研究室で実験したものだ。行動経済学で最初にノーベル経済学賞を受賞した心理学者、ダニエル・カーネマン氏とも親しく、新しい分野の発展に貢献してきたのである。

なぜ人は「予想通りに不合理」なのか。行動経済学が主流派の経済学と異なる理由などについて聞くと、「利他性」に対する考え方の違いなどが浮き彫りになった。

Interview

人間の行動について現実的で、少し悲観的だからこそ面白い

いわゆる伝統的な経済学と、行動経済学の違いをアリエリー氏の言葉で表現するとどう言えるだろうか。

――「まず、伝統的な経済学はとても単純な仮定からスタートしている。人々は完全に合理的で、揺るがない選好性があると仮定している。一方、行動経済学にはそんな仮定はなく、実験、実験で実際の行動を観察することからスタートする」

つまり、観察がメインであり、理論ありきではないということだ。いわゆる「デザイン思考」に通じる発想である。

――「そして、経済理論が描く『合理性』から外れた行動を確認してその理由を解き明かしていく。そのため行動経済学のほうがはるかに現実的で、伝統的な経済学よりも人間について少

し悲観的である。そして、だからこそ面白い」

確かに、「利益を最大化できない」わけだから、伝統的な経済学よりもパフォーマンスは悪いだろう。だがアリエリー氏はそれを「面白い」と考える。

「行動経済学は経済学ではない、という人がたまにいるようだが、お話にならない。行動経済学は世界中からデータを集めているし、そのデータを正しく取り扱って分析している。私自身も伝統的な経済理論は好きだし、人間の性質の一部を描いてはいると思う。

しかし、例えば実際に新しい税制を導入する、新しい病院を建設する、新しい空港をつくるといった時に、納税者、病院の患者、あるいは空港の利用者の行動が完全に合理的であると仮定して設計することが果たして正しいのだろうか。あまりに単純化しすぎではないだろうか」

行動経済学に対する世界的な関心の高まりについて、アリエリー氏はどう見ていたか。

「2つあると思う。まずは、2008年の金融危機によって人や市場の合理性に明らかな疑問を感じるようになり、社会をより良くする別の理論を、人々が求めるようになったという背景がある。

金融理論では、人々が完全に合理的に行動するという仮定をしたが、株式市場ではご承知の通り、それは明らかな間違いだった。人々は明らかに合理的ではなく、間違っていたことが分かった。

そもそも市場が完全だというなら、人々はどうやってその市場を出し抜くのだろうか。人々が売買したり取引したりするのは、市場より自分たちのほうがより将来を分かっていると考えるからだ。市場が非効率的で不合理だと人々が知っているから、取引に臨むわけだ」

ここでアリエリー氏が批判的に言及している金融理論は、効率的市場仮説のことである。ファイナンス分野の基本的な概念である効率的市場仮説では、「金融市場は効率的で、株価や債券の価格はその内在的価値に等しい」と考える。株価には、合理的に手に入れることが期待できる将来の価値の、現在価値が反映されていると考えるのだ。だが、これまで見てきたように、人間には「限定合理性」があり、入手できる情報にも限界がある。感情や思い込みにも左右される。行動経済学はここから探究する。

「行動経済学には、研究のネタがたくさんある。例えば初期にはギャンブルの研究が多かった。8ドルを得られる20％のチャンスを取るか、それとも4ドルを得る80％のチャンスを取るか、あるいは確実に3ドルを手にするか、といったことに関する実験など、当時はまだ研究されていないようなテーマが研究対象だった。

ほかにも日常生活におけるコーヒーやワインなどといった特定の食品への強い嗜好、あるいは高級品に長い行列をなす消費者の行動、はたまたオンラインデートにはまる参加者の行動、さらには中毒のように音楽に熱中するファン。

行動経済学は、そういった日常生活で見られる人の行動の癖や不思議を観察し、分かりやすい洞察を提供できる。それが、多くの人々の心をつかんでいるのだと思う」

社会的な問題、とりわけ金銭が絡む日常的な問題に「心理」という個人単位で踏み込む行動経済学は、一般的な消費市場や投資市場との親和性が高く、受け入れられたということだろう。アリエリー氏は、行動経済学のビジネスへの応用について、どう考えるだろうか。

「ビジネスの世界では、対人のビジネスをしているすべての業界が、行動経済学から多くを学ぶことができるだろう。

例えば、車を設計する時、人々がどれだけの時間、何かに集中できるかを知っておくことは重要だ。健康保険制度を設計する時には、どうすれば人は服薬を守れるかについても知っておいたほうがいいし、先生が成績をつける時に、人々が成績を気にする動機を知ることも有益だ。対人のビジネスに関わる人はすべて、人の動機の源や意思決定をする時の癖、人の能力に着目しておく必要があるだろう。そんな時に行動経済学が役に立つ」

伝統的経済学では間違いとされる利他的な行動

行動経済学では、「利他的な行動」の謎についても分析を進めていると聞くが、アリエリー氏はどう見ているだろうか。

「人の利他性というのは、大変興味深いテーマだ。利他的な行動は、伝統的な経済学で考えると『間違い』ということになる。

単純な例で考えてみよう。外国の都市でディナーに行ったとして、もう二度と会わないと思われるウエーターに、なぜサービスが気に入ったからとわざわざチップをあげるのだろうか。ささやかなことだが、それも『利他的』な行動だ。もっと極端な例を考えてみよう。

老婦人が道路を歩いている時にひったくりに遭ったとする。その時、周囲の人が老婦人と一緒に犯人を追いかけたりする。

この時、一緒に追いかける人は、ある意味自分をリスクにさらしてまで、老婦人を助けようとしているわけだ。この行動の源は何なのか。人に利他的な部分は必ず存在するわけで、その存在を『合理的ではない』からと無視してはいけないのだ。

経済学以外の社会科学では、利他主義を、社会の機能としてとても重要と考えている。利他的な態度は本能としてわれわれに備わっており、それを『合理性』と『思慮分別』の違いだと捉えている。

人と人が互いに助け合うことは、小さな集団であれば明らかに理にかなう場合もあるだろう。だが必ずしも合理的ではないにもかかわらず利他的な側面があるのは、個人にとってだけではなく社会全体にとって理にかなったことだからだと言える」

病院での経験から行動の研究に関心を持つ

アリエリー氏は18歳の時に大やけどをした経験から、行動経済学に関心を持った、という。

「私自身が行動経済学に関心を持ったきっかけは、18歳の時に遡る。全身の70％に大やけどをして、3年間もの入院生活を送った。この時に疑問に思ったのは、毎日世話をしてくれる看護師が、患者にとってとても痛いやり方で包帯を交換していたことだ。しかも看護師は、それが最善だと信じている様子だったのだ。われわれ患者のことを、日々最も気にかけてくれている人たちであるにもかかわらずだ。

これほど患者を気にかけている看護師たちですら、患者の痛みに対する理解に欠け、先入観があった。豊富な経験から全く学べず、むしろ失敗を繰り返してしまうような人の行動を研究して、世の中が少しでも良くなることに貢献したいと強く思ったのだ」

きわめて個人的な体験から行動経済学に関心を持ったアリエリー氏だが、インタビュー当時、利己的、利他的な行動について学術的な関心を深めていた。利己心・利他心をめぐる行動経済学の実験を重ねてきたという。一番驚いたことは何だっただろうか。

「どんな実験も驚きの連続だったが、最近（2014年）でも1つあった。アルコールが好きな人はより自己中心的なのか、それとも利他的なのかに関する研究だ。普通に考えたら自己中心的な気がしてくる。ところが実験してみたら、より利他的で、より社会正義の意識が高い人たちだったのだ。これは一番の驚きだった」

利他的な行動に関しては、人類学や医学などさまざまな分野でかなり以前から探究が進んできた。哲学や人類学に根差す文脈で、経済学や経営学でも古くから研究テーマにされてきている。例えば、サミュエル・ボウルズ氏やハーバート・ギンティス氏が第一人者である。利他性はしばしば良心や優しさに根差していると理解されているが、本稿の冒頭に触れた通り、実験を伴う最近の科学的な研究ではそうでもないことが分かってきている。アリエリー氏の最後の言葉からも、取材当時の研究成果の一部が伝わってくる。

最後通牒ゲーム研究が示すもの

冒頭でも触れたように、インタビューにおけるアリエリー氏の言葉からは、人の本質は自己中心的であり、自己利益に関心のバイアスがあるからこそ、他者の自己中心性がかえって目に付きやすく、全体として「自分のために」利他性を促そうとするような意識を持つようになる、と読み取れるがそうなのだろうか。その処罰的とも言える感情は、どこに向かうのだろうか。この利他性に覆い隠された潜在的な処罰感情を理解するヒントになりそうな研究があるので紹介したい。

米エモリー大学（当時）の人類学者、ジョセフ・ハインリヒ氏らが複数の国・地域で実施した社会心理学の経済実験「最後通牒ゲーム」では、経済的な行動に文化がどのように影響し得るかについて考察している。[5]

最後通牒ゲームは、ゲーム理論の概念の1つである。2人のプレイヤーからなり、提案者がもう1人に一定の分け前金額を提案するものだ。受け取る側のもう1人は、受諾も拒否もできる。もし受け入れれば、その金額を受け取ったうえ、提案者が残りを受け取る。もし、受け取る側が提案を拒否すれば、2人とも一銭も受け取れなくなる。理論的には、利益を得られる状況であっても、その配分が不公平であることを嫌がるとされる。

だがハインリヒ氏らの実験の結果は、ゲーム理論で予測される結果から一貫して大きく逸脱していた。具体的には、米ロサンゼルスや東京を含むさまざまな都市で同じ実験をした中で、ペルー南東部の熱帯雨林に点在する集落に住むマチゲンガ族は、産業国家とは全く異なる行動を示したのである。マチゲンガ族は、圧倒的に安い不公平な提示額でも受け入れたのだ。

マチゲンガ族は提案者側がどれだけ自分たちより多くを懐に入れようが気にせず、むしろ自分たちが受け取る側になったのが運が悪かったのだ、と受け止めるのだという。この事実が示すのは、何が公平で何が処罰に値するかは、文化によって異なるということである。つまりは文化的に違った行動様式が意思決定に影響するため、違う行動様式の伝達により「公平さ」の中身が大きく変容し得るといえそうなのだ。

さらに、社会規範が基本的には集団生活の中において人々の行動を安定的に機能させる役割を果たしているように、利他性も「より大きな利益のための行動」と考えられ、科学的探究の対象となっている。[6] 昨今は、例えば国や地域によっては根強く変化しづらい、男女の性別で社会や家庭における役割を固定するジェンダー規範などのように、人々の生活様式や技術的な環境の変化と、古くからの社会規範のずれも目立つ。[7] 規範には「粘着性」がある。

こうした研究結果を見ると、個々人の働きかけやメカニズムの解明と同時に、その集団にとっては固定的に根付いてしまった必ずしも合理的ではない文化的な構造にも働きかけない限り、社会課題解決を目指す行動変容を実現するのは難しそうだと思えてくる。

注

1 Hi I'm Dan Ariely. https://danariely.com/all-about-dan/

2 Kristal, Ariella S., A. V. Whillans, Max Bazerman, Francesca Gino, Lisa Shu, Nina Mazar, and Dan Ariely. "Signing at the Beginning vs at the End Does Not Decrease Dishonesty." *Proceedings of the National Academy of Sciences* 117, no.13 (March 31, 2020)

3 https://www.pnas.org/doi/10.1073/pnas.2115397118

4 Michael Craig Miller, "The Truth about altruism," Harvard Health Publishing, January 5, 2016. https://www.health.harvard.edu/blog/the-truth-about-altruism-201601058929

5 Henrich, Joseph, "Does Culture Matter in Economic Behavior? Ultimatum Game Bargaining among the

Machiguenga of the Peruvian Amazon." *American Economic Review*, 90 (4) : 973-979, 2000.

6 Jean Ensminger, Joseph Henrich, *Experimenting with Social Norms: Fairness and Punishment in Cross-Cultural Perspective*, Russell Sage Foundation, 2014, 492p.

7 Bertrand, Marianne and Cortes, Patricia and Olivetti, Claudia and Pan, Jessica, "Social Norms, Labor Market Opportunities, and the Marriage Gap for Skilled Women." IZA Discussion Paper No.11382, https://ssrn.com/abstract=3153346 or http://dx.doi.org/10.2139/ssrn.3153346

第 4 章

ポール・ミルグロム

Paul Milgrom

ビジネスに役立つ経済学

Profile

米スタンフォード大学教授
1948年米国デトロイト生まれ。1970年に米ミシガン大学を卒業、保険数理士（アクチュアリー）の仕事に数年間従事した後、1978年に米スタンフォード大学経営大学院で博士号（Ph.D.）を取得。1987年から現職。著書に『組織の経済学』（共著、NTT出版）、『オークション理論とデザイン』（東洋経済新報社）などがある。2020年、オークション理論の研究でロバート・ウィルソン氏とノーベル経済学賞を共同受賞。
（写真：AP / アフロ）

オークション理論を切り開く

本章は、「オークション理論」の貢献で2020年にノーベル経済学賞を共同受賞した2人のうち、米スタンフォード大学のポール・ミルグロム教授のインタビューである。2014年2月、米スタンフォード大学にミルグロム氏を直接訪ねて取材したインタビューに基づく内容である。テーマは、「オークション理論」と「組織の経済学」。いずれもミクロ経済学の分野だ。

当時は、ミクロ経済学の理論の中では、ゲーム理論だけ別格の知名度があった。俳優ラッセル・クロウが主演した、ノーベル経済学賞を受賞した数学者ジョン・ナッシュ氏を主人公とする2001年の米国の名映画「ビューティフル・マインド」のヒットも大きかっただろう。ゲーム理論をきっかけとして、現実の事象の分析に応用され得る経済理論はその後、技術革新とともに多岐にわたる進化を遂げてきており、筆者はその最新動向を記事にしたいと考えていた。

オークション理論を発展させたのは、ミルグロム氏と、同僚であるロバート・ウィルソン名誉教授の2人である。ノーベル経済学賞授賞は、電波の周波数割り当てなどで使われるオークション（競売）の理論的発展や、実用化への貢献が評価された。

ロバート・ウィルソン氏による研究にミルグロム氏が新知見を加えて洗練

オークション理論が実務に応用され始めたのは、1960年代から1970年代にかけてのことだ。共同受賞者のウィルソン氏が、価格がどうなるかに関連する情報が入札者ごとに異なる時、最も価値を過大評価した人が落札する傾向がある点に着目したのが出発点である。なお、ウィルソン氏はミルグロム氏の博士論文で主査を務めた「師」でもある。

結果として落札者は損をし、実際の価値よりも高い金額を支払わなければならなくなる傾向がある。これは経済学者から「勝者の呪い（winner's curse）」と呼ばれていたが、ウィルソン氏は1960年代から1970年代にかけてこの「勝者の呪い」がどのように起こるかを調べ、勝者の呪いが買い手をリスク回避に走らせる場合があることを知った。

またウィルソン氏は内務省の鉱物採掘権オークションのコンサルティングを担当し、ある事実に注目した。「地下にどれだけの石油やガスが埋もれているかは誰にも分からないうえに、石油やガスの価格は将来にわたって不安定」という点である。

こうした場合も入札者はオークションにあたり、それぞれが個人的に価格を予想するが、値付けの根拠となる埋蔵量などの予想が人によって違うため、価格がずれてしまう。内務省のオークションにおける入札者の予想は精度が良くなかったが、ウィルソン氏はそこに「共通価値」という考え方を持ち込んだ。

どういうことか。それまでのオークション理論の研究は私的価値モデル、すなわち品物の価値が入札者個々の評価額にのみ依存する点に焦点を当てていた。だが石油やガスなどの場合は、最終的には誰にとっても価値が同じはずである。それは個人にとっての値付けによる私的価値とは違う、共通価値だ。共通価値を持つ商品の入札であれば、入札の過程で本当の価値を垣間見ることができ、オークションが進むうちに見積もりを調整できるというわけだ。

一方、ミルグロム氏は１９９３年までに、入札が低く始まり価格が上がる「イングリッシュオークション」のほうが、高く始まり価格が下がる「ダッチオークション」より勝者の呪いを軽減するのに優れていることを発見した。それは、入札者が入札の過程で品物の価値についてより多くの情報を得るためで、物の価値についてより多くの情報を得れば得るほど収益もより高くなる、というのがミルグロム氏の発見だ。[1]

ミルグロム氏は、共同研究者としてウィルソン氏の理論を発展させたうえ、私的価値と共通価値の両方を盛り込めるモデル（相関価値モデル）に仕上げ、洗練していったのである。

なおオークション理論が経済学で最初に注目を浴びたのは、本稿でもミルグロム氏が言及しているウィリアム・ビックリー氏の研究である。ビックリー氏は１９９６年にノーベル経済学賞を受賞している。ただ授賞理由はオークション理論を切り開いたことだけではなく、非対称情報（経済主体の間で、持っている情報の質や量に差があること）のもとでのインセンティブについて理論をつくったことだった。オークション理論としての受賞は、ミルグロム氏らの２０２０年の受賞が初めてだ。そしてオークション理論は今、現実のビジネス課題や社会課題の解決に広く活用されつつある。

ミルグロム氏の具体的な実績は、米国において周波数を割り当てる周波数オークションの画期的な方式をつくったことで、それがノーベル賞の授賞理由である。周波数には、地域や帯域によりさまざまな種類がある。その周波数免許をバラバラに売るか、セット売りにするか、どちらの可能性も残した実践的な方式をつくり、のちに世界中の国々で実務に使われたことが評価された。[2]

「組織の経済学」研究でも名を馳せる

またミルグロム氏には、オークション理論家というだけではない顔がある。ジョン・ロバーツ氏との共著による、画期的で体系的な『組織の経済学』（ＮＴＴ出版）の教科書の著者としての顔だ。日米は言うまでもなく世界中で版を重ねてきた。利用する学習者からは、ミルグロム＝ロバーツと呼ばれて広く親しまれている。

ミルグロム氏らのおひざ元、スタンフォード大学経営大学院で博士号（Ｐｈ.Ｄ.）を取得し、ミルグロム＝ロバーツの翻訳も担当した早稲田大学の伊藤秀史教授によれば、組織の経済学とは「組織の中を市場とは異なる『取引の場』と見なして、経済学で分析していく分野」だ（詳細は後述）。

伊藤氏によれば、１９８０年代当時の多くの経営大学院では、必修であることが多いミクロ経済学を教えるために、かなりの数の経済学者を雇っていた。スタンフォード大学の場合、ＭＢＡの学生を指導することが責務である経営大学院所属の経済学者が、研究者としてはゲーム理論やオークション理論など、最先端の経済理論を追究していた。

「（教授陣は）彼ら（MBAの学生）の就業経験に結びつけられる事例があれば、相手に伝わりやすいのではないかと自然に考えるようになった」（伊藤氏）。そうした試行錯誤で生まれたのが「組織の経済学」だったというわけだ。ミルグロム教授は、1980年代前半はオークション理論に注力し、その後組織の経済学をはじめとした応用ゲーム理論で重要な仕事をした。そして1990年代半ば以降に再びオークション理論に戻ってきた[3]。このあたりの事情は後述する。

1980年代のスタンフォード大学は、経済学者と学生が相互交流をする中で研究分野のイノベーションが起こり、実務のツールに生かせる新しい領域が生み出された場所であったといえる。

オークション理論と組織の経済学とのつながり

筆者はミルグロム氏を取材した当時、経済学者の寄稿やインタビューを続けながら、ほぼ毎年、日経BPムック『新しい経済の教科書』シリーズの企画を手がけていた。そこで、ビジネスや社会に実装されつつある経済理論の詳細を特集しようと考えた。2014～2015年版のムックのサブタイトルは「『経済学』をビジネスで使える武器にする！」だ。

中でもそれまで深く取材をしていなかった組織の経済学とオークション理論が筆頭ターゲットであった。両分野で名高いミルグロム氏は、当然ながら最も話を聞きたい研究者であった。

ミルグロム氏は、研究者から見ればオークション理論の世界的権威であるが、読者には『組織の経済学』から入っていくほうが分かりやすいのではないか、と考えた。何より自分も組織の経済学に興味があったため、インタビューは『組織の経済学』に関する質問から始めた。インタビューをまとめるうち、オークション理論も組織の経済学も、インターネットの登場という技術革新の恩恵の中で進展しており、地続きであることが実感されたものである。

本インタビューの内容は、収録にあたりミルグロム氏が直接査読・編集した。また、オークション理論についての筆者の概説は、大阪大学の安田洋祐教授の査読と数々の助言を得た。この場でお礼を申し上げる。

では、インタビューに移ろう。

Interview

なぜ、経済学はビジネスに生かされるようになったのか

概説で紹介した通り、ミルグロム氏が米国で1992年に出版した『*Economics, Organization and Management*』（奥野正寛ほか訳『組織の経済学』NTT出版）は、大変評価が高くて人気がある組織論の教科書で、世界中の経営大学院で使われてきた。この教科書は、企業がなぜ存在するのか、企業がスタッフをどうやる気にさせながら個々の活動を調整していくのかといった本質的な問題の解決に、市場経済の理論から数多くのヒントを与える画期的なものだったからだ。なぜこのような教科書を書いたのだろうか。

独自の枠組みで書き上げた教科書『組織の経済学』

「私は1992年当時、スタンフォード大学の学部生に『企業の経済学』という授業を教えていた。（共著者の）ジョン・ロバーツ教授は、ちょうど同じテーマを経営大学院で教えていた。われわれはそこで教える内容を、非公式に『あのこと』と呼んでいた。つまり、経済学者がどう呼ぶべきか、ふさわしい呼び方が当時はなかったのだ。

経済学者が、組織について、実際に役に立つことなど教えられるのか？という雰囲気だった。そういった疑問の声に対して、確証ある答えはなかったが、私とロバーツ教授は、持っている知識を総動員して、最高の教科書をつくろうと決意した。われわれの知識を現実の課題と関連付けられるよう、まとめることにした。

教科書の草稿には多くの学生からコメントをもらい、とても好評だった。昔教えた学生にたまに会うと、今でも『先生、あの講義は役に立ちました。組織について違った角度から考えることができるようになりました』と言ってくれるほどだ。

手応えを感じた私たちは、他の経済学研究から学んだ知見も大いに盛り込み、われわれの枠組みの中で書き上げた。有名な教科書というのは大抵、原典の内容を忠実に反映しようとする。しかしわれわれは、『組織ではどのように物事が進められていくか』に関して役に立つ知見を、自分たちのアイデアを当てはめて盛り込んでいった」

「組織の経済学」の歩み

さて、ここで、「組織の経済学」についてもう少し紹介しておきたい。

経済学で組織・企業を対象に研究する理論の始まりと言えば、筆頭はハーバート・サイモン（1978年にノーベル経済学賞受賞、限定合理性）やロナルド・コース（1991年にノーベル経済学賞受賞、1937年の論文で取引費用の概念を経済分析に導入、新制度派経済学の創始者）がまず挙げられる。

さらにケネス・アローの１９７４年に出版された講演集『*The Limits of Organization*』（『組織の限界』）で展開された議論、そしてオリバー・ウィリアムソン（２００９年にノーベル経済学賞受賞、１９７５年以降の研究で取引費用を経済理論化し、「企業の境界」を論じた）の「取引費用の経済学」も、経済学・経営学双方に影響する大きな業績を残している。

流れとしては、市場の働きについての議論ができ、なおかつ経済学で扱いやすい「企業の境界」に表れるような取引の研究がまずは盛んになったが、のちに組織内の構造や制度と、その中で動く個々の人の行動に徐々に関心が移っていった。

「取引費用の経済学」では、取引にかかる、労力も含めたコストに注目する。信用できるかどうか分からない新しい取引先を開拓するより、以前から付き合いのある相手のほうが時間や「労力」を節約できる。そのため、取引先との間に特殊な関係性が出来上がり、お互いが離れられなくなる事態になる（ロックイン）。

相手との排他的な関係を得ることから新しい取引相手との間で生じる「費用」をいかに節約できるか、より利得を得られるかが、企業組織と市場の活動区分を決定付けるという考え方だ。[4] 分かりやすいところでは、自動車産業のケイレツ（系列）が典型的な例である。

このように市場を舞台にした組織の分析は、経済理論としては古くから存在していたわけだが、コースの研究が最初に世に出てからウィリアムソンが１９７５年に論文を発表するまで、約40年かかっている。身近なテーマでもあるのに、なぜなのだろう。これについてウィリアムソンは「この間、経済学者の研究は数学的なモデル化が中心になっていた中、取引費用は圧倒的に

（数値で）追跡しづらかった」ためだと指摘している。

また、企業行動にフォーカスする組織の経済学が経済学ジャンルでまとまったテーマとならなかった背景の1つは、工場の生産効率などから出発する生産管理のような産業研究が企業研究や経営学におけるメインストリームで、組織を経済学で分析するという発想がそもそも乏しかったことも挙げられるだろう。

インパクトを与えた「情報の経済学」の登場

そこに現場で変化が起こってきたのが1980年代である。西はスタンフォード大学、東はハーバード大学で、経済学を使ってビジネスを分析しようとする機運が生まれ、教育現場での取り組みが始まったのだ。

「スタンフォード大学で1980年代に、ミルグロムやロバーツらが学部生やMBAの学生に経済学を教えるため組織の経済学をつくり上げていった。一方、時を同じくしてハーバード大学で『Business Economics』というプログラムができた。1年目に経済学の博士課程と同じ授業を履修し、2年目はMBAと同じ授業を履修するという斬新な内容だった。また、スタンフォード大学で1985年にPh.D.を取得した私の先輩、ロバート・ギボンズがMITで教え始め、徐々に組織の経済学へと軸足を移していった」と伊藤氏は振り返る。ハーバード大学の初期のプログラムの修了生には、著書『資本主義の再構築』（日本経済新聞出版）などで知られるレベッカ・ヘンダーソン教授がいる。

米ボストン大学経済学部教授（取材当時は米コロンビア大学経営大学院教授）のレイモンド・フィスマン氏は、「情報の経済学」が登場したことが、経済学界全体として組織の経済学が大きく発展することにつながったと見ている。情報の経済学とは、人が市場で合理的に行動することに失敗する理由を、情報の非対称性・不完全性から考察するものだ。[6]

コース氏、ウィリアムソン氏らによる組織の経済学の後、アロー氏が切り開いた情報の経済学をジョージ・アカロフ氏とマイケル・スペンス氏、そしてジョセフ・スティグリッツ氏の３人の経済学者が発展させ、２００１年にノーベル経済学賞として結実し、世間に認められた。

サイモンの「限定合理性」は、合理的な意思決定をしようとしても、それに必要な情報について人が認知できる範囲が限定的であることを説明するものだった。それを、アカロフ氏らは情報の不完全性の切り口から分析した。こうした理論が組織の経済学と組み合わされ、新たな展開を見せたわけである。

さらにフィスマン氏の話を引用するが、この情報の経済学も、後にＩＴ（情報技術）の革新が進んだことで、経済学における「不完全な情報による市場の失敗」という仮定が大きく変化することで進化した。市場の失敗を見つけたら、技術を使って修正し、情報に関する望ましい資源配分が起こるような市場を自ら設計しようという機運が高まったのだ。

これが、市場はこういうものだとの前提で考えるより、市場そのものを目的に合わせて設計する「マーケットデザイン」という考え方が台頭してきた背景でもある。

伊藤氏の話やこうした経緯から、まだＩＴが普及に向けて技術革新の過程にあった１９８０年代～1990年代前半までに「組織の経済学」について系統立った学生向けの教科書が存在しなかったのは、ある意味当然である。まだ組織の経済学自体が発展途上であり、情報の経済学がノーベル経済学賞を受賞する前のタイミングだ。実際、組織の経済学研究は、ミルグロム氏らの教科書を契機に急速に分野が確立した。「それ以前から蓄積はあったが、研究蓄積のスピードが上がった」（伊藤氏）のである。

経営資源を転換してダイナミックな環境変化に対応する能力[7]「ダイナミック・ケイパビリティ」を提唱した経済学者で、2021年にクラリベイト引用栄誉賞を授賞した米カリフォルニア大学バークレー校経営大学院のデヴィッド・ティース教授によると、この間、ミルグロム氏は日本企業が戦後、復興できた要因も分析している。[8] 1994年のロバーツ氏との共著論文では、日本の社内、あるいは企業は「スーパーモジュラリティなシステムだ」と指摘した。すなわちある活動や制度が他の活動や制度の価値を高める補完的な関係にある、と観察したのだ。この研究は、1988年の青木昌彦氏の著作から影響[9]を受けている。

マッキンゼーの研究成果を取り入れる

さて、コミュニケーションツールや情報ツールもまだ限られる中、ミルグロム氏が「新分野」の教科書を執筆するにあたって心がけたことはどのようなことだったただろうか。

――「理論家が教科書を書いて専門用語や厳密さ、正確さにこだわり過ぎると、読者層を狭めてしまう。そしてそれは人によってはとても読みにくい本になってしまう。そのロジックの精密さゆえに称賛したりする人もいるのだが。

経済学者が研究していることのほとんどは、ビジネスに関することではない。最近（2014年）ではニック・ブルーム教授と一緒に教科書『組織の経済学』をベースにした講義を何年も展開してきたが、ロバーツ教授と始めた当初からかなり変わってきた部分がある。

例えば、モラルハザード、プリンシパル＝エージェント理論、企業の所有などといった内容については、今でも経済理論をベースに講義している。しかし、ほかにマッキンゼー・アンド・カンパニーの経営に関する研究結果を数多く盛り込んでいる」

Column

組織の経済学で扱う代表的な内容の例

経営のこんな問題が、経済学で読み解ける！

1　学歴主義はなぜなくならない？

就活生の学歴は、企業が学生の能力を判断する有望な「シグナル」だから。

2　保険金詐欺や利益相反はなぜ起こるの？

雇用契約や保険契約のような契約で、例えば遅刻の常習犯だった、あるいは本当は事故歴があるなど一方の当事者しか知り得ない情報があることから、（詐欺や職務怠慢など）一方の行動がゆがむ「モラルハザード」が起こる。

3　成果主義っていいの？

プリンシパル（使用する側）とエージェント（使用される側）の情報格差で起こるモラルハザードを、成果主義に基づくインセンティブで回避できる可能性がある（プリンシパル＝エージェント理論）。ただし職務の設計などに工夫が必要。

授業の中に大手コンサルティング会社の研究成果を取り入れることで、目指したことは何だったのか。

「私たちは、経済理論とマッキンゼーの研究結果をうまく組み合わせて、アダム・スミス、マルクス、デヴィッド・リカード、そしてフリードリヒ・ハイエクから現在まで、組織というものがどう変わってきたのか説明するようにしてきた。つまり、経済史から主要な経済理論、そして実際の経営の現場における研究までをうまくつなげて教えるようにしている」

これまでにない講義を展開する中で受講する者が少しでも理解しやすいように、理論的な説明に、実務家の知見を本格的に取り入れるようになったというわけだ。

IT企業で経済学者が活躍する時代に

一方、2010年代はIT企業などで経済学者を雇うのが目立つようになっていた時期でもある。企業社会と理論の距離が縮まり始めていた。

筆者は本稿のスタンフォード大学におけるミルグロム氏の取材に前後して、米国大手企業で活躍する2人のトップクラスの経済学者に取材した。まず、2002年から米グーグルでチーフエコノミストを務める経済学者で、米カリフォルニア大学バークレー校名誉教授のハル・ヴァリアン氏と大阪大学の安田洋祐教授（当時は政策研究大学院大学助教授）の対談を企画し、同席した。安田氏は、当時スタンフォード大学准教授だった小島武仁氏との共同研究のために滞在していた。

また、ミルグロム氏の教え子であり、米マイクロソフトのチーフエコノミストだったスーザン・エイシー氏にインタビューし、学術の進歩がビジネスやより良い現実のために応用されていくさまを目の当たりにして、大きな躍動感を覚えた。

ヴァリアン氏は当時すでに、実験経済学の人気の高まりを指摘。経済学と機械学習の融合の重要性を説き、機械学習を使った分析により、相関関係だけでなく因果関係を解明する重要性を説いていた。[10]

エイシー氏は、ノーベル経済学賞の登竜門と言われ将来有望な若手経済学者に授けられるジョン・ベイツ・クラーク賞の受賞者だ。受賞を紹介する雑誌の記事を読んだマイクロソフトの当時のスティーブ・バルマーCEO（最高経営責任者）が、エイシー氏にコンタクトしたのが就任のきっかけだった。「ビッグデータ分析の進化によって、社会科学には革命が起きつつあるとさえ思う」と、とても熱心に話していた。[11]

実際、ノーベル賞経済学者のジョシュア・アングリスト氏とホルン・ステファン・ピシュケ氏が2010年の論文で書いたように、[12]そのころ、研究に因果関係と相関関係を解明する手法を用いる「信頼性革命」が起きていた（ちなみに、アングリスト氏と2021年にノーベル経済学賞を受賞したグイド・インベンス氏は、前述エイシー氏の配偶者である）。

こうした世の中の動きも、ミルグロム氏の講義の内容に影響したのだろうか。

「人々の意識が変わった。企業が経済学者を雇うようになっただけではない。経済学者の中に、企業経営に興味を持つ人がどんどん増えてきたのだ」

好きな女性を追ってサンフランシスコへ

さてここからは、ミルグロム氏の「オークション理論」までに至る個人的なキャリアを追っていきたい。ミルグロム教授は、研究者になるまでのキャリアがかなりユニークである。最初から研究一筋かと思いきや、全くそうではなかった。まず、実務経験のスタートは「失恋」がきっかけだ。

「私自身はもともと、ビジネスの世界でキャリアをスタートした。しかもかなり行き当たりばったりだった。米ミシガン大学で数学を学んだ後、好きな女性を追いかけてサンフランシスコまでついて行ってしまったのだ……。

だがその女性とはうまくいかなくなってしまい、急遽サンフランシスコで仕事を見つけなければならなくなった。あまりいい仕事がなく結局、数学の知識を生かして保険会社のアクチュアリー（保険数理士）になった。しかし、働いているうちにちょっと、仕事の範囲が狭いなあと思うようになり、米スタンフォード大学のＭＢＡ（経営学修士）課程に入学した。

しかし、入学してすぐに、ＭＢＡで教えている分析手法に、興味と同時に疑いの目を向けるようになった。まず、新しい数学的手法がビジネスに直接応用されていることに驚き、興味を持った。

一方で、MBAで教えている内容が、あまりに単純で、一般的すぎると思った。私のほうが講師よりもっと緻密に考えられると思ったのだ。そこで『ここで教えている内容は正しくない』と確信し、講師のところにいって反証した。そこで、講師にこう言われた。『来るところを間違ったね。MBAじゃなくて、博士課程に進むべきだね』と。ビジネスに関心があったのに、ひょんなことで研究者の道を歩むことになったのだ。その後、自分の知識を使って現実の問題解決につながる手法を考えることに関心を持つようになった」

提案したオークション理論を政府が丸のみ

ミルグロム氏はどのようなきっかけで、米国政府の周波数オークションのプロジェクトに関わることになったのだろうか。

「学生時代、私はウィリアム・ビックリーという経済学者がオークションについて書いた論文を読み、ゲーム理論と経済学に関心を持つようになり、オークションを博士論文のテーマにした。すると、幸運に恵まれた。通信事業会社に通信事業免許を販売するために、米国政府が周波数オークションを1994年から正式に始めることになったのだ。

ルール設定を提案する文書の中で、1993年、米連邦通信委員会（FCC）が初めて、オークションを実施するためのルール設定を提案する文書を公表した。文書を作った政府側の専任エコノミストが、政府側のエコノミストになる前は米エール大学経済学部の教員で、私の論文を読んでいたのだ。

しかし政府の提案はきわめて複雑なオークションだった。周波数免許は帯域や地域により種類が多く、組み合わせが無数にあるため、提案を受けた通信会社側はどうしていいか分からなくなっていた。そこで大手通信会社数社が私に連絡し、助言を求めてきたというわけだ。パシフィック・ベルという会社が最初に私に電話してきた。

同僚のロバート・ウィルソン教授（当時）と一緒に政府のオークション案を検討したが、これはとりわけパシフィック・ベルにとって不利なものだと分かったので、こう提言した。『了解しました。御社にとっても、政府にとっても、もっとよい仕組みを考えてみましょう』。それが、私がオークション設計に関わることになったきっかけだ」

つまり、政府のオークション案があまりに複雑すぎたために民間事業者が困惑し、それを改善するためにミルグロム氏らが一肌脱ぐことになったわけだ。「複雑すぎるデザインが、結果として『スラッジ』になってしまう」と説明していた、第2章のリチャード・セイラー氏の話にも通じるエピソードである。「ナッジ」もシンプルだ。

得てして複雑になってしまいがちな制度設計を、最新の技術や理論を使ってシンプルに、より良い結果を出せる形につくり直すというのは大きな社会貢献である。

「とはいえ私たちは、単なる学者だ。正直自分が、実際のオークションを設計できるほど十分に知識があるとは考えていなかった。しかし、提案を見て『確かに自分は、実際のオークションデザインそのものはよく分からないかもしれない。でも現在の案よりはきっといいものができる』と確信し、ウィルソン氏とオークション設計に取り組むことにした。オークション理論は一見、分かりやすそうに見えるが、実はとても複雑だ。そして結果のもたらす恩恵も大きい。自分の知見で、現実にインパクトを与えるチャンスだった。ワクワクする経験だった。

政府案で最初に使われていたオークションの理論はきわめて初歩的なものだった。しかし、私たちがつくったオークション（同時競り上げ式オークション）は1994年から米国で始まってとてもうまく機能したので、その後、世界中で模倣され、多くの国で利用されることになった。この仕組みを、私たちは6週間で完成させた」

世の中を変えたオークション設計にかけた時間が、わずか6週間だったというのは驚きである。

「すでに政府から提案が出ていたため、その代替案を出さなければならなかった。締め切りが6週間後だった。さらにその後6週間、反応やコメントを待って、それに対してまた回答した。12週間で仕上げた仕事だったが、最終的に政府はわれわれの案を丸のみした。あれは本当にびっくりした」

こうしてオークション理論が世界中に知られ、現実に応用できることが示された。では周波数オークションの仕組みでは具体的にどのような問題を解決できるのだろうか。

「オークションは何百年も、個々の財を売る時に、最も高値でかつ競争的な価格を決定するために使われてきた。ここで新たに取り組んだのは、オークションを多様な異なる財について同時に実施することで、その財に最もふさわしい買い手に適切な価格で買われる仕組みを考えることだった。その意味で周波数オークションの仕組みは、周波数のパッケージ化、買い手とのマッチング、価格のすべてについて、良い方向に導くことのできるツールなのだ」

アクチュアリーの経験があるとはいえ、実務の詳細に通じた発想は、どこから得たのだろうか。企業に助言したりする機会は多かったのだろうか。

「私が（企業に）助言する機会は多い。ハル・ヴァリアン氏が米グーグルでしている仕事とおそらく似ているが、私も入札の助言やオークション設計、あるいは入札に成功するための戦略などを助言している」

「変わった経験があるほうが、後々役に立つ」

ミルグロム氏の理論が研究者と実務家双方に次々と受け入れられるのは、回り道の経験があることも大きいのだろうか。例えば組織の経済学を切り開いたノーベル賞経済学者のロナルド・コース氏が最初に学んだのは商業で、コース氏も企業の現場観察や取材に熱心だったという。

「専門的な知識のエッセンスを一般のビジネスパーソンに分かるように伝えることはとても重要なスキルだと認識しているが、私はどうやらそれが得意なようだ。やってみるまで自分が得意だとは思っていなかった（笑）。しかしだからこそ、私たちの提案が政府に採用されたのだと思う。

多くの経済学者にとって、経済学者としての標準的な訓練を受ける以外の経験があるということは、大変重要だと思う。何より、違いを見せられる。私がもともと数学専攻で、アクチュアリー出身だったことはお話しした通りだ。

経済学を学び始めてからは、数学に強い研究者ばかりに囲まれていたが、そうした人々が経済学をどんどん変化させていった。それができたのは、伝統的な経済学者とは違ったトレーニングを受けていたからだろう。人と違った経験を持っているというのは、人と違った視点を持てるという点で間違いなく役に立つ」

ミルグロム氏は、経済学者の育成のあり方についても独自の考え方がある。大学でストレートに純粋培養するより、変わった経験があるほうが後々研究にも役に立つ、と考えている。

「現在の問題の1つは、大学院の中でまっすぐに経済学のトレーニングを受け、経済学者になった人たちが、あまり人と違ったことを成し遂げられない場合が多いことだ。もちろん中には桁外れに優秀な人もいる。ただ経済学を始める前に変わった経験があるほうが、後々役に立つことが多いだろう。

経済の世界は社会の一部だ。複雑な世界のほんの一部だ。だからこそ、違った視点から眺めてみることが大変に役立つ。違った視点を組み合わせて1つのものをつくり上げる作業は、社会に大きな価値をもたらすだろう」

インセンティブ・オークション理論の開発

2014年の取材当時、ミルグロム氏は米国における新しいオークション制度の設計に取り組んでいる最中だった。

「私は今、オークションの歴史の中で最も複雑になるであろう、新しい周波数オークションの設計に取り組んでいる。政府は2015年6月にも実施したいと考えているようだ（取材時点）。米国では、新たに周波数免許をオークションで販売するのではなく、既存の電波事業者の帯域を買い上げて無線ブロードバンドへと再販売していく必要に迫られている。そこで、売りと買いを同時に実行するようなオークション設計（注：この仕組みはインセンティブ・オークションと呼ばれている）を目指している。

目下、カナダやメキシコとの調整に時間がかかり、遅れている。国境付近では相互干渉（interference）を避けなければならない。また限られた周波数への需要が急増しており、利害調整も必要になる。両国の協力が得られることを期待している（注：この時のミルグロム教授の取り組みは2016年8月、周波数帯の『インセンティブ・オークション』[13]として実行された）」

本章では、ミルグロム氏の言葉とともに、経済学が政策の実務に「実装」されていった過程もざっと解説した。そして、マッチング理論を切り開いたアルビン・E・ロス氏のインタビューに基づく次章へとつなげたい。

注

1 Melissa De Witte, "The bid picture: Stanford economist explain the ideas behind their 2020 Nobel Memorial Prize in Economic Sciences", November 19, 2020, *Stanford News*, Stanford University, https://news.stanford.edu/2020/11/19/bid-picture-nobel-prize-winners-explain-auction-theory-collaboration/

2　広野彩子（日経ビジネスＬＩＶＥ「インタビュー映像で読み解く世界の頭脳アーカイブ、２０２０年12月17日、『日経ビジネス電子版』。ミルグロム教授（２）ノーベル賞『オークション理論』のすごさとは」における坂井豊貴・慶応義塾大学経済学部教授の発言から引用。

3　広野彩子「新しい経済の教科書２０１４　社内の理不尽な『取引』も、経済学で説明できる！　伊藤秀史・一橋大学大学院商学研究科教授に聞く」『日経ビジネスオンライン』２０１４年４月22日。
https://business.nikkei.com/atcl/seminar/20/00029/111600004

4　伊藤秀史、新原浩朗、鶴光太郎「オリバー・ウィリアムソン、２００９年ノーベル経済学賞受賞の意義～『組織の経済学』のフロンティアと現実の企業分析への適用可能性」独立行政法人経済産業研究所ＢＢＬセミナー、２００９年11月30日。

5　Williamson, Oliver E. "On the Nature of the Firm: Some Recent Developments." Zeitschrift Für Die Gesamte Staatswissenschaft / *Journal of Institutional and Theoretical Economics* 137, no. 4 (1981) : 675–80. http://www.jstor.org/stable/40750474.

6　広野彩子「フィスマン教授に聞く『無駄な会議、無駄な管理職』が合理的な理由」日経ＢＰムック『２０１４～２０１５年版　新しい経済の教科書』日経ＢＰ、２０１４年４月発行。

7　伊藤秀史、沼上幹、田中一弘、軽部大編『現代の経営理論』有斐閣、２００８年や、デヴィッド・ティース氏の話を参考にした。

8　Milgrom, P. & Roberts, J. Complementarities and systems: Understanding Japanese economic organization. Estudios Economicos, 9 (1), 1994, 3-42.

9　Aoki, M. Information, incentives and bargaining in the Japanese Economy: a microtheory of the Japanese Economy. 1988. Cambridge University Press.

10　ハル・ヴァリアン、安田洋祐「最強グーグルを作り上げた最新経済理論　経済学が今、ビジネスツールに」日経ＢＰムック『２０１４～２０１５年版　新しい経済の教科書』日経ＢＰ、２０１４年４月。ヴァリアン氏の発言は、Varian, Hal R. 2014. "Big Data : New Tricks for Econometrics." *Journal of Economic Perspectives*, 28 (2) : 3-28.　DOI: 10.1257/jep.28.2.3　に基づく。

11　広野彩子「スーザン・エイシー米スタンフォード大学経営大学院教授『ビッグデータ分析は世界を変える』」、日経ＢＰムック『２０１４～２０１５年版　新しい経済の教科書』日経ＢＰ、２０１４年４月発行。

12 Angrist, Joshua D., and Jörn-Steffen Pischke, "The Credibility Revolution in Empirical Economics: How Better Research Design Is Taking the Con out of Econometrics." *Journal of Economic Perspectives*, 24 (2) 2010, 3-30.

13 ポール・ミルグロム、安田洋祐監訳、熊谷玲美訳『オークション・デザイン　ものの値段はこう決める』早川書房、２０２２年。

第 5 章

アルビン・E・ロス

Alvin E. Roth

「適材適所」を可能にするマーケットデザイン

Profile

米スタンフォード大学教授
1951年生まれ。1971年、米コロンビア大学卒業。1973年米スタンフォード大学でオペレーションズ・リサーチの修士号取得、1974年同じく博士号（Ph.D.）を取得。米イリノイ大学、米ピッツバーグ大学、米ハーバード大学教授を経て2012年ノーベル経済学賞を共同受賞。2013年から現職。専門はゲーム理論、マッチング理論、マーケットデザイン。著書に『Who Gets What（フー・ゲッツ・ホワット）』（日本経済新聞出版）など。
（写真：ロス氏提供）

理論と現実の「セレンディピティ」を求めて

「経済学の考え方を変える革命」

本章では、経済学の「マッチング理論」を市場や制度の仕組みづくりに応用した（＝マーケットデザイン）ことで知られ、2012年、ロイド・シャプレー米カリフォルニア大学ロサンゼルス校名誉教授とともにノーベル経済学賞を共同受賞したアルビン・E・ロス米スタンフォード大学教授のインタビューを収録する。ノーベル経済学賞の受賞理由は、「安定的な配分の理論や市場設計の実践」、すなわちマッチング理論とその応用である。

異なるプレイヤーをベストな方法でどのように引き合わせるかは、経済問題の重要な課題である。シャプレー氏はさまざまなマッチング方法を理論的に説明し、ロス氏はその理論的な結果を活用して、市場が実際にどう機能するかを説明した。またロス氏は実証研究とラボ実験を通じて、マッチングの成功には「安定性」が不可欠であることを明らかにした。[1]

経済学の「マーケットデザイナー」として頂点に立ったロス氏だが、以上に紹介した公式な受賞理由からも垣間見えるように、ロス氏の守備範囲はマーケットデザインだけでなく、ゲーム理論、実験経済学など多岐にわたる。ノーベル経済学賞受賞以前の2011年、米マサチューセッツ工科大学（MIT）の発行する経営誌『MITスローンマネジメントレビュー』ではロス氏の研究をこのように紹介している。

「Al Roth, expert in game theory, experimental economics, and market design, is all about getting economists more closely involved in resource allocation — especially the complicated cases where you can't depend on pricing to help in matchmaking.
（アルビン・ロスは、ゲーム理論・実験経済学・マーケットデザインの専門家であり、資源配分に経済学者をより近づけ、巻き込んだ。とりわけ値付けで解決できないような複雑なケースを、マッチングでサポートする）[2]」

当時は、専門としてはゲーム理論が筆頭であり、2番手は実験経済学である。実験経済学と言えば、本書ではジョン・リスト氏がカバーしたジャンルでもある。意外にも、ダン・アリエリー氏との共著論文もある。

ロス氏の教え子でかつ元同僚である小島武仁・東京大学大学院経済学研究科教授によると、ノーベル経済学賞の受賞理由となったマッチング理論とその応用であるマーケットデザインは、「まさに経済学の考え方を変える革命だといっても過言ではない」ジャンルだった[3]。後述するが、2011年に雑誌でロス教授の専攻として最後尾にマーケットデザインが紹介されていたのは、もともとはゲーム理論から出発し実績を積み重ねてきたが、ゲーム理論を実験するうち現実に当てはまらないことに疑問を持ったことがきっかけで、マーケットデザインの領域に取り組むようになった、という順番だからである。

ロス氏は、研修医と病院のマッチングや、腎臓移植における臓器提供者と移植を受ける患者のマッチングで、双方の希望を最大限反映できる機械的な手続き（アルゴリズム）を設計した。さらに臓器提供の取引市場、という「違法な取引」への考え方に関連して、2007年に発表した論文「Repugnance as a Constraint on Markets（市場の制約としての嫌悪感）」以来続ける「禁断の取引（repugnant transaction）」の探究に取り組み、本章に収録したインタビューでも、書籍のため研究・執筆中であることを明かしている。その書籍が、後に日本でも刊行された『Who Gets What（フー・ゲッツ・ホワット） マッチメイキングとマーケットデザインの新しい経済学』（日本経済新聞出版）である。

マッチング理論のルーツ

そもそもマッチングとは何か。まずは同書のロス教授の言葉を借りると、「私たちが人生のなかで、自分が選ぶだけでなく、自分も相手に選ばれなければ得られない多くのものを手に入れる方法を指す経済学用語」だ。「マーケットデザインの新しい経済学は、マッチメイキングや市場一般に科学的手法を持ち込もうとする試みである」[4]

小島氏はマッチング理論について、「さまざまな好みを持つ人々同士をどのようにマッチさせ、限られた資源をどのように人々に配分するかということを研究する理論」と説明する。その意味で、第４章に登場したポール・ミルグロム氏のオークション理論も、このマーケットデザインと関係が深い。

さらに小島氏の言葉で補足すると、「うまい制度をつくり、限られた資源をなるべくみんなが満足できる方法で配ろうとするものであれば、大体マーケットデザインの範疇に入る」[5]というから、将来、現実に応用できる範囲が広がる可能性はかなり大きいと言っていいのではないか。

マッチング理論のルーツは、ロス氏とともにノーベル経済学賞を受賞したロイド・シャプレー教授が、故デヴィッド・ゲール氏とともに発表した論文が発端だ。２人は、男女の結婚をめぐる問題を「数学の問題」と設定して、男女間で「安定する」、すなわち不倫や離婚の危険がないような組み合わせを探すアルゴリズムを発見した。これは数学の理論だったのだが、ロス氏が１９８４年、この理論の「経済学的な価値」に気付いて発展させた論文を発表した。

米国では、学生と病院が希望する相手のリストを提出して、マッチングの主催者がリストをもとに、アルゴリズムを使って配属先を決めている。このマッチングの仕組みの基礎は試行錯誤を経て１９５０年代ごろに現在の基礎が出来上がったのだが、ロス氏は、この「研修医マッチング制度」で使われていたアルゴリズムが、ゲール氏とシャプレー氏が結婚をめぐる問題で展開したアルゴリズムと本質的に同じものであることを発見したのだ。[6]本質とはつまり、すぐに別れたり切れたりしない、互いの関係の「安定性」が重要、という部分である。

数学理論を駆使して考え出した結論と、医療関係者が試行錯誤でたどり着いた現実的な解決方法が、情報交換をしていないにもかかわらず同じだった、という発見である。この気づきが、抽象的な理論が現実のマーケットにも使えるという希望を研究者に与え、現実の制度を詳細に調べながら理論と実践を展開するという研究スタイルの源流になったのである。[7]いわば、数学的な理論と現実のセレンディピティに遭遇したのだ。

そしてロス氏は、医師と病院だけでなく学童と学校、そして先に述べた臓器提供者と患者をマッチングさせるシステムを開発したことが、ノーベル経済学賞の受賞対象の業績として挙げられている。[8]

市場を設計するマーケットデザイン

伝統的な経済学では、市場や社会制度をすでに「与えられたもの」として、その働きの分析に力を注いできた。一方、マーケットデザインでは、市場や社会制度を「設計するもの」と考える。マーケットデザインでは、現代社会で発生している「市場の失敗」を観察し、それを修復する手立てを探究し、提案・実行するのである。

この文脈における「市場の失敗」とは、要は市場でうまく取引が成立しないことを指す。要因はたくさんあるのだが、ここでは「摩擦（friction）」が挙げられる。摩擦とは、コミュニケーションが難しくて取引相手が見つけられないことや、どの取引がいいのかを見極めるのが難しい状況などを指している専門用語である。

なぜ、取引相手がなかなか見つけられず、取引の見極めが難しくなってしまうのか。それはまず、情報が不十分だからである。なぜ、情報が不十分なのか。それは、1人の人間が情報を獲得できる範囲や能力には限界があるし、情報量にも限界があるからだ。信用できるかどうかも手がかりが少なく、分からない。

例えば、中古車の売買など、新車から使用してきた売り手はその車をめぐる情報をよく知っているが、買い手は売り手からの情報提供と手元の車の状態からしか情報が得られない。こうして、双方で情報が十分に共有できていない状態を、経済学の用語では、「不完全な情報」という。この「不完全な情報」をはじめとするさまざまな要因のために、価値を生むはずの取引がなかなか成立しなかったり、間違った取引が成立して最適な結果にならなかったりすることが「市場の失敗」と呼ばれるのである。[9・10] なお、不完全な情報については、第11章で概説している。

日本でも現実への応用が進む

さて小島氏は、2020年まで、ロス氏とスタンフォード大学で同僚として働いていた。小島氏はマーケットデザインのマッチング理論において世界トップクラスの業績を誇り、日本を代表する研究者だ。「日本ではマーケットデザインの社会実装が進んでいない」と気づいたことから、[11] 東京大学マーケットデザインセンター（ＵＴＭＤ）を設立した。自らセンター所長を務め、「マーケットデザインの社会実装」のために活動する、実践の伴う経済学者である。

小島氏の強い信念が分かる解説を紹介したい。「新古典派、ケインズ経済学など伝統的な経済学は、市場と呼ばれるものがどう働くかを解明することに力を注いできた。例えばある税制度をつくると、それに対して個人や企業はどう行動するかという分析や予測をしてきた。これを繰り返すと、だんだん制度をつくると何が起きるかが分かるようになる。そこで逆転の発想で、『出したい結果』から現実の経済や社会の制度を設計していくのがマーケットデザインだ[12]」。

第2章リチャード・セイラー氏らによる行動経済学は、伝統的な経済学に、理論と実証の差を埋めるために必要にもかかわらず欠けていた概念と手法を、社会心理学を活用して開発し、社会に貢献した。そして「してほしい、安全でより良いと思われる、望ましい行動」から考えて人の行動を分析し、介入していく。

一方マーケットデザインは、市場に対するそもそもの定義を根本的にひっくり返した。人の外形的な行動に注目する行動経済学と、市場を機械的に捉えたメカニズムに注目するマーケットデザインとで入り口に大きな違いはあるが、求めるものはともに社会の福祉、ウェルビーイングである。

小島氏と、共同研究に取り組むサイバーエージェントの研究者らの貢献により、日本でも着々と、現実の制度設計への応用が進んでいる。キーワードは「適材適所」だ。

例えば、日本の保育園における待機児童問題に対するマッチング理論の応用である。保育園の割り当てに「Immediate Acceptance（即時受け入れ）」方式のマッチングを活用すると、「希望順位に嘘をつくインセンティブが働く」、「自分よりも優先順位が低い人が割り当てられるような不公平が起きる」など、問題がある。

そのため、米ボストンの学校選択制度にも使われた「Deferred Acceptance（受け入れ保留）」

方式の導入を提案。さらにここへ0歳から5歳児まで、0歳児は待機が多すぎ、5歳児は空きだらけ、といったような6つの年齢グループ別のミスマッチを解決するために、アルゴリズムを使ったマーケットデザインを活用するのである。2010年代後半の山形市のデータを使った試算では、新たなアルゴリズムを使うと待機児童を63％削減できる見込みだった。[13]小島氏らの提案により2022年4月、東京都多摩市が保育園で受け入れ保留方式を導入した。

大企業でもマッチング理論に基づく仕組みの実装が進む。シスメックスは2021年、ブリヂストンは2022年に、新入社員の配属にマッチングのアルゴリズムを活用し、社員と部署双方の配属希望を反映する制度を導入した。[14]

新進気鋭の教え子も精力的に研究

日本と関わりのあるロス氏の教え子に、筆者の前著『世界最高峰の経営教室』にインタビューを収録した、米ハーバード大学経営大学院のスコット・コミナーズ教授がいる。コミナーズ氏はロス教授の愛弟子と言える。ゲーム理論、マッチング理論にコンピューター科学など領域を超えて常に大量の研究に取り組み、精力的に発表し続けている新進気鋭の経済学者だ。[15]

コミナーズ氏は小島氏の後輩弟子にあたり、2020年、筆者が夜間の時間帯に展開していたウェビナー「インタビュー映像で読み解く世界の頭脳」シリーズで、おふたりにライブ出演していただいたことがある。そもそもはコミナーズ氏へのインタビュー映像に筆者が翻訳した字幕を付け、それを先輩にあたる小島氏が解説、という予定だったのだが、小島氏がライブで解説のため登壇すると聞いたコミナーズ氏が「面白そう。出たい！」と、飛び入り参加してくれたのである。

コミナーズ氏は米ハーバード大学経済学部で、博士課程も飛び級で修了しているといった想像を絶する秀才であるが、なんでも面白がって一緒に取り組んでくださる、フレンドリーな人柄だ。

同じロス氏の教え子とはいえ、コミナーズ氏と小島氏は5年ほど学年が離れており、本来ならば在学時期が重ならない関係だ。だが小島氏がある時、ロス氏から「ものすごく優秀で面白い学生がいるから話してみたらどうだ」と言われて引き合わされたのが、コミナーズ氏だったのである。[16] ２人が知り合うきっかけをつくったのが、２人の共通の師匠、ロス氏だったというわけだ。

なおコミナーズ氏は、学校の入試制度（小島氏との共同研究）や難民の居住地振り分けについて、仕組みをデザインしたことで知られている。ビジネススクールにおいて企業のケーススタディなどにも精力的に取り組んでおり、活躍の場を広げている。筆者がコミナーズ氏と出会ったのも、２０１９年にハーバードビジネススクール日本リサーチセンター長の佐藤信雄氏から、日本のベンチャー、ラクスルのケーススタディのため訪れたコミナーズ氏を紹介していただいたことがきっかけだ。この時は実験的にセミナー風に、動画付きで取材することにチャレンジし、記事にした。当時スタンフォード大学にいた小島氏とそれほどまで近い間柄だと知ったのは、恥ずかしながらだいぶ後になってからである。

現実と理論との一致を探索し続ける

さて、ここで、公開されている情報や小島氏に改めてうかがった話などに基づき、ロス氏の前半生を少し紹介したい。

ロス氏は1951年ニューヨーク市クイーンズ区生まれ。両親は、速記法によるタイピングと口述筆記を中心とした「秘書学」を教える公立高校の教師だった。生徒の中心は、高校を卒業したらそのまま秘書として働こうとの意欲を持った、若い女性だった。

小学1年生のロス少年は、1958年初頭に米国の人工衛星「エクスプローラー1号」が打ち上げられるラジオ放送を教室で聞き、「科学は職業になる」と確信したという。兄のテッド氏が科学者を熱望していたことからも、影響を受けた。

兄に続いて米コロンビア大学のサイエンスオナーズプログラムに参加して優れた成績を収め、高校を卒業せずに工学部に入学した。研究に没頭したのかと思いきや空手道部に所属し、幼少期より手ほどきを受けていた日本空手協会・米国ニューヨーク支部の森正隆師範のもとで松濤館流空手の練習に明け暮れたという。この縁でノーベル経済学賞受賞後、日本空手協会から名誉7段の黒帯を授与されている。[17]

卒業後は米スタンフォード大学に入学し、オペレーションズ・リサーチでの博士号を目指した。イスラエルのヘブライ大学から客員として訪れていたゲーム理論の代表的な研究者、マイケル・マシュラー氏の授業を受けたことで、ゲーム理論に目覚めた。

ところが、ロス氏に転機が訪れる。Ph.D.の試験の1つで失敗してしまったのだ。そしてその時、ポール・ミルグロム氏の概説でも触れた、ミルグロム氏の師でもあるロバート・ウィルソン教授（当時、ロス氏より後にノーベル経済学賞を受賞）が指導教官となることを受け入れたという。

「ボブ（注：ウィルソン氏のこと）は研究休暇中だったが、週に1度、1時間会ってくれた。私の記憶が確かならば、このようなやりとりがあった。私がなぜ先に進められなかったのかを長々と説明する時、ボブは、気落ちするな、とこれまた長々と話したのである。そして、研究を進めるうえで障害になるものを説明すると、彼はある論文を勧めてくれた。探して読むと、間違いだ、この論文は私の問題とは関係ない、と思った。だが、途中のどこかに、障害を乗り越えるためのレンマ（補題）や発言があるのが常だった」

温かな師の指導に背中を押されながら、ロス氏は、1974年にゲーム理論の研究で無事、オペレーションズ・リサーチの博士号を取得した。

経済学との関わりは、最初の職場となった米イリノイ大学アーバナ・シャンペーン校でビジネススクールに勤務したことがきっかけになった。ここで、同僚に紹介されて出会った社会心理学者とすっかり意気投合し、一緒に実験に取り組み、12本の論文を一緒に書いたのである。そして、「ナッシュが始めたゲーム理論のような公理モデルは確かに美しいが、実験ではっきりと観察されるような行動を説明できず、袋小路に陥っていると確信した」という。[18]キャリアのごく初期に、現実と理論の乖離に目をそらさず、探究する姿勢を身に付けていた。

なお、本稿執筆にあたって久しぶりにロス氏のブログ「Market Design」を閲覧した。すると、ロス教授が本稿でも紹介している「禁断の取引」についてブログで記事を書いたところ、ブログ記事のうち2つが、ブログのサイトを運営している米グーグルから削除されたと投稿があった。さらに、別の2つの記事が、警告の対象となったという。

ちなみに削除された内容の1つは「オランダにおける合法的な売春と犯罪（Legal prostitution and crime in the Netherlands）」と題するエントリーであり、もう1つは「『大人の夜遊び』市場（Markets for adult entertainments）」とする内容であった。また警告を置かれた投稿のタイトルは「人種別デートサイト（Ethnic dating sites）」である。[19]

ロス氏は、「禁断の取引や賛否両論のある市場について書いたり話したりすることがある者として、時には内容に反対だったり、書くこと自体を歓迎しなかったりする人々がいることは分かっている」とコメントしていた。確かに内容について誤解を受けそうなタイトルではある。ただロス氏は、こうした言葉が問題視される社会通念そのものに関心がありそうである。小島氏は「例えば臓器移植でも、自発的な提供は認められても取引は認められない。そうしたことから関心が深まっているのではないか」と見る。

引き続き、現実と理論の一致と設計を探究し続けるロス氏。しかも今度は人種や性、宗教などの「タブー」に挑んでいる。数学的な理論との一致はみられるのだろうか。

ウォーキングマシンで歩きながらインタビューを受ける

なお本稿でまとめたインタビューの取材は、ロス氏が２０１４年12月19日に大阪大学社会経済研究所で開催されたローレンス　R・クライン・レクチャー（学術誌 *International economic Review* の創刊者ローレンス・R・クライン博士の業績をたたえて１９９７年に米ペンシルベニア大学と大阪大学でスタートしたレクチャー）[20]のために来日することを知ったのがきっかけである。

日本滞在中に対面で取材をさせていただけないかと電子メールでロス教授にお願いしたところ、滞在中は予定が詰まっていて時間がないから、来日前にぜひオンラインで受けたいとおっしゃってくださった。さらにメールでやりとりのうえ、スカイプでのインタビューが急に実現し、２０１５年2月2日に『日経ビジネスオンライン』に掲載した。少々古くはあるのだが、理論についての説明やロス教授の問題意識が伝わる話が中心であり、本質は全く変わっていない。

さて以下は余談である。ロス氏は本編のもとになったインタビューを掲載した後、自身のブログ「Market Design」にインタビューを紹介してくださった。「禁断の取引とマーケットデザイン、両方の議論を含んでいるインタビュー。日本語で読むことに興味がある読者は参考になるだろう」とコメントいただいた。[21]大変光栄なことであった。

また本編のインタビュー中、にこやかに応じてくださる画面上のロス氏の体がずっと左右に規則的に揺れていたので終盤に不思議に思って尋ねたところ、ロス氏は「ウォーキングマシンで歩きながらインタビューに応じているところだ」と答えた。長時間の作業で腰が痛むので、座って作業する普通の机に加えて、研究室にウォーキングマシンを導入したのだという。マシンにパソコンを取り付け、歩きながら作業できるような机を自ら設計したそうだ。

ロス氏がいつもマーケットデザインについて考え続け、生活のすべてに対して、現実のニーズに合わせてデザインするという発想を取り入れている様子がダイレクトに伝わってきたエピソードだった。

なお本概説の執筆にあたり、小島武仁氏から大変多忙な中にありながら貴重な時間を割いていただき、さまざまなエピソードや理論的な内容についての数多くの助言をいただいた。この場でお礼を申し上げたい。

Interview

より良い市場づくりへの挑戦

ロス氏は2012年、経済理論を使って社会に役立つ仕組みをつくったことでノーベル経済学賞を共同受賞した。具体的には、研修医と配属先病院のマッチングで、数学的なマッチング理論に基づき研修医と配属先病院双方の希望を反映したマッチングプログラムを作った実績などによる。では、そもそもなぜこのような仕組みを考えようと思い立ったのだろうか。

マッチングの場は素晴らしい「市場」

「研究に着手する以前から、米国で1950年代に始まっていた研修医と病院のマッチングプログラムの課題についていろいろと聞いていた。例えば配偶者も医師である研修医をどの病院に配属するか、といったことにどう対処すればいいのか、などだ。このマッチングの『場』が、私にとっては経済学の理論を生かせる素晴らしい『市場』だと感じた。

この『マッチング市場』は、必要な条件がそろっていて自己充足的である。マッチング作業がコンピューター化されていたし、ほかの多くの市場に存在しないその市場独特のルールが、取引の結果にどんな影響をもたらすか、理解する機会を得られたからだ。

市場の多くには、はっきり定義することが難しい数多くの（暗黙の）ルールがある。その市場の仕組みの中で活動している人はルールを熟知しているものの、どのルールが重要でどのルールが重要でないのか、外部の人間からうかがい知ることはなかなか難しい。しかし、研修医と病院の『市場』ではルールがはっきりしていた。市場の機能の仕方や仕組みを研究するうえで、大変取り組みやすい対象だった」

組織の経済学やオークション理論と同様に、コンピューターの計算能力の飛躍的な進化と、インターネットによる技術革新がマッチング理論に与えた影響も大きかった。

「現在はインターネット上に、取引がコンピューターで自動化された市場が無数にある。米グーグルの広告オークション市場などがそうだ。私たちがインターネットにアクセスしてその市場を呼び出すことで、互いにやりとりができるような市場がいろいろとある。研修医のマッチングプログラムは、こうした（手続きが自動化された）市場が到来する前兆のようなものだった」

昨今ではＡＩがその進化を加速している。取引や交渉の自動化が進めば、その分、マッチングが可能なマーケットも広がるだろう。ほかに、取引のプロセスを仕組みにするうえで、マッチング理論をはじめとするマーケットデザインが応用できるのはどういった市場だろうか。

市場は人間がつくったもの、われわれのものである

「マーケットデザインは、多くの市場で応用可能だと思う。市場をつくるというのは、古代から人類がやってきたことだ。

人は、農業が始まったころから、何万年もの間、次々と市場をつくり続けてきたのだ。石器時代にも、市場はあった。考古学者が数万年前のある石器の分布を調べたところ、もともとつくられたところから、はるかに離れた場所で見つかったそうだ。これは石器を取引する市場があったということを示している。つまり市場は、もう何万年も人類とともにある存在なのだ。

一方でわれわれは、市場をまるで言語を使うかのような感覚で使っている。あなたと私は今、英語で話しているが、そもそも私たちが英語をつくったわけではない。われわれはただ、すでに存在している英語を『受け止めて』いる。英語が先にあって、それを私たちが使っているという関係だ。市場についてもそう感じながら普段、利用している。

そもそも市場は特定の人たちがつくったものだ。言語も私たちがつくったものだが、言語はそれを話すコミュニティの人々が皆で徐々につくり上げた。市場は、特定の利用者や影響力のある市場参加者がつくり、使っている。だから、（幅広い人たちが使う）言語を変えるより、市場を変えるほうがはるかに簡単だ。

市場をつくったのは人間だ。市場は、人間がつくった人工物だ。われわれが思った通りに

機能しないのであれば、仕組みを変える方法を考えなければいけない。市場はわれわれのものだ」

腎臓移植や研修医のマッチングでは確かにマーケットデザインによる仕組みづくりが生かせる。しかし多くの人々は、金融市場や労働市場など幅広い社会問題の解決に関係する市場を、より良いものにつくり替えたいのではないか。

「もちろん、そうした市場にマーケットデザインを応用することは可能である。私の教え子で、米シカゴ大学（当時）にエリック・ブディッシュという研究者がいるが、金融市場を高速取引の観点から分析して、最近論文を発表した。

彼は、これまでわれわれがなじんできた金融市場の仕組みを少しつくり変えるべきなのではないかとの問題意識で、研究している。金融市場で、取引のスピードが重要になり過ぎているからだ。価格の競争ではなく、スピードの競争になっている。しかし、本来は価格で競争すべきだ」

取引はスピード競争ではなく価格競争にすべきだ

そこでエリック氏の提案の1つは、いくつかの市場でコンピューターの処理スピードを減速させようというものだった。多くの金融取引は大体、すでに自動化されている。人がコンピューターやプログラムを管理しているが、コンピューターの処理速度が速くなりすぎて、人の監督なしでも取引し得る状態になっている。

そして時に取引が、コミュニケーションスピードの競争になっている。米ニューヨーク証券取引所とシカゴ・マーカンタイル取引所の間で価格差が出ると、一番良い価格を提示しているトレーダーより、一番スピードの速いトレーダーが取引を成立させることになってしまうからだ」

ここでロス氏が言及するブディッシュ氏の研究についてはインタビュー後に発刊されたロス氏の著書『フー・ゲッツ・ホワット　マッチメイキングとマーケットデザインの新しい経済学』に詳しい。参考にして補足すると、このような内容になる。

一般に取引市場では、売り手も買い手も、より多くの相手に出会える「厚みのある市場」を好む。だがコンピューター・アルゴリズムの利用の広がりにより、金融市場の取引スピードが高速化し、弊害が見られていたことにブディッシュ氏は着目した。市場に厚みがあることが、誰にとっても好都合というわけではない。スピードで有利になるとなれば、より最新の技術を駆使することで利幅を取ろうとするトレーダーが次々と現れるだろう。

ブディッシュ氏らがシカゴとニューヨークにおけるミリ秒の取引に目を向けたところ、人間の時間感覚では厚みがあるように思えても、何も取引がないまま数秒過ぎるケースがかなりあった。また、シカゴでの価格変動の知らせがニューヨークのトレーダーに伝わるまでに、数ミリ秒かかった。企業が巨額を投じて敷設した高速光ファイバーケーブルを使えるトレーダーだけが、この数ミリ秒のタイムラグを利用して利益を上げるようになっていた。この状況が続けばやがて高速化を狙った数十億ドル規模の機械への投資競争が次々と起きることになる。これは社会全体で見れば、いわば限られた資源の無駄遣いだ。

そこでブディッシュ氏と共同研究者のピーター・クラムトン氏、ジョン・シム氏は、適切な価格競争を回復し、数ミリ秒速く情報を得る必要をなくすため、金融市場のデザインを変更することを提案した。具体的には、最も速く注文を入れたトレーダーが約定する方式をやめ、1秒ごとに取引する不連続時間での方式に変更することだった。これで1秒間に蓄積された注文の中で需給価格が一致したトレーダーの間で取引が成立することになる。つまり、最も高い買い注文と最も安い売り注文を出したトレーダーが約定する。[22]幅広い利害関係者の資源配分に目配りした提案であった。

臓器移植、学校選択、同性婚、「禁断の取引」を考察

教え子の最新の研究について紹介してくれたロス氏だが、ロス氏自身は2014年当時、どのようなテーマに関心を持っていたのか。

「3つのテーマに関心がある。まず腎臓移植の腎臓提供者と、移植を受ける患者の組み合わせをより最適なものにする、そしてどうすればより多くの人が腎臓移植を受けられるように

できるか、というテーマが1つ。
2つ目は、学校選択の問題だ。その子供にとって望ましい学校選択を実現する仕組みをどうつくるかである。そして3つ目としては最近、『禁断の取引』について考えている。市場によって許される取引と許されない取引がある。この問題について理論的に研究している」

では「禁断の取引」とは、具体的にどのようなものを指すのか。

「例えばカリフォルニアでは、馬肉を買ったり食べたりすることができない。でも日本では食べられる。同じモノに対して、場所によって違うルールがあるわけだ。それを私は『禁断の取引』と呼んでいる。もう少し分かりやすく言うと、ある場所で、ある人たちは何かをしたいと思っているのに、別の人々はそれをすべきでないと考えている状態だ。
世界では、同性婚をしたい人も一定数存在する。米国では過去10年の間に、30州で同性婚が合法になった。だが日本では（2014年当時）合法ではない。

同性婚について米国内では今、国内が分裂した状態になっている。まだ20の州で同性婚は違法だ（2014年当時）。しかし、物事というのはどんどん変わっていくものだ。中世ヨーロッパでは、借金に利息を課すことすらタブーで、禁止されていた。もしそれがそのまま現代まで続いていたら、現代の金融経済は存在しなかったわけである。

――つまり、経済に対する人々の考え方は、経済全体にとって実に重要だ。ルールをつくるのはわれわれだから、ルールを変えればいいのだ」

であれば、食の嗜好に対する信仰の問題はどう考えるべきだろうか。例えばイスラム教の人は豚を食べられないが、ほかの人は食べられる。

――「宗教上の理由は、また別の問題だ。その人たちは、法律と関係なく豚を食べないが、あなたが食べることに対してとやかく言うわけではない。しかしカリフォルニアに来たら違法になってしまうから、たとえ好物であってもあなたは馬肉を食べることができない。

私は既婚者だが、その気になればカリフォルニアでは男性と結婚することも可能だ。しかし日本ではそれは無理だ。これは単なる個人の選択ではない。同性とどうしても結婚したい人は日本にもいるはずだ。しかし、日本にいる限り結婚はできない。そこが問題だ」

つまり、自分は同性婚を好まなくても、他人がそれを選択するのを少なくともカリフォルニアではとやかく言わない。つまりはそうした「選好」を、政府が規則で縛るべきではないということだろうか。

――「『縛るべきではない』とまでは言わない。私は社会科学の研究者だから、そうした状況を

『理解』しようとしている。例えば米国では、腎臓移植を実現するための腎臓移植ネットワークが存在する。米国をはじめ移植するための腎臓の売買はほとんど世界中の国で違法だが、イランだけは合法なのだ。
経済学者は『どのような市場を許容し、どのような市場を許容すべきでないか』について、もっと深いところで理解しなければならない。そして、なぜそうあるべきなのか、あるいは（その判断を）どうやって理解すべきかについても、だ。
ある場所では認められることが、別の場所では認められないということは、それは人類に普遍的な判断ではないということになる。人類全員が必ずしも合意できないテーマが多々あるわけだ。一方そうしたものの中で、時代とともに変わってきたものもある。例えば米国で同性婚が認められたのは、ここ10年くらいの話だ」

確かに欧米社会の多くの地域で、LGBTQ+（レズビアン・ゲイ・バイセクシュアル・トランスジェンダー、クエスチョニング）など、同性婚だけでなく幅広い性的少数者同士の関係などについて公的な権利を認めようという動きが急速に広まった。20年前の社会通念から考えれば、大きく変わったと言えるだろう。

「カリフォルニアで馬肉が食べられる日が来るかもしれない。実際にこれまでにも、数多くのルールが変わった。ルールが変わるまでにとても時間がかかる場合もある一方で、世界の大半で違法としていて変わらないものもある。例えば腎臓を売ることだ。何かほぼ同じ判断が世界中で見られるなら、それがなぜそうなのかを理解し、説明を求めていく必要がある」

市場をうまく機能させるルールを見つけ出すのが経済学者の仕事

ところでロス氏は、インタビューの最初のほうで「経済工学」という言葉を使った。工学者、エンジニアとしての経済学者は、今後どのようにして社会に貢献できるだろうか。

「市場は人類にとってとても重要である。政治家の議論も、米国ではほとんどの場合は市場がテーマだ。とはいえ、米国の政治家は自由市場について語るのが好きだが、『自由市場』の意味するところがいまひとつ曖昧だ。

経済学者は、市場の仕組みをどう組み立てれば不具合なく機能するようになるのか、人々が理解するうえでの手助けができる。そしてそれこそが経済学の『マーケットデザイン』という分野の研究者が取り組む仕事だ。市場がうまく機能するような『ルール』を見つけ出すのだ」

前章まででも言及したように、米国のIT企業ではトップクラスの経済学者が会社に入って、ビジネスの仕組みづくりに深く関わるケースが増え、珍しいことではなくなった。日本でも少しずつそうしたケースが見られている。ビジネスに経済学を活用する動きは、あらゆる業界に広がっていきそうだろうか、それともIT業界だけだろうか？　ロス氏はどう見ていたか。

「情報技術に関係するのは一部だが、多くの企業が今、自ら市場をつくっている。グーグルは広告で新しい市場をつくった。米マイクロソフトもソフトウエアで市場をつくった。そして、顧客やシステム開発者の獲得競争をしている。

急成長している企業の多くは、これまでになかった市場を新たにつくって成長している。米国に宿泊施設とユーザーをつなぐエアビーアンドビーというサイトがあるが、これも新たな市場をつくった。米ウーバーテクノロジーズもモバイルアプリを使った新しいタクシー配車サービスの市場を創出した。グーグルも米アマゾン・ドット・コムも、インターネット上に新しい市場をつくったのは、ご承知の通りだ」

大所高所から解説するか、仕組みを解明するか

「市場に参入するだけでなく、市場を新しくつくることがますます企業活動の一部になりつつある。そうした時、市場にどう対処し、何に取り組めばよいのか、経済学者を雇って助言させるのは悪くないかもしれない」

取材当時は、フランスのパリ経済学院のトマ・ピケティ教授による『21世紀の資本』（みすず書房）がブームだった。筆者も翻訳書出版を機にしたピケティ氏と吉川洋・東京大学名誉教授との

対談に立ち会い、記事にまとめた。歴史的データから富の不平等の拡大を捉えた研究で一世を風靡した。ポール・クルーグマン米プリンストン大学教授をはじめ著名な経済学者の寄稿などで紹介された。当時も今も、格差是正は世界中で注目が集まる経済の主要テーマの1つだが、経済工学者のロス氏の立場なら、格差是正にどう取り組むだろうか。

「(世界で一般的に知名度の高い) ピケティ教授もクルーグマン教授もマクロ経済学者である。経済全体について、シンプルな説明を試みる人たちだ。一方、(ミクロ経済学者である) 私の仕事は、もっと市場の細かい部分について解明していくことだ。経済全体で見れば、かなり小さな部分を扱う。彼らと私は、タイプが違う経済学者だ。

とはいえ、世界の富や繁栄の多くは、市場から生み出される。市場をより良く機能させる方法を学ぶことは重要だし、より良く機能させて目指すところをきちんと決めなければならないし、人々が望むものを、市場を通じてもたらすようにしなければならない。

例えば、最低賃金のような決まりは、市場のルールだ。貧しい労働者があまりに貧し過ぎることを憂えるなら、市場によって最低賃金が違うことがもたらす影響も理解しなければいけない。

そうしたときに、工学研究者の知識がその解明の助けになるし、(問題解決のために) 何ができるかについての研究を深めてくれる。格差是正には (マクロ経済学者だけではなく) あらゆるタイプの経済学者が、望ましい社会の実現に役立ちたいと志し、大きな役割を果たそうとしている」

ロス氏は、マクロ経済学者とは違うタイプの経済学者だと言ってはいるが、マクロ経済学は専門外だから違う、と突き放して考えているわけでは決してなかった。

「治療法が分からなくても、治療しなければいけない」

「しかし最近、マクロ経済学とミクロ経済学が近づいてきていると思う。互いに近づこうとしている。（マクロ、ミクロといった領域ではなく）経済学者として、物事を理解しようとしている。経済学という学問は大変幅が広いため、薬の知識も含めた生物科学のようなものとして、経済を考えることができる。われわれは経済について部分的にはとてもよく理解できるが、まだ知らないことも多々ある。

例えばエボラ熱にかかった人を診る医者は、治療法が分からなくても診察して治療しなければならない。マクロ経済学者もそのような人たちだ。世界経済に緊急事態が発生するときはいつでも、世間は彼らに助言を求めるし、彼らもできる限りの助言をする。しかし、対応しなければいけないテーマが、必ずしもわれわれが精通している経済学でカバーできる範囲の内容ではないのだ。

例えばまだ薬が開発されていない病気について考えてみてほしい。医者は、病気について解明されていようがいまいが治療していかなければいけない。経済学者も、似たところがある」

インタビュー時、ロス氏がここでマクロ経済学にも言及したのは、筆者にはいささか意外であった。世界、国などの経済主体を俯瞰的に捉えて分析するマクロ経済学は、2008年以降のリーマンショックをはじめとする金融危機で、中央銀行のエコノミストが経済分析に使ってきた動学的確率的一般均衡（DSGE）モデルが、リーマンショックを予測できなかったとして大きな批判を浴びてきた。このモデルも、伝統的な経済学がそうであるようにすべての家計や企業は合理的であると仮定する。

マクロ経済学は、政策の変更が経済主体の期待に影響を与え、それがまた経済主体の反応を変化させるといった「経済システム」全体を研究対象としており、社会全体の人々の期待形成がカギになるため、現実には、ミクロ的事象よりいっそう捉えどころのない領域である。

最先端のマクロ経済学を研究している経済学者に最近のトレンドについて聞いてみても、マクロ経済における期待形成については、最新理論でもまだよく分からないのが現実だという。

キャリアの初期にすぐ社会心理学者と共同研究をしたぐらい、領域を超えて世の中を探究するロス氏。自らの専門領域だけでなく、社会科学がしばしば突き当たる技術的な問題や限界に目を配って話をしていた。

「障害は何か」に突き当たった時こそ、探究心に火が付くようにもうかがえる。それは、ロス氏が長年取り組んできたマッチング理論が、情報技術革新の恩恵で大きく前進した事実と無関係ではないだろう。数多くの経済学者がしばしば指摘している通り、ミクロ系の経済理論が社会実装に向かうまでに行き詰る原因の1つは、コンピューターの処理能力の限界だったと思われるからだ。

経済についてはほんの少し分かり始めたところ。だから、面白い

「経済学はとても間口が広い。まだ経済のほんの一部についてしか分かっていない。むしろ、分かり始めたばかりだ。だからこそ、経済学者が研究に熱中する。

市場で実際に起こっている問題は、理論的な研究にとっても良いヒントになる。理論を究めたいのであればなおさら、逆に現実の市場で現在何が問題になっているのかから考えるといいだろう」

2014年のインタビュー当時のものであるが、この最後のコメントこそ、ロス氏が研究者のキャリアの初期から現在に至るまで全く変わらず持ち続けている問題意識だ。

そしてきっと今後も、理論と現実、現実と理論の限りないフィードバックの中、禁断の取引の解明などを通じた斬新な研究を世の中に生み出してくれるだろう。

注

1 Alvin E. Roth – Facts. NobelPrize.org. Nobel Prize Outreach AB 2023. Fri. 3 Feb 2023.
https://www.nobelprize.org/prizes/economic-sciences/2012/roth/facts/

2 "Al Roth's Pioneering Work In 'Market Design'", April 12, 2011, *MIT Sloan Management Review*
https://sloanreview.mit.edu/article/al-roths-pioneering-work-in-market-design/

3 小島武仁「ノーベル経済学賞、アルビン・ロス教授が起こした経済学の『革命』」『日経ビジネスオンライン』２０１２年10月18日。
https://business.nikkei.com/atcl/seminar/20/00021/082100010/

4 アルビン・E・ロス著、櫻井祐子訳『Who Gets What（フー・ゲッツ・ホワット）マッチメイキングとマーケットデザインの新しい経済学』日本経済新聞出版、２０１６年。

5 広野彩子「コミナーズ准教授（２）『いい出合い』を実現するマッチング理論」「日経ビジネスＬＩＶＥインタビュー映像で読み解く世界の頭脳アーカイブ」『日経ビジネス電子版』２０２１年２月４日。

6 前掲、小島武仁。

7 前掲、小島武仁。

8 前掲、Alvin E. Roth

9 前掲、小島武仁。

10 スコット・コミナーズ「あなたが結婚できない理由／ハーバード教授に聞く＃１」ハーバード流起業マネジメント講座、『日経ビジネス電子版』２０１９年６月18日。

11 前掲、広野彩子。

12 「ノーベル賞ロス教授『マッチング理論の社会実装で世界はよくなる』」『日経ビジネス電子版』２０２２年１月14日。
https://business.nikkei.com/atcl/gen/19/00363/011200017/

13 前同。

14 広野彩子『世界最高峰の経営教室』第５章第10講「マーケットデザインで読み解く起業マネジメント　米ハーバード経営大学院准教授スコット・コミナーズ」日経ＢＰ、２０２０年。

15　東京大学マーケットデザインセンター（ＵＴＭＤ）パンフレット。
https://www.mdc.e.u-tokyo.ac.jp/wp-content/uploads/2022/12/online_221208.pdf
16　前掲、広野彩子「コミナーズ准教授（２）『いい出合い』を実現するマッチング理論」。
17　「日本空手協会出身、アルビン・ロス氏　２０１２年のノーベル経済学賞に輝く」日本空手協会ウェブサイト。
https://www.jka.or.jp/jka-news/10929/
18　前掲、Alvin E. Roth
19　Alvin Roth, “Repugnant and deleted blog posts: AI and the Justice Stewart test,” *Market Design*, January 20, 2023
https://marketdesigner.blogspot.com/2023/01/repugnant-and-deleted-blog-posts-ai-and.html?m=1
20　大阪大学社会経済研究所クライン・レクチャー事務局ホームページ。
https://www.iser.osaka-u.ac.jp/~ier/lecture2014.html
21　Alvin Roth, “Market design and repugnance interview, in Japanese”, Market Design, March 14, 2015.
http://marketdesigner.blogspot.com/2015/03/market-design-and-repugnance-interview.html
22　前掲、アルビン・Ｅ・ロス。

第 6 章

ジョン・A・リスト

John A. List

アイデアを「スケール」する経済学

Profile

米シカゴ大学経済学部特別教授／米ウォルマートチーフエコノミスト
1992年、米ウィスコンシン大学スティーブンス・ポイント校を卒業、1996年、米ワイオミング大学で経済学博士号（Ph.D.）を取得。米メリーランド大学、米アリゾナ大学などを経て2005年から米シカゴ大学経済学部教授。2012年から2018年までシカゴ大学経済学部長。専門はフィールド実験、行動経済学や幼児期の教育など。2008年にケネス・J・アロー賞、2016年ローレンス・クライン賞受賞。共著に『その問題、経済学で解決できます。』（東洋経済新報社）、『そのビジネス、経済学でスケールできます。』（同）などがある。
（写真：John Boehm from Boehm Photography）

無名大学からトップ経済学者へ経済学界の「シンデレラ」

フィールド実験の成果を応用

素晴らしいアイデアが製品やサービスとして形になり、スケールする（規模が拡大する）秘訣とは何か。ジョン・A・リスト米シカゴ大学経済学部特別教授は、アイデアを科学的にスケールすることを目指して、経済学の知見を米ホワイトハウスや米ライドシェア大手ウーバーテクノロジーズ、米リフトなど実務の現場で、試行錯誤を繰り返しながら「実証実験」してきた。トップクラスのフィールド実験経済学者であり、行動経済学者である。2022年には米ウォルマートのチーフエコノミストに就任しており、学問と最先端ビジネスの領域を越えて活躍する、世界的な研究者である。ノーベル経済学賞候補との[1]呼び声も高い。

ここでいう「実験」は因果関係を明らかにすることが目的なので、置かれた条件を調整して実施する必要がある。リスト氏は、現実社会におけるRCT（ランダム化比較実験）を使ったフィールド実験（field experiment）と呼ばれる分野を確立し、主戦場としている。

RCTとは、ある政策（施策）の対象となる集団と対象とならない集団を無作為（ランダム）

に選んで結果を比較し、施策の効果を検証する実験手法のことである。フィールド実験は、RCTを使って施策の効果を現場で実際に科学的に測定することを指している。[2]

第2章のセイラー氏の概説でも触れたように、20世紀半ばのミルトン・フリードマンの時代、まだ経済学は「社会科学において（RCTのような）実験は困難」という前提で議論されていた。[3] そしてその困難に制約の多いラボ実験で挑む実験経済学は長らく異端扱いだった。とはいえ、実証系の潮流は脈々と続いてきた。

先駆者は多い。例えば第8章に登場するアビジット・バナジー氏と、エスター・デュフロ氏らが途上国の貧困解消に向けた効果的な政策を確かめるため、1990年代からRCTによるフィールド実験に基づいた革新的な研究をして2019年にノーベル経済学賞を共同受賞した。このことでRCTは一気にメジャーになった。またグイド・インベンス氏、ジョシュア・アングリスト氏、デヴィッド・カード氏という「自然実験」の権威が2021年にノーベル経済学賞を受賞している。自然実験とは、偶然の出来事など実験者がコントロールしない形で、無作為あるいはほぼ無作為に、対象集団が対照群と処置群に振り分けられた実証実験のことだ。第8章でも触れるが、この分野の発展は、実験経済学（ラボ実験）→自然実験→フィールド実験という流れである。開発経済学の権威で元アジア開発銀行（ADB）チーフエコノミストである東京大学大学院経済学研究科の澤田康幸教授は「順番でいうと本来なら、インベンス氏らが先」と指摘していた。本稿では触れないが、ノーベル経済学賞選考の不思議な力学を感じるエピソードだ。

大御所経済学者が退けてきた「実験経済学」

リスト氏はフィールド実験を先進国で実施し、手法を確立した草分けである。先進国における政策・ビジネス双方でのフィールド実験に取り組み、施策を単発の成功に終わらせず、スケールするための技法に注目している。

経済学者が実証的な経済学に携わるには、自然発生的なデータを探すほうがよいと長い間考えられてきた。

例えばフリードマンは1953年に著作『*Essays in Positive Economics*』で「一般的に、われわれはたまたま起きた〝実験〟により投げかけられたエビデンスに頼るべきである（Generally, we must rely on evidence cast up by the "experiments" that happen to occur）」などと書き、研究室における「つくられた」実験を否定している。[4]

またノーベル賞経済学者ポール・サミュエルソン氏らは、1985年に出版した教科書『*Economics* 12th edition』（翻訳版は『サムエルソン　経済学（上）（下）』岩波書店）に、「経済法則を検証する際、経済学者は他の重要な要素をコントロールできないため、化学者や生物学者のようなコントロール実験をすることはできない。天文学者や気象学者と同様、一般的にざっと観察することで満足しなければならない」とこれまた否定している。[5] こうした影響力のある世界的な大御所の経済学者による否定的な空気も影響し、ラボ実験からフィールド実験への進化に「ミッシングリンク（分断）」をもたらした可能性があると、リスト氏は考えている。[6]

ラボ実験からフィールド実験へ

とはいえ実験系の経済学の起源はそれなりに古く、１９５０年代、当時米パーデュー大学で教壇に立っていたバーノン・スミス氏が、師である米ハーバード大学のエドワード・チェンバレン氏の研究から影響を受けた実験に始まる。

スミス氏は研究室の環境で、学部生を対象に、市場のさまざまなインセンティブや構造に対する反応を実験した。因果関係を推定する「操作変数法」などといった統計学の測定ツールがまだ完成する前だったが、スミス氏は「研究室（ラボ）環境でも、実験すると経済関係をよく知ることができる」と考えていた。これが「実験経済学」である。

当初、多くの経済学者がスミス氏の実験結果の重要性に疑義を唱えた。だが１９７０年代、米カリフォルニア工科大学の政治学者であり実験経済学者でもあるチャールズ・プロット氏がスミス氏と出会い、共にさまざまな市場における人々の意思決定をより良く理解するための実験を開始したことで流れが変わる。[7] そして２００２年にスミス氏が、行動経済学・実験経済学への貢献でダニエル・カーネマン氏らとともにノーベル経済学賞を受賞したというわけだ。つまりスミス氏が、開拓者である。１９９０年代半ばから人の行動への実験に取り組んでいたリスト氏は、２０００年にアリゾナ大学の助教授であった時、スミス氏の薫陶を受けていた。

カーネマン氏らがノーベル経済学賞を受賞した２００２年、ホワイトハウスでシニアエコノミストとして働いていたリスト氏は、ホワイトハウスでカーネマン氏、リチャード・セイラー氏ら行動経済学者のラボ実験による研究を考慮に入れるべきだと主張した。だがほとんど誰からも相手にされずショックを受けたという。確かに現場がある政策当局から見たら、ラボでの単なる実験にすぎない。リスト氏は、研究室ではなく、研究室の外、フィールドで本格的に実験したいと考えた。そこで、まずは農家や経営者などの専門家集団と実験する「人工フィールド実験」に取り組むことからスタートした。[8]

リスト教授は、アイデアが形になり「スケールする（規模拡大する）」過程で起きる「規模の経済」や「規模の不経済」などの現象を「ボルテージ・エフェクト」と呼ぶ。そして長年、試行錯誤を繰り返して得られた科学的な知見や教訓を、アイデアの実験段階で克服すべきチェックリスト「ビッグファイブ」などとしてまとめ、2022年2月1日に2冊目となる啓蒙書『*The Voltage Effect : How to Make Good Ideas Great and Great Ideas Scale*』（日本語版は『そのビジネス、経済学でスケールできます。』東洋経済新報社、2023年1月）として発刊した。

『ヤバい経済学』レヴィット氏との共同研究

リスト氏は、『ヤバい経済学』（東洋経済新報社、2006年）の共著者で2003年にジョン・ベイツ・クラーク賞を受賞したシカゴ大学の著名な経済学者、スティーブン・レヴィット氏と親しい。レヴィット氏は第1章のゲイリー・ベッカー氏の直系の教え子にあたる。従来、社会学が扱ってきた分析対象を、経済学の分析に果敢に取り入れてきた。観察データや自然実験のデータで分析することで多くの優れた研究を発表し、ノーベル経済学賞の呼び声が高い1人でもある。

実はこのレヴィット氏が、リスト氏を2005年にシカゴ大学に引き抜いたのだという。本インタビューに登場しているリスト氏と、本インタビューでも言及されているシカゴハイツにおけるプリスクールプログラムに携わったのをはじめ、多くの優れた共同研究を発表している。レヴィット氏はリスト氏を、「私の世界観に最も影響を与えた」と評する。[9]

例えば、2人の共同研究のうち、とりわけ経営学ジャンルで著名なホーソン実験について、既存のデータで顕著だとされていたパターンが「架空のものであった」と明らかにした研究がある。

ホーソン実験とは1924年から1932年、米ウェスタン・エレクトリックのイリノイ州シセロ・タウンにあるホーソン工場で実施された生産性向上に関する研究のことである。労働条件や環境よりも、従業員への配慮や人間関係が生産性向上に影響するとの結果が大きな反響を呼び、世界的に広まった。見られている、関心を持たれていると意識することが、物理的な環境の改善よりも労働者の生産性を高めることをホーソン効果と呼ぶ。

レヴィット氏とリスト氏は、すでに破棄されたとされていた、一番重要だった最初の数年の照明実験データが、2つの別の州の図書館のアーカイブに保存されていることを探し当てた。そして、2011年に照明実験を再分析した。

すると実験で、工場に労働者がいない日曜日にだけ照明条件を変更し、そのうえで月曜日に生産量が測定されていたことが分かった。なお実験的な照明の変更については、実験開始時に現場の工場の労働者に知らされており、労働者は観察されていることを知っていた。

リスト氏らは当時の実験データを示しながら、「経験的な事実としては、通常は金曜日や土曜日よりも月曜日のほうが生産性は高い。（中略）どうやら曜日による効果をホーソン効果と取り違えていたらしい」などと結論付けた。[10・11] とはいえ、自然光と人工光を比較し、自然光より人工光の変化のもとでわずかだが生産性が高まっていたため「弱い証拠は発見された」とフォローしている。

社会学的なテーマを積極的に研究

リスト氏が取り組んできた研究は社会学的なテーマで身近なものも多い。学歴が重視される米国の経済学界において、リスト氏の経済学者としてのキャリアはかなり異色であり、そうしたキャリアからセンスが培われたのかもしれない。

子供のころにはプロゴルファーになるのが夢で、米ウィスコンシン大学スティーブン・ポイント校を卒業した。大学で経済学を学んだ時、経済理論で予測されることを試しては、教授に「先生の教えてくれたことをやってみたけれど、正しくなかった」と伝えに行くような学生だったという。

米ワイオミング大学で経済学の博士号（Ph.D.）を取った1996年、150校に応募したが、米セントラルフロリダ大学しか面接に進めなかった。就職活動で大学に提出した論文は、野球選手のトレーディングカードを取引するイベントで実施したフィールド実験に関するものだった。レヴィット氏はそんなリスト氏を「現代のシンデレラ」と呼ぶ。[12]

筆者は、特別招聘教授として教える慶応義塾大学湘南藤沢キャンパスの授業で、ゲスト講師として米マッチ・グループで活躍する行動経済学者、田中知美氏をお誘いしていた。今でこそ民間企業に勤める田中氏だが、第2章でも触れた著名な行動経済学者、コリン・キャメラー氏の教え子で、プロット氏とも数多くの共著論文を発表している実績ある研究者である。そこで田中氏からリスト氏の著作『*The Voltage Effect*』の発刊について教えていただき、インタビューと、大学における田中氏とのゲスト共同登壇を快諾いただいた。

リスト氏は信念と熱意に溢れたパワフルな研究者だ。シカゴからの、Zoom越しでも伝わってくる情熱のこもった特別講義で、約80人の学部生たちに貴重な時間を割いていただき、唯一無二の知的な講義を展開してくれた。リスト氏、田中氏に心から感謝したい。

Interview

ビジネスの最前線で経済学を応用

リスト氏は、2002年からシニアエコノミストを務めたホワイトハウスで根拠に基づく政策立案（EBPM）を環境問題に生かしたのをはじめ、米自動車大手クライスラー（現欧米自動車大手ステランティス）、ライドシェア大手ウーバーテクノロジーズ、英ヴァージン・アトランティック航空など、ビジネスの最前線で経済学のアイデアを応用してきた。ウーバー、米リフト、さらには米小売り大手ウォルマートのチーフエコノミストを歴任している。

スケールすることを科学にする

「素晴らしいアイデアがある時、どうスケール（規模拡大）すればいいのかをずっと研究してきた。今も研究し続けているが、一般的に、人々はスケールすることをアート（技術）だと考えていると思う。しかし、私はスケールを科学にしようとしてきた。経済学という科学だ。私のやり方が気に入らない人は、自分で『科学』にしてほしいが、非常に時間と手間がかかることを覚悟してほしい。大変手がかかるため、『スケール』は重要なテーマにもかかわらず、何十年も無視されてきた」

一般的に、アイデアが生まれてスケールするまでには相当、時間がかかることが想像できる。さらにアイデアをスケールする時の法則性、再現性を精査するのが相当に困難を伴うことが推察される。

「『スケール』は、アイデアで社会にインパクトを起こすための必須条件と考えている。『人々の生活にインパクトを与えない限り、アイデアは無意味』というのが私の信条だ。アイデアは、スケールしてこそ目的を果たすことができる。ホワイトハウスでも常に、どの政策についてもスケールすることについて議論してきた。

私は経済学者で、専門はミクロ経済学のフィールド実験や行動経済学である。ありふれたことから重大なものに至るまで、日々の意思決定の裏にある『動機』を科学的に突き止めるのが私の仕事だ。

びっくりするようなファクトが見つかることも多々ある。そうした知見の集大成をまとめ、アイデアをスケールする秘訣をまとめた本『*The Voltage Effect : How to Make Good Ideas Great and Great Ideas Scale*』を2022年2月1日に出版した。

例えば、オンライン小売り大手の米アマゾン・ドット・コムやウーバー、米電気自動車（EV）大手テスラ創業者のイーロン・マスク氏が成功できたのはなぜだろうか。まず、彼らのビジネスには、『規模の経済』（Economies of Scale）が利いたと言える」

規模の経済は、経済学に200年以上前から存在する古い概念だ。リスト氏が共著した『ミクロ経済学』（東洋経済新報社）の解説には「生産量が増加して、平均総費用が減少する時には、規模の経済が存在する」[13]とある。

「規模の経済」と「規模の不経済」

「規模の経済により、競合の新規参入を妨げることができる。ある程度まで規模拡大できれば追加のコストが微少になる一方、後進の競合が同程度まで持っていくのが大変になるからだ。私はこれを『ボルテージ・ゲイン（熱気の上昇）』と呼ぶ。つまり、成長の熱気、ボルテージが上がれば上がるほど利益が増える状態だ。

この反対の概念が、『規模の不経済（diseconomies of scale）』だ。例えば、教育の質を高く維持したいと思えば、優秀な教員を大量に雇わなければならない。予算制約もあるのに、狙い通りの教育活動を全面展開できる人数の優秀な教員を雇うことが果たして可能だろうか。これが『規模の不経済』である。

供給の壁にぶつかりコストがかさみ続ける中、続けられなくなるタイミングが訪れる。私はこのタイミングを『ボルテージ・ドロップ（熱気の下落）』と呼んでいる。規模拡大のボルテージ・ゲインが、ある時点で何らかの原因で持続できなくなり、急落する現象のことだ。ボルテージ・ゲインとボルテージ・ドロップ、この2つを私は『ボルテージ・エフェクト

――（Voltage Effect）』と名付けた」

スケールのボルテージ・ドロップ（下落）を避けることはできないのだろうか。いずれドロップしそうなアイデアを退ける手立てはないのか。

―――――

「どのくらい投資すればよいかが最初の段階で分からないのは、アイデアがどの市場で使えるか、アイデアをどのぐらい広げられるかが多くの場合、判断しづらいためだ。判断には、障害になり得る5つのポイントを押さえていく必要がある。これを、ボルテージ・ドロップを引き起こす『ビッグファイブ』としてまとめた。

この5つをクリアできれば、追加の投資をしても大丈夫だ。うまくいかない項目があれば、それを克服できるようにピボット（方向転換）したほうがいい。ピボットが難しければ、スケールアップに限界があると理解したうえで身の丈に合った投資を考えればよい」

―――――

「ビッグファイブ」とは、具体的にどのようなものか。

―――――

「『ビッグファイブ』、あるいはバイタルファイブ（5 vital signs）と呼んでもいい。アイデアの実験段階で克服すべき5項目のチェックリストだ」

Column

ジョン・リストの「ビッグファイブ」

○偽陽性（false positives、不十分な根拠で見込みありと判定していないか）
○母集団の質（representativeness of the population、被験者［消費者・市民など］は代表的な集団としてふさわしいか）
○実験状況（representativeness of the situation、特殊な状況下で実験が成功していないか）
○意図せぬ顛末やスピルオーバー（unintended consequences or spillovers、「意図せざるスピルオーバー」が起こる可能性はあるか）
○規模の不経済（understand the supply side、今は目立たないが、スケールアップすればするほどコストが生じるような「規模の不経済」はないか）

1番目の偽陽性は、例えば疫病検査などで本当は異常なしなのに誤って異常と判定してしまうことで、医療でよく使われる統計用語だ。本当は「ない」ものを誤って「ある」と判断してしまう。新型コロナウイルス禍で、聞いたことのある読者もいるかもしれない。

教育のスピルオーバー問題に取り組む

スピルオーバー（波及効果）は公共経済学の用語で、公共財・サービスの便益が対象地域を超えて拡散し、周辺も便益を享受する現象。社会にプラスになるものも、公害のようにマイナスになるものもある。スピルオーバーで役立つものの1つが、リスト氏が過去に携わった実験ケースの中で実証された、教育のスピルオーバーである。

「イリノイ州の都市シカゴハイツは大変貧しく、難しい地域だ。約95％の家計が連邦政府のフードスタンプを受給している。2007年に初めて同地を訪れた時、このコミュニティから支援を求められた。私は考えた。『助けたい。でもどうやって？』。そこで学校の制度について調べ始めた。ざっくり言うと、15歳になった1000人が高校に進学しても、480人しか卒業できないという問題を抱えていた。残りはかなり早い段階から中退してしまう。

なぜだろうと思い、この地域の15～16歳の子たちを調べた。すると、平均的に、読み書きは7歳のレベル、算数は8歳のレベルだった。ここまで習得が遅れた後では、カリキュラムの大きな変更も難しい。そこで、3～5歳の就学前児童に対するプリスクール（早期教育）を実施するプログラムを始めた。

結果は7年後の2014年に出た。プリスクールに参加した子供から、しなかった子供への良き『スピルオーバー』が見られたのだ。教育を受けた子供が、近所に住む、教育を受けなかった子供の行動や学力にも好ましい影響を与えたのだ」

リスト氏が、同僚のレヴィット氏らと携わったこの教育介入のプログラムは、成果を実証するまでに7年もかかっている。プログラムの成功後、アイデアはスケールしてこそ意味があると考えるリスト氏は、プリスクールプログラムのスケールを志した。ただしシカゴハイツで30人の優秀な教師を見つけるのはそれほど難しくないが、同じプログラムをシカゴ中の1000校以上で展開しようとすれば、3万人規模の教師が必要になる。

「この結果を受けて、プログラムを世界中で展開したいと考えるようになった。ところが、それを関係者に提案すると、大きな『ビンタ』を食らった。『リストさん、確かに素晴らしいプログラムだけれど、スケールできないですよ。銀の弾丸（特効薬）はないんです。あらゆる専門家が、介入すれば絶対にうまくいくと言っていろいろやりましたが、いつも約束通りの結果にならなかった』。そして私は、アイデアが必ずスケールすることを目指し、実験するたび、どのようなメカニズムで介入が効果をもたらしたかを示すデータを得ることに注力し、ベストを尽くすようになった」

ウーバーの面接で厳しい質問攻めに

ホワイトハウスや早期教育など、政策への介入に注力してきたリスト氏。だがリスト氏は、ウーバーでチーフエコノミストを務めるなど民間企業でも働いている。そもそも、なぜウーバーで働くことになったのだろうか。

「実は、自分がウーバーで働くことになろうとは夢にも思わなかった。2016年夏のことだ。私たちのプリスクールプログラムに注目したウーバーのリクルーターが、チーフエコノミストの面接を受けないかと誘ってきたのだ。

最初は『あり得ない』と思った。実は再婚しようとしていたタイミングで、大変重要な時期だった。8人の子供と2人の孫ができるから、家庭のことだけで生活が精一杯になるのが分かっていた。しかしウーバーは、プリスクールプログラムと同じ課題を抱えていた。『スケール』だ。ウーバーはドライバーが絶対に必要だし、プリスクールプログラムは優秀な教員が必要だ。ここは交渉では解決できないし、増やせないとスケールできない。

『スケール』の本質は、小さいグループから、学生や一般消費者、市民、そしてさらに多くの人々へと領域を広げていくことだ。

企業の貴重なアイデアをより速くスケールすることに対する社会の要請も増している。スピードがいかに重要か、新型コロナウイルス対策のワクチン接種でも治安でも、世界中の人が実感してきたことだろう。スケールはあらゆる場面で重要だ。現場でアイデアのスケールを阻む要因を潰していかなければいけない。

そして私はウーバーの面接を受けるため、サンフランシスコに飛び立った。本社ビルの柱にこんなスローガンが掲げられていた。『Data is our DNA（データは我が社のＤＮＡである）』。データに対してこれほど敬意を表する姿勢は素晴らしい、むしろ学術研究者がデータにこれくらい敬意を払うべきだと思ったものだ」

ちなみにこの時、リスト氏が再婚の準備をしていたのは、シカゴ大学医科大学院小児外科教授の医学博士、ダナ・サスキンド氏である。サスキンド氏も『３０００万語の格差　赤ちゃんの脳をつくる、親と保育者の話しかけ』（掛札逸美訳・高山静子解説、明石書店、２０１８年）や『ペアレント・ネイション　親と保育者だけに子育てを押しつけない社会のつくり方』（掛札逸美訳、明石書店、２０２２年）などの共著がある著名な研究者で、「子ども期初期の学びと健康のためのＴＭＷセンター」の創設者だ。

チーフエコノミスト就任のためのウーバーの面接は、トップクラスの経済学者に対するものとは思えないほど厳しかったという。

「面接はきわめて厳しかった。私が、全力で準備したパワーポイントを投影し、気合の入ったプレゼンテーションを始めたところ、Ｔシャツにジーンズ姿の若者が矢継ぎ早に質問してきて、プレゼンをたびたび中断させたのだ。

しかも、若者の質問内容の激しさといったら……決して大げさに言っているのではなく、ノーベル賞を受賞した恩師である故ゲイリー・ベッカー教授やジェームズ・ヘックマン教授、ミルトン・フリードマン教授らから、シカゴ大学でのプレゼンできわめて厳しい質問攻めにされた時と同じぐらいに辛辣だった。

その若者こそが、ウーバー創業者のトラビス・カラニック氏だった。しかもカラニック氏や幹部は、約45分間に及んだ激しい質疑応答を経て、すぐに私を採用すると決めたのだ。終わった直後は、ああ、完全に時間の無駄になった、絶対ダメだと思ったのに（苦笑）」

過去に名だたる大御所から突き上げられたことを告白するリスト氏だが、第1章にも登場したゲイリー・ベッカー氏はリスト氏について生前、「John List's work in field experiments is revolutionary（ジョン・リストのフィールド実験の研究は革命的だ）」と絶賛したとされる。[14] また労働に関する計量分析手法を発展させた実績で2000年にノーベル経済学賞を受賞したジェームズ・ヘックマン氏の研究は、米国の教育政策に大きな影響を及ぼした。第7章のインタビューを参照してほしい。

「ウーバノミクス」が得た教訓

無事ウーバーに就職したリスト氏は、経済学の知見からどのようなことを発見したのだろうか。

「ウーバーで見られたのは悪いスピルオーバーだ。ウーバーは、悪評の拡大に直面していた。乗客やドライバーが減り続け、競合のリフトに数多くのドライバーを奪われた。ビッグファイブの4番目、『スピルオーバー』を体験していたのだ。
2017年1月、トランプ大統領がイラン、イラクなど7カ国からの入国を禁止する大統領命令を発動した。それに怒ったタクシードライバーが、ニューヨーク市のジョン・F・ケネディ国際空港に集まり、ストライキを始めた。
ウーバーはケネディ空港での料金の高騰を抑えることを発表したが、タクシードライバーたちはそれが自分たちの抗議を弱体化するためだと受け止めて激怒し、ツイッターで、スマートフォンからウーバーのアプリを削除するよう呼びかける『#DeleteUber（ウーバーを削除せよ）』キャンペーンを展開した。SNSの口コミであっという間に悪評が広がったため、乗客やドライバーが減り続け、競合の米リフトに数多くのドライバーを奪われた」

当時の報道などによると、タクシードライバーの攻撃ターゲットは当初、ドライバーのストライキ参加を認めないウーバー、リフト両社だった。しかし、乗車料金を抑える方針について発表したウーバーのツイッター投稿をきっかけに、ウーバーが集中砲火を浴びることになった。ちなみに2017年1月当時、ウーバー創業者カラニック氏は、テスラのマスク氏らとともにトランプ大統領の経済アドバイザーだった。

「私たちのチームは『ウーバノミクス』と呼ばれていた。困ったカラニック氏がこう言った。『ジョン、お願いだ。（リフトから）ドライバーを取り返してくれ』。そこでウーバノミクスで課題に取り組み、アプリでチップを払える仕組みづくりの実験に乗り出した。当時はチップを払う仕組みがなく、それが乗客にとっての魅力でもあったためだ。

一方で、チップを求めるドライバーが対面で交渉してチップを得ているという報告が多数上がっていたが、『チップ不要』は競合にない強みのためカラニック氏も黙認してきた。しかし #DeleteUber 運動に直面し、最終的にはチップ実装に渋々賛成した。データを見ると、このツイート後の約3日間で、もともと5~10%だったリフトの市場シェアが30%に急成長していた。

チーム『ウーバノミクス』はまず、乗客はチップをその場で渡す必要がないと同時に、ドライバーはチップがいくらか知る前に乗客を評価しなければならない仕組みをオプションで実装した。乗客からすると、払うか払わないか、金額の多寡などで気まずい思いをすることがない。カラニック氏も、それならばぎりぎり容認できるとチップ導入を認めたわけだ」

チップはドライバーにとっては当初、朗報だった。

「ところがこれは、(チップが不要だからとウーバーを愛用していた)乗客から大変不評だった。またチップ制度ができたからと登録したドライバーも思ったように手取りが増えず、失望が広がった。何が起こったのか。

検証した結果、乗客のわずか5%しかチップを払っていなかったことが分かった。また、チップをもらったからといって、ドライバーのサービスが向上したわけでもなかった。どちらにとっても良いインセンティブになっていなかった。チップ機能が、大変問題のあるスピルオーバーをつくってしまったのだ。

ドライバーの数が増えたことからドライバーが過剰になり、多くは空車のまま走り続けることになった。賃金が変わらない中で供給曲線（ドライバーの数）がシフトし、市場の原理で需要と供給のバランスが動いたうえに、ドライバーが辞めなくなったことが原因だ。一般均衡効果、あるいは市場拡大効果と呼ばれるものだ。

この実験で、手取りが増えればドライバーがもっと働くことは確認できた。うまくいけば、みんなハッピーになるはずだ。チップでサービスが向上するというマネジメント研究もあったので、何が起こっているのか、少しデータを深掘りした。

すると、乗車するたび必ずチップを渡していた乗客がたった1%しかいなかったことが分かった。60%はチップを渡したことさえない。しかも、39%は時々渡しているだけだった。時々チップを渡す人と毎回チップを渡す人を合わせたら、数億ドル規模になる。ではウーバーでチップに消極的な人は、なぜチップを渡さないのか？

チームが気付いたのは、乗客からすれば、チップ自体があまり合理的ではないということだ。率直に言えば、大多数の人は人の目を気にしてチップを渡していたのだ」

米国でタクシーの多くの乗客が当然のように払っているチップが、合理的な判断からではなく

米国では社会規範が大きく影響

●米国、イスラエルで人々がチップを渡す理由

チップを渡す理由	米国	イスラエル
罪悪感がある	60.2%	13.3%
チップを渡さないと恥ずかしい	44.1%	23.2%
レストランでチップを渡すのは社会規範	84.7%	58.1%
サービスに感謝を伝えるため	67.8%	68.9%
ウエーターは低賃金で、チップが生活の糧	66.9%	32.4%
チップを渡さないと次回のサービスが悪くなる	13.6%	2.5%
チップを渡さないとウエーターに怒られる	4.2%	0.0%
答えた数の平均	3.42件	1.98件
回答数	118人	241人

注：レストランでのアンケートから。7項目から複数回答可としてチェック式で質問
出所：Ofter H. Azar, "Tipping Motivations and Behavior in the U.S. and Israel", Journal of Applied Social Psychology 40(2): 421-457, 2010.

他人の目のプレッシャーから払われている場合が多いという発見であった。つまり、「他人の目」がなければ払わない人がいるということである。そのため、このチップの展開はスケールしなかった。

「アプリ上でチップが支払えるウーバーでは、チップを渡さなくても人から白い目で見られず罪悪感もないため、60％もの人がチップを渡さなかったわけだ。ウーバーの事例はスピルオーバーで理解すべきポイントをよく表している。スケールしたい時のインセンティブ設計にも参考になるのではないだろうか」

どんなに良いアイデアでも、最初は小規模に試すことが多い。しかし、小規模な試みで効果が見られても、規模が小さいうちは、

「再現性がない」と見なされ、効果が認められにくい。

「フェイスブックにも巨大なネットワーク効果（ネットワーク外部性）、あるいはスピルオーバーがある。サービスのスタート時は利用者数もさほど多くなく、とても規模が小さかったので、おそらく『フェイスブックの何がいいの？　規模が小さすぎる』と評されていただろう。しかし、友人や家族が次々にフェイスブックのメンバーになり利用者が増えると、そこに『正のネットワーク効果』が生じ、人々にとってより価値のある存在になった。これこそがボルテージの高いスケールだ。同じようなことで、iPhoneも端末間のメッセージ送信は無料である。これも（端末を使う人が増えたからこその）スピルオーバーだ」

ネットワーク効果は、利用者が増えれば増えるほど、製品やサービスの利便性がより高まっていくことを指す。スピルオーバーは、ネットワーク効果の1つであり、社会や組織にとって良いことも悪いことも両方ある。

航空会社の燃費効率改善に取り組む

「スケールすればするほど、ボルテージが高まる状態が『ハイボルテージ』で、新型コロナウイルスのワクチン集団接種でもそれが見られる。ある程度までワクチン接種が進めば、集団免疫が得られる状態を私の言葉で表現すれば、『スピルオーバーによるハイボルテージ』と

——なる」

ビッグファイブの5番目が「規模の不経済」だ。英ヴァージン・アトランティック航空ではここに着目し、燃費向上と二酸化炭素の排出削減、両方に効くパイロットの行動変容に成功したという。リスト氏は行動経済学が専門でもあるので、ここでは「ナッジ」が使われた。

「5番目の『規模の不経済』のチェックポイントは、コストだ。費用便益分析をし、アイデアが前述の規模の経済になるか、あるいは規模の不経済になるかを見極めることだ。規模の経済が見込めるなら、規模拡大すれば1単位当たりのコストが小さくなる。大企業は大体そうだろう。

2013年、ヴァージン・アトランティック航空で同僚2人とプロジェクトに取り組んだ。燃費の効率を高めることによって二酸化炭素排出量を大幅に削減することを掲げた。環境保護につながると同時にコスト削減になるが、本当にできるのかが問題だった。

私たちは、パイロットがよりガソリンを節約しようとするインセンティブを考えた。同社のパイロット全員の、フライト中の意思決定を修正してもらう必要があった。そこで燃費報告にメッセージを添えることで、責任感の強い職業人であるパイロットを『ナッジ』(より安全な方向に軽く促す)した。その結果、われわれの推計では500万~600万ドル(約5・7億~6・9億円)規模の燃費が節約でき、二酸化炭素の排出量削減ができた」

第2章のセイラー氏は、気候変動問題への介入については、行動経済学に基づくナッジより炭素税の導入を勧めていた。だが実験経済学者でもあるリスト氏は実験を通じて、「規模の経済」を目指した行動変容に働きかけるやり方を提示する。

「現場では例えば3つのことが分かった。1つ目は、ほとんどすべてのパイロットが、離陸にあたって必要以上の燃料を積んでいたこと。燃料切れになるのが怖いので、余分に入れていたのだ。そのために機体が重くなり、飛行時に余分な燃料を消費する状況になっていた。

2つ目は、フライトのパターンだ。パイロットが適切な方法で正しい高度を飛んでいなかったことが分かった。3つ目は着陸や滑走時の行動だ。パイロットは、滑走する時は2つのエンジンのうち1つをストップすべきなのに、いつも両方動かしたまま滑走していた。

だが最終決定権はすべてパイロット個人にある。パイロットに、長年なじんできた仕事のやり方を変えてもらう必要があった」

「お金ではないインセンティブ」が最初の一手

業務プロセスを観察することで、規模の不経済になっている思わぬコストが分かったというわけだ。だが、たとえそうだと分かっても働く側が長年慣れ親しんだやり方を変えることは、頭で考えるよりも難しい。そこに「ナッジ」が生きる。

「パイロットは職業意識が高く燃料の節約には前向きなはずだが、仕事のやり方を変えることに抵抗がありそうだった。そこで個別の情報をメールで共有しナッジする、というシンプルな手法を採用した。

2013年2月から2014年の秋まで、パイロットをグループに分け、それぞれに少しずつ違う文面の手紙を送った。文面1は燃費使用量の報告のみ。文面2はそれに加え、燃費節減の個人的な目標を達成するよう促すもの。文面3ではさらに、目標を3つ達成したら本人の名前で希望先に少額の寄付をする、と加えた。

パイロットは、燃費データを経営幹部とエコノミストたちが共有しても、自身の待遇や賃金に直接は影響しないと知っていた。しかし、自身の選択が数字として経営幹部に伝わると気付いた途端、行動を変え、どの文面のグループでも燃費改善や二酸化炭素排出量削減の『ハイボルテージ』が見られたのだ。

パイロット個人の金銭的なメリット・デメリットに直接ならなくても、『この件で組織に協力を示さなければ社会的な損失につながる』と、新たな規範を伝えることで人の目を意識するようになり、それが会社にも社会にも大きなメリットをもたらした」

行動経済学にもよく取り入れられている社会心理学に、「社会的比較理論」という理論がある。「協力を示さなければ社会的な損失につながる」といった人の心理についての考え方だ。たとえメリットやデメリットをもたらすわけでなくても、社会的な損失につながることは避けたいと考える心理だ。第3章で触れた利他主義に関わる傾向とも言えそうだ。

「お金のかからないインセンティブはスケールが容易だ。例えば公共インフラに新しい技術を導入する場合は、お金以外のインセンティブが一番うまくいく。例えば家庭に『あなたの近所の80％が再生可能エネルギーを使っています』などと伝えれば、再生可能エネルギーの導入をある程度増やせるはずだ。

とはいえ本格的に新技術の導入を促すなら、2回目、3回目の呼びかけの時には料金の値下げを検討する必要がある。お金以外のインセンティブは、スタート時にだけうまくいくものだからだ。優秀な教師のような『人』はスケールできない。譲れない条件を見極めつつ、先行き増加が見込まれるコストの改善を考える『規模の不経済の確認』が、スケールのコツの1つだ」

人間を「賢く、合理的でこちらが設計した手順通りに使う」という前提で製品やサービスを開発すると、痛い目に遭う。第2章のセイラー氏も、ソフトウエアで同様のことを述べていた。リスト氏はさらに、「エビデンス」にこだわる。

——「スマートサーモスタットをご存じだろうか。家庭の室温を自動的に調整する装置だ。米国で関連する研究が発表されたが、技術者はユーザーがきわめて賢く、装置を適切に操作すると仮定していた。展開してみると、ユーザーはダメ人間ばかりだった（笑）。プリセットされた機能を全部解除して好きなように使ってしまい、何の節約にもならなかった。

新しい技術を市場に投入する時は、製品やサービスが使われる場面をきちんと理解しなければいけない。『市場に基づくエビデンス』を見抜くのだ。売りたい市場はどこで、どのような状況でどう使われるのか。

政策も同じだ。エビデンスに基づく政策ではだめかもしれない。『政策に基づくエビデンス』であるべきだ。いずれもアイデアのスケールを考える時、スケールする上で何がネックになるのか、ビッグファイブを意識して徹底的に突き止めるのだ」

アイデアをスケールしたい組織に必要なもの

田中氏によると、リスト氏はＥＢＰＭ（根拠に基づく政策立案）をさらに進めた「政策・環境に基づいたエビデンス（Policy-Based Evidence, PBE）や、市場に基づいたエビデンス（Market-Based Evidence, MBE）へと、発想のパラダイムチェンジを推奨している」という。

市場に基づくエビデンスを理解し、ビッグファイブも意識してアイデアの実行を決めたとしよう。だがアイデアをスケールするには、人や組織を動かす必要がある。アイデアをスケールしたい組織に必要なものは何か。

「行動経済学からリーダーへのアドバイスは、『スケールできるカルチャーを築こう』だ。ブラジル北東部バイーア州の漁村でわれわれが取り組んだ実験研究について話そう。オーストラリアのモナシュ大学経済学部のアンドレア・レブランド教授らとの共同研究だ。海岸沿いにあるカブチュ村では、全員が一隻の大きな船で漁に出て、一緒に漁をして分け前を決めていた。まとまったコミュニティで、全員が分け前を得られる。協力し合うことが地域と働く人々の行動に深く根差している社会だ。

しかしすぐ隣にある湖畔の村サン・エスタバオでは、すべての漁師が個人プレイヤーだった。湖へ漁に出て、取れたうち家族の分だけ持ち帰り、余った分は市場で売る。自分で処分したほうが得をするような仕組みが根付いているため、地元にはあまり回ってこなかった。カブチュ村はコミュニティの規範に根ざした集団だ。企業も、個人プレイヤーのコミュニティをつくるより、カブチュ村のような組織を構築する必要がある。それが社会全体にも影響するからだ。

例えばウーバーでは、一緒にイノベーションに取り組むことや、部門横断の連携をすることなどは推奨されなかった。それは組織の縦割り構造に根差したものでもあっただろう。縦割りだと、グループや部門、果ては国同士でも、問題解決が困難になる」

同じアイデアでも、うまくスケールする組織とできない組織がある。スケールするかどうかは、組織文化によるところが大きいということなのだろうか。

アイデア実現に必要な「組織文化のスケール」

「規模を拡大していくにつれ、『非協力的な組織文化』はトラブルのもとになる。企業は、協力しないことの機会費用を踏まえて意思決定すべきだ。それなりの規模の会社であれば、社内の優秀な仲間と手を組むという選択をすれば、もっと楽に前に進めるはずだ。

個人プレイの集団にするより、手を組もうとするインセンティブを設計し、コラボレーションを歓迎する組織文化をつくることのほうが、ハイボルテージなアイデアを成長させるのに役立つだろう」

機会費用を踏まえるとは、代替的な選択肢の中で最善のものを選ぶことを指す。[15] 1つを選べば、ほかの代替的な選択肢を選んだら得られるものが犠牲になる。ここで言えば、協力しないことを選択すれば、協力すると実現し得るスケール拡大が犠牲になるということだ。しかし、組織文化の変革とスケールが一番難しいのではないだろうか。

スケールできる組織文化は「信頼」がカギ

「すべての素晴らしいアイデアにはたった1つ、共通点がある。必ず成功するとは限らないという点だ。新製品も、技術イノベーションも、政府の施策や企業の戦略もすべて、幅広いインパクトをもたらすにはスケールが必須だ。『スケール力』は成長力であり、力強く、持続可能な発展を遂げる条件なのだ。

研究でも、信頼できる組織であることは、アイデアをスケールするうえで強力な強みであると分かっている。社員への信頼があるからこそ、権限も委譲できるし意思決定も任せられる。トップの時間は有限で、すべて1人で決めることはできない」

リスト氏は、「信頼」を重視する企業として、米ネットフリックスを挙げる。リード・ヘイスティングスCEOと経営学者エリン・メイヤー氏の共著『NO RULES 世界一「自由」な会社、NETFLIX』（日本経済新聞出版）が日本でも2020年にベストセラーになり、その独特のマネジメントスタイルが読者の大きな反響を呼んだ。

「米ネットフリックスは、優秀な社員を集め、イノベーティブな文化がある企業の好例だ。中核には信頼がある。休暇に制限を設けず、経費も追跡せず、テレビや映画の開発に携わる幹部の多くは100万ドル（約1億円）規模の買収を会社の承認を経ずに実行する権限がある。

経営者が従業員と信頼を構築するうえで効果的なのは、従業員に自社固有の職務で必要なスキルを身に付けてもらうと同時に、どこに行っても通用するスキルも増やしてあげることだろう。

私の自然実験では、会社が自発的にそうした能力開発に取り組み、社員への信頼を示せば、たとえ研修を受けられなくても従業員からの会社に対する信頼が高まると分かった。
会社からの信頼が従業員の会社に対する信頼感を高め、会社も従業員を信頼する。相互に信頼を強化し合う好循環が起こる。ハイボルテージなアイデアを生み出せる、信頼に基づく『ハイボルテージな企業文化』は、スケールできるのだ」

自然実験は前半でも述べた通り、実験者がコントロールしない形で、無作為またはほぼ無作為に、対象集団が対照群と処置群に振り分けられた実証実験[16]のことである。この「処置群」という訳語は医療の治験に由来し、処置群は治療を施す患者を指す。対照群は治療しない患者である。つまり、同じ条件で、ある施策をするグループとしないグループで実験し、比べることで検証するわけだ。

アイデアを成功に導く「マージナルシンキング」

最後に、個人がアイデアを日々の仕事に生かすコツについて聞いた。

「例えば意思決定に役立つのが『マージナルシンキング』だ。これは、あることを決めたら次に何が新たに起こるかをしっかり考えることだ。今（2022年1月）働いているリフトでドライバーの増員を目指した。チームが示したのは2つの方法だ。1つは、フェイスブックに広告を出すこと。もう1つは、グーグルに広告を出すことだ。データは山ほどあり、調べた当時の過去数カ月の平均で、フェイスブックはドライバー1人当たり500ドル、グーグルは1人当たり700ドルコストがかかっていた。しかしあくまで平均である。チームには『長期の平均でなく直近のドライバー100人のデータを教えてください』とコメントした。データがないと言うので、取得して私に送るようメンバーに指示した。その結果、直近の100人ではフェイスブックとグーグルの関係が逆転しており、フェイスブックに比べてグーグルのほうが安上がりだった。

つまりコストを考える時は、(目的に合った)精緻なデータを手に入れることが何より大事だ。われわれは、過去に対して投資するのではなく未来に投資するからだ。過去100万人のデータは、どんなに数が多くても次を予測するうえでは全く役に立たない。最新のデータに基づき、チームでは次の投資先をグーグルにすることが決まった。

この思考法がマージナルシンキングだ。多くの組織はこれができていない。施策に対して人間がどう行動するかを事前に考えることも重要だ」

またリスト氏は、自らの半生を踏まえて「ビジネスパーソンはもっと会社を辞めるべきだ」と言う。

「米国では、中途退職者は負け犬扱いだ。しかし、スティーブン・レヴィット氏との大規模な共同研究で、転職した人としない人の6カ月後の状況を調べたところ、転職した人のほう

がはるかに幸せに働いていることが分かった。[17] 我慢が必ずしもいいわけではない。

オリンピックがあるたび美談が報じられる。我慢して15年間続けてついにオリンピックに出たとか、先生や両親がいかに支えたとか。しかしその背後には、必死に井戸を掘り続けてきたのに何も見つけられず、人生を台無しにした人が無数にいるわけだ。

そうした人々の無数のストーリーがあるが、記事にはならない。だが、書かれるべきだ。きわめて有能なのに、間違ったアイデアに人生を懸けてしまっただけなのだ。途中で辞めることに対する世間の冷たい視線を恐れて、ピボット（転換）できなかったのだ。我々は中途退社を『辞める（quit）』と呼ぶべきではない。ピボットと呼ぶべきだ』と提案する。

プロゴルフプレーヤーの夢から「ピボット」し、野球のトレーディングカードイベントから始めたリスト氏のフィールド実験は、急激に進展した技術革新とともにスケールした。この分野はいまや厳密な理論やビッグデータによる膨大な観測結果を求めるものへと進化している。天界のフリードマンは、教え子ベッカー氏の弟子たちを中心にした、いわば「ネオシカゴ学派」のイノベーションを、一体どう見ているだろうか。

注

1 ダロン・アセモグル、デヴィッド・レイブソン、ジョン・リスト著、岩本康志監訳、岩本千晴訳『ミクロ経済学』東洋経済新報社、２０２０年。

2 独立行政法人国際協力機構「２０１９年ノーベル賞（経済学）は『世界の貧困軽減に向けたフィールド実験』：ＪＩＣＡの教育支援の現場で活用中」２０１９年12月４日。

3 Milton Friedman, "The Methodology of Positive Economics.", In Essays, *In Positive Economics*. Chicago: The University of Chicago Press, 1953, pp. 3-16, 30-43.

4 前同、pp.10.

5 Paul A. Samuelson and William D. Nordhaus, *Economics*, 12th edition. New York, McGraw-Hill, 1985.

6 Freakonomics podcast Episode 94, "The price of doing business with John List", December 9, 2022, https://freakonomics.com/podcast/the-price-of-doing-business-with-john-list/

7 "Charles Plott: From Theory to Experiments in Economics," NEWMEDIA UFM, YouTube, February 21, 2014. (Accessed May 2, 2023)
https://www.youtube.com/watch?v=OtQsrgmr0tM

8 Aaron Steelman, "Interview John List", *Region Focus* Second/Third Quarter, May 2012.

9 前掲、Freakonomics podcast Episode 94.

10 Steven D. Levitt & John A. List, "Was There Really a Hawthorne Effect at the Hawthorne Plant? An Analysis of the Original Illumination Experiments," *American Economic Journal*: Applied Economics, American Economic Association, vol. 3 (1), pages 224-238, January 2011.

11 デニス・トゥーリッシュ著、佐藤郁哉訳『経営学の危機　詐術・欺瞞・無意味な研究』白桃書房、２０２２年。

12 前掲、Freakonomics podcast Episode 94.

13 前掲、ダロン・アセモグルら著。

14 John A. List, *The Voltage Effect: How to Make Good Ideas Great and Great Ideas Scale*, Currency, February 1, 2022（高遠裕子訳『そのビジネス、経済学でスケールできます。』東洋経済新報社、２０２３

年』。ベッカー氏の言葉は、書籍の推薦文の1つとして確認)。

15 前掲、ダロン・アセモグルら著。

16 前掲、ダロン・アセモグルら著。

17 John A. List, “Sometimes Winning Means Knowing When to Quit,” *Wall Street Journal*, December 30, 2021.

第 7 章

ジェームズ・J・ヘックマン
James J. Heckman

5歳までのしつけや環境が、「生き抜く力」をつくる

Profile

米シカゴ大学経済学部特別教授
1944年、米イリノイ州シカゴ生まれ。1965年、米コロラド・カレッジを優等の成績で卒業、数学の学位を取得。1968年、米プリンストン大学経済学修士号、1971年に同Ph.D.（経済学）を取得。米ニューヨーク大学、米コロンビア大学などを経て1977年からシカゴ大学経済学部教授。2000年、人が働こうとする時の意思決定など社会的なテーマに関する計量経済学的な分析を発展させたことにより、ノーベル経済学賞を共同受賞。350以上の論文と9冊の本を出版。著書に『*The Myth of Achievement Tests*』（University of Chicago Press）などがある。
（写真：陶山勉）

「成功するスキルを身に付けるための環境」を長年探究

計量分析手法を発展させる

第7章は、ノーベル賞経済学者であるジェームズ・ヘックマン米シカゴ大学経済学部特別教授である。ノーベル経済学賞の対象となった業績は計量分析に関するもので、どの受賞者も専門的ではあるが、中でもきわめて数理的・専門的な内容の1つである。本稿のインタビューで聞いた研究結果は分かりやすいが、その裏付けになっている分析手法は決して分かりやすいものでも容易なものでもない。30年もの歳月をかけた大きなプロジェクトの結果、ヘックマン氏および研究グループが得た示唆である。

ヘックマン氏は、「選択性と離散選択に関する計量分析手法を発展させた実績」で2000年、米カリフォルニア大学バークレー校名誉教授のダニエル・L・マクファーデン氏とノーベル経済学賞を共同受賞した。ヘックマン氏の受賞理由としては、計量分析における「選択的サンプル分析に関する理論とメソッドの開発」が挙げられている。とりわけ、「教育、職業訓練や労働市場の分析における一般均衡の重要性などにおいて、政策立案者に新しい洞察を与えている」と評されている。

共同受賞者のマクファーデン氏は1970年代に「条件付きロジット分析」という統計分析手法を開発し、公共交通機関の利用率予測に役立てられたことを評価された。[1] 経済理論に基づき、マクファーデン氏が分析手法を開発し、社会課題の解決に役立つ研究を成し遂げた貢献を称えたものである。

ヘックマン氏はシカゴ大学特別教授であり、第1章のベッカー氏とは親しい同僚であった。ベッカー氏が亡くなった後にベッカー氏の業績を振り返る論文を発表しており、「ゲイリー・ベッカーのアイデアによって、何百というデータセットと何千もの実証的・理論的研究が生み出された」などと称えている。[2] 一読して、個人的な交流に関する記述やベッカー氏の啓蒙活動に触れた記述は見当たらず、理路整然と、あくまでも学術的な実績にフォーカスしている文章が印象的であった。

子供の早期教育プログラムの研究

ノーベル経済学賞受賞後のヘックマン氏は、子供の早期教育プログラムの研究に携わってきた。実は、「米プリンストン大学の大学院生の頃から教育、人的資本スキル蓄積に関心を持っていた」[1] というヘックマン氏自身の、人的資本の蓄積に関する早期の研究実績に連なるものである。早期に認知・社会的な刺激を与えた子供たちが、その後の人生でどのような「結果」を残してきたかを研究した。そのためには、人の成育過程で出合う数多くの影響をすべてコントロールし、1つのプログラムによる影響に特化して分析する必要がある。

研究に取り組むことになった動機についてヘックマン氏は、「私は、現代経済において人々が成功するためのスキルを身に付けることができる環境に関心がある」と述べている。[3] つまり、人が人生で成功するカギの1つが幼児期の刺激にあると考えている様子であり、実際、本稿で紹介する筆者のインタビューでもそれは明白に語っていた。

ヘックマン氏は2020年、早期教育プログラムで教育を受けた子供たちの人生を30年間追跡した研究を完成させ、共著論文で発表した。子供に対する早期教育プログラムによりもたらされた人的資本による複数の「生涯利益」を測定し集計したのである。その結果、早期教育の「内部収益率（IRR）」を13・7％と推定している。

内部収益率とは、投資によって見込まれる収益率のことであり、プロジェクト投資や不動産投資でよく耳にする身近な指標である。投資の時間的な価値を考慮した利回りだ。IRR13・7％はかなり高い数字なのではないだろうか。

この早期教育プログラムは、1970年代から米ノースカロライナ州で実施されてきた「カロライナ・アベセダリアンプロジェクト（ABC）」と「カロライナ・アプローチ・トゥ・レスポンシブ教育（CARE）」の2つである。参加者は生後8カ月からプログラムをスタートし、5歳まで継続的に参加した。参加者の親（主に母親）は無料の保育を受けられたため、母親の雇用と成人教育を促進させる効果もあった。そしてプログラムが終了した後、参加者は30代半ばまで追跡調査をされた。そしてヘックマン氏らはこの2つのプロジェクトの調査結果について、RCT

（ランダム化比較実験）による評価に取り組んでいた。

またこの研究は、後の政策や研究手法に大きな影響をもたらしている。とりわけ、アフリカ系米国人の子供など社会的に不利な集団に実施すれば、社会階層の移動につながると提唱している。[4] そしてこのプログラムにより形成される人的資本は、3～4歳児を対象としていた就学前プログラムによる7～10％の内部収益率よりも大幅に内部収益率が高い、としている。[5]

幼児教育への公的介入は格差問題改善にも役立つ可能性

筆者がヘックマン氏にインタビューできたのはさまざまな巡り合わせと、関係する方々の協力のおかげである。ヘックマン氏は2014年秋、RIETI主催の講演と、[6] 慶應義塾大学での講演に登壇することが決まっていた。[7]

まずはヘックマン氏が来日するとの情報が取材先の探索中に偶然、筆者の目に留まり、公開されていた講演内容を調べ、興味を持った。日本では少子化に伴い、未就学児の幼児教育から受験まで、教育産業の囲い込み競争が過熱している。日本の将来を考えるうえで大きなヒントがあるのではないかと考えた。そこで、講演にかかわっていた慶応義塾大学の赤林英夫教授に問い合わせたところ、講演会を主催するRIETIのコンファレンス担当の方に相談し、時間をいただけるか意向を伺うことになった。

当初、ヘックマン氏はインタビューにあまり前向きではなかった様子で、いったんは諦めたのだが、RIETIの講演会終了後に受けてもよいとの連絡が飛び込んできた。

話の中では、アベセダリアンプロジェクトの紹介だけでなく、中学校の数学教師出身である心理学者アンジェラ・ダックワース氏の「グリット（ＧＲＩＴ、やり抜く力）[8]」に対する論評や、インタビューの前日、２０１４年10月７日に開催されたセミナーの会場、慶応義塾大学にちなむ福沢諭吉の言葉の引用までが飛び出し、大変学びの深いインタビューになった。

インタビュー記事が公開された後、「5歳までのしつけや環境が、人生を決める」というタイトルが関心を呼んだのか、ＳＮＳでも数多く回覧され、サイトのアクセス数も多かった。機会があるごとにメルマガやＳＮＳでフィーチャーされては、長く当時の『日経ビジネスオンライン』の読者に読んでいただき、好評を博したのを覚えている。

インタビューは、光栄なことに、後にベストセラーとなった中室牧子慶応義塾大学総合政策学部教授の『「学力」の経済学』（ディスカヴァー・トゥエンティワン）にも引用された。ヘックマン氏がインタビューの中で、まさに現在進行中の、最先端の研究の内容を分かりやすく語ってくださったからであろう。本稿では、２０１４年のインタビュー当時はまだ算出されていなかった早期教育の内部収益率などをフォローし、加筆した次第だ。また、それをヘックマン氏自身が査読・アップデートしたことも付記する。

ヘックマン氏らの研究の主たる着眼点は、恵まれない子供を対象としたさまざまな幼児期の介入プログラムを実現すれば、大きな格差緩和につながる可能性があるのではないか、ということである。

第６章に登場したリスト氏のフィールド実験でも、シカゴハイツで早期から教育的に介入した子供から教育介入のなかった子供への好ましいスピルオーバー、副次的な効果が見られていた。この結果は、ヘックマン氏らの早期の研究により裏付けられていたものである。そのように、回り回って社会階層の移動につながるというメリットも期待できる。厳しい格差社会である米国だからこそ、とりわけ不利な立場にある子供たちに対する早期教育に、より注目が集まるのかもしれない。

Interview

より豊かな人生のための経済学

人生を決定付けるのは「ケイパビリティ（能力）」

ヘックマン氏は、人生でその人なりの成功を収めるうえで、「ケイパビリティ（能力）」を高めることの重要性を指摘している。ケイパビリティはもともと、１９９８年に「福祉の経済学」における貢献でノーベル経済学賞を受賞したインド・ベンガル地方出身の経済学者、アマルティア・セン米ハーバード大学教授が、より幅広い意味で定義したものだ。

セン氏は、人の「『ケイパビリティ（能力）』は、心身の特徴のみならず社会的な機会や社会的な影響に依存する」としている。[9・10] ヘックマン氏は社会制度よりむしろ、スキルに注目し続けている。

「ケイパビリティの意味は、セン氏の定義に基づくものだ。ケイパビリティ、すなわち『能力』は、人生のさまざまな局面で自ら行動を起こしていく時に必要な、いろいろな能力を指す。すなわちケイパビリティは、スキルだ。言い換えると、人が社会の構造の中で効果的に

その『機能』を果たしていける能力だ。われわれが『知性』という時には、特定のタスクに耐え抜く能力も含むが、それも重要な能力の1つだ。例えば発明家トーマス・エジソンは『天才は1%の才能と99%の努力だ』と言ったが、タスクを継続する能力は、その『努力』に当たる部分だ。（タスク継続につながる）忍耐強さや自己抑制力、そして誠実さは重要な能力だ」

自己抑制力への働きかけは、第2章でリチャード・セイラー教授が行動経済学から探究し、ノーベル経済学賞を受賞したテーマの1つであった。

「能力は、IQ（知能指数）で測れるわけではない。能力は、（経済力など）資源の制約、情報量と周囲からの期待、両親の情報と期待、そして本人の選好、という4つの要因から影響を受ける『非認知スキル』を含む」

ではIQは何を測っていると言えるのだろうか。

「IQは知能の一部を測り、抽象的な問題を解く能力を示す。30歳の人のIQを変えるのはきわめて難しいが、生後3カ月からであれば変えることができる。

1972年に米国で実施された『カロライナ・アベセダリアンプロジェクト（ABC）』と

いう、平均生後4・4カ月のアフリカ系米国人の、貧しく、家庭に問題を抱えた子供約100人を対象にした研究があった（「概説」参照）。子供たちを2つのグループに分け、一方には介入をせず、一方のグループだけに継続的に、最新の心理学理論に基づいたゲームスタイルの教育的な介入を施した。このグループは5歳まで週に5日、保育施設で一緒に介入を受けた。健康管理や行政のサービスは、介入を受けないグループも同じように提供された。

幼児期にこうした介入をした人たちの追跡調査を続けてきて分かったことは、幼少期にきちんと認知・社会的な介入を受けていれば、30代になったときのIQが平均してより高くなり、その後も高いままであり続けるということだ。

さらに重要なのは、影響がIQだけではなかったことだ。より学校の出席率や大学進学率が高く、スキルの必要な仕事に就いている比率も高く、10代で親になっている比率が低かった。犯罪行為に手を染める比率も減った」

つまり介入は単にIQだけでなく、誠実さや自己抑制力、すなわち能力も高めていたということだろうか。もう少し成長してから介入しても効果があるのだろうか。

人生にとって一番大切なのは「誠実さ」

「20代で集中的な教育を施しても、幼児期ほどIQを高めることはできない。とはいえ問題に真剣に取り組む力や周囲とうまくやっていくスキル、やり続けられる持続力などの能力は

――高められるかもしれない」

ヘックマン氏は「幼児期の発達において最も収益率が高いのは、不利な立場にある家庭に対して、出生から5歳までのできるだけ早い時期に投資することだ。3歳や4歳で始めるのでは遅すぎる。スキルは相互に補完的で、ダイナミックにさらなるスキルを生む。早期に『投資』した人々は、その後もより良い投資をする。最大の効率と効果を得るには、最初の数年間に集中する必要がある」としている。[11]

第6章でリスト氏が、小学生レベルの学力だった高校生の学力を施策により後から引き上げることに対して、否定的なコメントをしていた。ヘックマン氏は「大学遊学や進学の遅れにおける格差のほとんどは、初期の家庭要因により決定される。(中略)学校教育や大学進学の格差をなくすために、授業料対策や世帯への所得補塡が果たせる役割はごく限られている」、「ライフサイクルの後半における補習的または代償的な介入のリターンは低い」とも分析している。[12] リスト氏の発言は、こうしたエビデンスを反映している。

――――――――

「IQが示すようなテストを解く能力は、人生の諸問題を解決する能力と同じではない。現実に直面する試練は、多くの異なる特徴を併せ持っているからだ。だからこそそこで、IQでは測れない忍耐強さや自己抑制力、誠実さが重要な役割を果たす。高いIQが必ずしもより良い人生をもたらすわけではなく、一番重要なのは『誠実さ』だと私は思う。コンサルティングの仕事を辞めてニューヨークの公立学校で数学を教えた心理学者のアンジェラ・リー・ダックワース氏はこうした力をグリットと呼んだ。人生において重要な特性だと思う」

5歳までの環境で育て得る特性とは、どのようなものか。

「人生の最初の数年はとても重要な役割を果たす。幼児期の適切な教育は、能力の基盤を広げるのだ。誰もが万能になれるとは決して言わないが、モーツァルトのような大変な能力を秘めた人もいるわけだ。遺伝も関係がある。例えばモーツァルトのような人は、途方もない能力がある。常人とは違う形で音楽を理解していた。たとえ誰もがモーツァルトのようにはなれないとしても、事実としてとりわけ若者にはこうした『可能性の富』がある。その人が望み、実現し得る最高の機会を、（社会が）きちんと与えることができる。それが私の追究しているテーマなのだ。

ある人は優れた数学者になれる可能性があるのに、芸術家や金融業者になりたいかもしれない。しかし、そうした本人の最終的な選択は問題ではない。一番人生が開花する可能性があり、自ら望み得る生き方の選択肢をできるだけたくさん与えることはできないだろうか、という話だ。

若ければ若いほど、さまざまな『能力』をつくることが容易だ。能力は互いに少しずつ積み上がっていく。いったん基礎的なスキルを身に付ければ、次のスキル、またその次のスキール、とスキル向上のためにさらに『投資』していくことが容易になる」

ヘックマン氏の知識のアンテナは、経済学研究にとどまらず、一般向けの心理学やビジネス書の内容にまで及んでいる。

「心理学者のK・アンダース・エリクソンと、著名な作家であるマルコム・グラッドウェル氏が、何かの分野でプロになるには1万時間の経験が必要だと言っていたが、私は少し違うと思う。

私が音楽に10万時間打ち込んだってモーツァルトにはなれないし、数学に10万時間かけたって、（1944年に発表したオスカー・モルゲンシュテルン氏との共著『ゲーム理論と経済行動』で経済学にゲーム理論を取り入れた）数学者のジョン・フォン・ノイマンのようにはなれない。しかし一方で、経験が人を育てる。能力を築くにはタスクに対する辛抱強さが必要だ。習得するために学び、過去から学び、失敗から学ぶことが最終的な人生の成功に大きな影響をもたらす。その意味で、経験によりとても強力なスキルをつくることができるのは確かだ」

ヘックマン氏は、貧富の差を教育の有無に求める考え方には異を唱える。講演で訪れた慶応義塾大学にちなみ、創立者福澤諭吉の言葉を引用しながら次のように述べた。

「幅広い能力を創るのは、さまざまな要素の『組み合わせ』なのだ。福沢諭吉は、『天は人の上に人を造らず人の下に人を造らず』、『賢人と愚人との別は学ぶと学ばざるとによりてできるものなり』、『ただ学問を勤めて物事をよく知る者は貴人となり富人となり、無学なる者は貧人となり下人となるなり』などと賢人と愚者、富める者と貧しい者の差を教育に帰していた。（市場に重きを置く）アダム・スミスは福沢諭吉に賛成しただろう。（能力の差を）すべて遺伝に帰する考え方もある。確かに、人はそれぞれ、違った素質を持って生まれてくる。だからといって『親からの遺伝、才能がすべてだ』と言うのも考えものだ。結局はこれまで触れたような要素、全部の要因の組み合わせなのである」

では、どの組み合わせが一番能力に影響するのだろうか。遺伝とどれかだと考える人間も多いのではないだろうか。

経験を通じて脳の機能の仕方が変化

「遺伝子も不変ではない。現代の遺伝子学では、たとえ一卵性双生児のDNAであっても、遺伝情報の発現（expression）が異なるとされている。

つまり、たとえ一卵性双生児で同じ遺伝情報がある場合でも、違う『経験』をした結果、違う発現になるわけだ。これまで考えられていた『遺伝』も、その意味が変わってきたのだ。神経精神医学者のエリック・カンデル米コロンビア大学教授が2000年にノーベル賞を受賞[13]したが、彼はその研究で、経験がいかに脳を変化させ得るかを示した。

カンデル教授は海産巻き貝の一種、アメフラシ目アプリシアを研究した。そしてこのシンプルな動物の探究で、経験を通じて、記憶の形成・保持などをつかさどる脳の働き方が変わったことを実証した。生物の体に『経験』がどのように取り込まれていくのかについては、ますます研究が盛んになっている」

カンデル氏はアプリシアの慣れ・感化・古典的条件付けという3つの基本的な学習形態に関して、細胞・分子レベルのメカニズムを研究。ある特定の行動は、安定した状態で互いに接続した、独特で判別可能な神経細胞でできた神経回路によって説明できると発見した。学習による行動の変化は、神経回路の変化によってではなく、特定のシナプス結合の強さを調節することでもたらされる。カンデル氏は心理学と分子生物学の手法を融合させ、基本的な認知プロセスの解明を進展させた[14]。

「脳の前頭前皮質は、成熟するのが大変遅い。前頭前皮質は行動を制御し、意思決定をつかさどる部分だ。青少年はここが未成熟でかつ情報不足だから、分別を持った意思決定ができない。一方で発達が遅いゆえに変化の途上にあることから、(青少年に対して)導き、メンタリングをすることで変化を生産的に促すことも可能で、これは私が研究を続けようとしている、とても有望なテーマでもある。子供の発達には2つの生産的なステージがある。幼少期と思春期だ。」

ヘックマン氏自身は具体的にどのような実験をしていたのだろうか。

「3歳から11歳までの子供たちと一緒に研究した。子供たちに毎日来てもらい、課題を与えて、計画・実行させ、最後に仲間と一緒に復習をする実験をした。1日2、3時間、簡単な問題に取り組ませて2年間毎日実施した。追跡調査の結果、この経験がその後の人生において大きなスキル向上につながっていたことが分かった。

ということは、計画して実行し、友達と一緒に復習することを親がきちんと教えられれば、親と子の関係や付き合い方すらも変わるかもしれない。親は大体子供が思春期になるまで子供のそばにい続ける存在のため、与える影響が最も大きい。親も意識を変える必要がある。子供の人生を実り豊かにするうえで、自分がどれほどの大きな力を持っているか、認識すべきだ」

質の良い保育所の整備が社会に安定をもたらす

2014年当時でも日本では共働きが増えてきていた。ヘックマン氏の滞在中、赤林教授はヘックマン氏を東京・台東区の保育園に案内した。保護者と保育士が毎日やりとりする連絡帳のきめ細かい内容など、日本的ともいえるコミュニケーションの方法に大きな関心を寄せている様子だったという。共働きでは、親が子供たちに毎日しっかりやりとりをするのが時間的に困難な場合もある。親にそうした制約がある場合、どうすればよいのか。

――「親自身が働いていて思うように働きかけに時間を割けないようであれば、できる限り時間

日本の保育園を見学に訪れた（東京・台東区の東上野保育園にて。2014年10月。上は左から赤林英夫慶応義塾大学教授、ヘックマン教授夫妻。写真：赤林英夫教授提供）

を割きながらも、部分的に何らかの『助っ人』を頼んで、時間不足を補えばいい。かえって親の力量では与えられないような刺激を与えることにもなり、それは本人にも、社会にも良いだろう。お金は根本的な問題ではない。子供と生産的に向き合わず孤立させるような育て方をしたために、育児に失敗したお金持ちの親は大勢いる。

紹介した実験のように、幼児期のメンタリングと刺激によって、犯罪を減らし、その子たちの人生を予測可能なものにする可能性がある。スキルアップして大人になった子供たちが稼いだお金は、いくらか税収になって将来政府に戻ってくる。

またこれまで紹介したような教育効果により、自分の健康にもより気を付けるようになるので、医療費を削減することにつながり、自己抑制する力や誠実さを育て、社会に安定をもたらす。さらに、投票を含めた社会の多くの場面に、より生産的に関わっていくことだろう。

日本政府だけでなく、世界中の国で、幼児期の人生を担う保育所の質を高めることが今後の社会のためにも大変重要だ。幼児期の刺激は経済成長を促進するだけでなく、政府の負担も軽減することになるのだから」

日本では社会保障費が増え続けており、増税が絶えず議論されている。例えば格差是正や人的資本の開発のため投資できる十分な資金があるとしたら、どこに投資すべきか。そうした問いに、ヘックマン氏はどう答えるか。

「コストではなく、価値に焦点を置くべきだ。不平等を解決するためのコストは、経済的・社会的・政治的な観点からするととても困難に思えるかもしれない。だが、実績ある支援プログラムに賢く投資すれば、それは個人の成功につながるだけにとどまらない。社会にとってのより良い経済的・社会的な成果がもたらされる、という大きな見返りがあることを、念頭に置くべきだ。[15]日本は、『失われた人々』をよりスキルの高い人々に置き換えていけば、人口減にも対応できるのではないか」

また2016年2月にヘックマン氏は講演で、人の認知能力と性格を、生後から就学までの間、大学教育、そして職業トレーニングで磨くべきだとも強調している。[16]人的資本には長期的なリターンがあるとの考えに立てば、子供から大人まで、あらゆる現役世代に対する人的資本への投資が、将来の労働者確保のためだけでなく、格差緩和や国家財政の健全化のためにも重要と言えるだろう。

注

1 "James Heckman on Human Development", FT Podcast FT Alphaville, *Financial Times*, January 5, 2018.

2 James J. Heckman – Facts. NobelPrize.org. Nobel Prize Outreach AB 2023. Tue. 17 Jan 2023. https://www.nobelprize.org/prizes/economic-sciences/2000/heckman/facts/ およびヘックマン氏のコメン

トに基づく。

3 Heckman, James J. Gary Becker, "Model Economic Scientist." *The American economic review*, 2015, vol. 105, no. 5, p. 74–79.

4 James Heckman Biography
https://cehd.uchicago.edu/?page_id=71

5 Garca, Jorge Luis et al, "Quantifying the Life-Cycle Benefits of an Influential Early-Childhood Program," *The journal of political economy* vol. 128, 7, 2020 : 2502-2541. DOI:10.1086/705718.

6 The Heckman Equation, Research Summary: The Lifecycle Benefits of an Influential Early Childhood Program
https://heckmanequation.org/resource/research-summary-lifecycle-benefits-influential-early-childhood-program/

7 ＲＩＥＴＩ特別講演会　ノーベル賞経済学者ジェームズ・ヘックマン教授「能力の創造」
https://www.rieti.go.jp/jp/events/14100801/summary.html

8 ＧＲＩＴは、Guts（胆力）、Resilience（強靭な回復力）、Initiative（独創力）、Tenacity（粘り強さ）のこと。

9 Amartya Sen – Facts. NobelPrize.org. Nobel Prize Outreach AB 2023. Thu. 19 Jan 2023.
https://www.nobelprize.org/prizes/economic-sciences/1998/sen/facts/

10 Amartya Sen – Biographical. NobelPrize.org. Nobel Prize Outreach AB 2023. Thu. 19 Jan 2023.
https://www.nobelprize.org/prizes/economic-sciences/1998/sen/biographical/

11 The Heckman Equation, "Invest in early childhood development: Reduce deficits, strengthen the economy",
https://heckmanequation.org/resource/invest-in-early-childhood-development-reduce-deficits-strengthen-the-economy/

12 Carneiro, Pedro Manuel and Heckman, James J., *Human Capital Policy,* July 2003. IZA Discussion Paper No. 821,
https://ssrn.com/abstract=434544

13 記憶の形成と保持に伴う脳の生理学的変化を明らかにした。

14 Zuckerman Institute, "Pioneering Neuroscientist Eric Kandel to Retire Statement," June 1, 2022.
https://zuckermaninstitute.columbia.edu/pioneering-neuroscientist-eric-kandel-retire

15 The Heckman Equation, "Promoting Human Capital Development: Discussions at the Brookings Institution and IMF."
https://heckmanequation.org/resource/the-answer-a-scaffolding-of-support/

16 The Heckman Equation, "Human Development is Economic Development",
https://heckmanequation.org/resource/human-development-is-economic-development/

第 8 章

アビジット・バナジー

Abhijit Banerjee

成長戦略には
エビデンスがない

Profile

米マサチューセッツ工科大学（MIT）
経済学部教授
1961年インド・ムンバイ生まれ。インドのコルカタ大学卒、ジャワハラール・ネルー大学修士課程修了。1988年に米ハーバード大学で経済学博士号（Ph.D.）を取得。ハーバード大学、米プリンストン大学を経て現職。2019年、マイケル・クレーマー米ハーバード大学経済学部教授、配偶者でもあるエスター・デュフロMIT経済学部教授らとノーベル経済学賞を共同受賞。専門は開発経済学と経済理論。著書に共著『絶望を希望に変える経済学』（日本経済新聞出版）などがある。
（写真：Nastasia Verdeil）

二人三脚で多方面に活動、分野の発展に尽くす

貧困削減のためのフィールド実験

本章に収めたのは、2019年、ランダム化比較実験（RCT）を使った研究で世界の貧困緩和に貢献したとして、ノーベル経済学賞を共同受賞した米マサチューセッツ工科大学（MIT）教授、アビジット・バナジー氏のインタビューである。共同受賞者は同じく米MIT教授であり、元教え子で、妻でもあるフランス出身のエスター・デュフロ氏と、米ハーバード大学のマイケル・クレーマー教授である。

貢献内容として、「世界の貧困と闘うための最良の方法について、信頼できる解を得るための新しい実験的アプローチを普及させた」ことが挙げられている。「貧困削減のためのフィールド実験」が大きな受賞理由である。

バナジー氏らがノーベル賞の受賞対象になった研究の手法はRCT、すなわち第6章のジョン・A・リスト氏が専門とするフィールド実験の手法である。だが、バナジー氏らがノーベル経済学賞を受賞した主要なジャンルは、開発経済学と呼ばれる分野である。この分野は、バナジー

氏らの研究が注目されるまでは長年、低迷していた。一方でフィールド実験は新しい分野だが、まだ一般的に広く認知されているわけではなかった。

早すぎた受賞？

開発経済学の先行者としては、1998年に米ハーバード大学教授のアマルティア・セン氏、2015年に米プリンストン大学名誉教授のアンガス・ディートン氏がすでにノーベル経済学賞を受賞している。そしてバナジー氏らが2019年に開発経済学の分野におけるフィールド実験で受賞したというわけである。実はこの一報が流れた時、経済学界ではざわめきが起こっていた。業界常識に照らして「受賞が早すぎた」からだ。

MITでバナジー氏から博士論文指導を受けた教え子である横浜国立大学の古川知志雄准教授は、「RCTを使って政策評価をする研究者コミュニティ全体への賞だけれど、バナジー先生本人も『権威あるMITという大学の代表として受賞した』と受け止めていた」という。毎年、ほぼ白人男性ばかりが受賞する中、インド出身のバナジー氏とフランス出身で女性のデュフロ氏という並びは、ダイバーシティーの側面から見ても有力であっただろう。

バナジー氏もデュフロ氏も現場によく足を運ぶ。バナジー氏はもともと情報経済学の理論家であり、デュフロ氏はもともと開発経済学を専門としていた。デュフロ氏は積極的に力強く実験を進めて論理的に概念化を進めるタイプ。バナジー氏は、じっくり思考を深めるタイプだ。2人は歴史に関心を持っていたという共通点も見いだせる。

「デュフロ氏は学術誌のエディターなどの役割を引き受け、手早く煩雑な仕事もさばいて、TED TALKなどでも研究を発信してカリスマ的存在感を確立してきた。実験から得た事実を政策への落とし込みへと昇華させることに力を入れてきた。

一方バナジー氏は穏やかに、物事の根本的な部分に立ち返って経済モデルを考察するタイプの人。学内セミナーでは、バナジー氏が言った論理の急所を突くような一言で、議論の方向ががらりと変わるようなことが何度もあった。以前、『経済学モデルを書くことに没頭するのは、魂の癒やしだ』などと学内向けのメールで書いていたこともある。発展途上国でのRCTは『貧しい人や地域を実験台にしている』という批判もある中で、インド出身のバナジー氏が研究コミュニティーを牽引したことは、『発展途上国にとって有効な政策を吟味する』というミッションを常に中核に据えるために重要だったと思う」

古川氏は研究プロジェクトにおける2人の役割の違いやノーベル経済学賞受賞の背景について、こう説明する。

またアジア開発銀行（ADB）のチーフエコノミスト兼経済調査・地域協力局局長を務め開発経済学を専門とする東京大学大学院経済学研究科教授の澤田康幸氏は、筆者のインタビューで大変重要な指摘をしていた。長くなるが引用したい。

ノーベル経済学賞受賞研究の背景

「貧困問題の分析への貢献も含め、ディートン（名誉）教授が受賞したのが２０１５年、重なる部分が大きい行動経済学でリチャード・セイラー教授が受賞したのが２０１７年です。また、ＲＣＴそのものであれば、ジョセフ・ニューハウス米ハーバード大学教授が経済学にＲＣＴを持ち込んだのが１９７０年初めです。ニューハウス教授は、米ランド研究所で、ＲＣＴで医療保険の実験を実施しました。[1]

ＲＣＴはデータの因果関係と相関関係を切り分けるところが方法論としてきわめて重要です。日本でも最近『エビデンス（根拠）に基づいた政策立案（ＥＢＰＭ）』がよく議論されますが、その基礎となる因果識別の手法については、１９８０年代、１９９０年代にはミクロ計量経済学や労働経済学の分野で相当の研究蓄積がありました。

例えば、すでにノーベル（経済学）賞を受賞した米シカゴ大学のジェームズ・ヘックマン特別教授、米ハーバード大学のドナルド・ルービン名誉教授、ＭＩＴのジシュア・アングリスト教授、２０１9年3月に亡くなった米プリンストン大学のアラン・クルーガー教授、それから米カリフォルニア大学バークレー校のデヴィッド・カード教授、米スタンフォード大学のグイド・インベンス教授。日本でも東京大学（現在は米アリゾナ大学が主務）の市村英彦教授。こういった研究者がこれまで重要な貢献をしてきました。

カード教授とクルーガー教授は、米国における最低賃金の引き上げが雇用に与える影響について実証研究をしたことで知られています。また、フィールド実験ということなら、シカゴ大学のジョン・リスト教授、米カリフォルニア工科大学のコリン・キャメラー教授ら実験経済学の研究者、といった実績のある研究者たちがたくさんいる。そういった数多くの大物経済学者たちがひしめく中、ある意味彼らを『すっ飛ばし』て3人が受賞したので、『早すぎだ』という声が上がっているのですね[2]」

ちなみにデヴィッド・カード氏、グイド・インベンス氏とジシュア・アングリスト氏はバナジー氏らの2年後にあたる2021年にノーベル経済学賞を受賞した。この3人は「自然実験」（リスト氏の第6章を参照）を通じて賃金と雇用の関係を実証的に解き明かし、労働経済学の進展に貢献したことによる受賞だ[3,4]。インベンス氏、アングリスト氏の2人はとりわけ「信頼革命」とも呼ばれる因果関係の分析手法に対する功績を称えられている。確かに、ラボ実験→自然実験→フィールド実験、という流れで実験経済学が発展してきたことを鑑みると、「早すぎた」との批判は的外れではなさそうである。

第6章のリスト氏はフィールド実験を確立した実績において大物だが、澤田氏の解説によれば、ノーベル経済学賞受賞を「すっ飛ばされた」1人と見ることもできるわけである。ちなみにコリン・キャメラー氏は、第6章で紹介した米国のＩＴ企業勤務の行動経済学者、田中知美氏の指導教員である。

積極的なアウトリーチ活動

澤田氏は２人と米ハーバード大学のマイケル・クレーマー氏が大御所を「すっ飛ばして」受賞した理由として、積極的なアウトリーチ活動を成功要因として挙げている。

２人が所属するＭＩＴを挙げてバナジー氏、デュフロ氏と行動経済学者センディル・ムッライナタン氏が「アブドゥル・ラティフ・ジャミール・ポバティー・アクション・ラボ」（略称Ｊ－ＰＡＬ）を創設し、開発経済学の灯をともし続けるべく、分野をトップクラスに引き上げるために長年尽力してきた。それだけでなく、若手の開発経済学者のための研究環境を整え、政策との連携を密に図ってきた実績が大きいということだ。

また前述のようにデュフロ氏らは、ＲＣＴを普及させるに当たり、積極的に発信していた。[5] 例えば２０１１年に上梓した共著による最初の啓蒙書、『*Poor Economics*』（『貧乏人の経済学　もういちど貧困問題を根っこから考える』みすず書房、２０１２年）は世界中で反響を呼び、英フィナンシャルタイムズ・ゴールドマンサックスの２０１１年ベストビジネス書に選ばれた。筆者は、２人が同書を出版したころのデュフロ氏にインタビューした。

一方、実験経済学系ジャンルの受賞については、前例がある。ラボ実験では前章で紹介したようにバーノン・スミス氏が２０１５年にノーベル経済学賞を受賞していた。そして次に途上国でフィールド実験を切り開いた功績によりバナジー氏らが受賞したという見方もできるが、澤田氏は「ロナルド・フィッシャーらが１９２０～30年代に英国荘園の圃場実験でＲＣＴを使っていたので、フィールド実験の考え方自体はすでに100年ぐらいは続いていて、土台がある」と指摘する。

むしろその長きにわたるフィールド実験の考え方を、現実に応用可能なメソッドとして開発して、貧困削減に対して「実践的な導入」を成し遂げたことが評価された。昨今の言葉で言えば、貧困削減の取り組みに対する、経済学の「社会実装」に成功したということだ。時期を前後して、自然実験の「社会実装」でカード氏らが受賞しているのがまた興味深い。

情報の経済学研究を志す

さて、ではバナジー氏はどのような研究者なのだろうか。例えばデュフロ氏との共著『貧乏人の経済学』には、臨場感に溢れた、開発途上国における多くの逸話が盛り込まれているが、実は「そうした人間味溢れる記述こそ、バナジー氏の持ち味」と古川氏は言う。

バナジー氏はインド・ムンバイで生まれた。両親ともに経済学の教授だった。父は肉体労働で生計を立てながら英ケンジントン・ポリテクニークの夜間学校に学んだ苦労人だったが、英ロンドン・スクール・オブ・エコノミクスのリチャード・リプシー教授がバナジー氏の父を引き上げ、経済学者となった。

幼少期のバナジー氏は「経済学は絶対避けたい分野」だと思っていた。当時は、医学や工学が良い就職への道だと考えられていたからだ。バナジー氏は文学、歴史、哲学、数学に関心があったが、就職を心配する両親の助言も踏まえて、数学専攻に進んだ。「数学から人文科学に転じるのは容易だが、逆はきわめて困難」との理由からだ。[6] 一時期はマルクス経済学なども学んでいる。

経済学の学際的な広がりに魅力を感じ、博士課程に進学したバナジー氏は、米ハーバード大学でエリック・マスキン教授に師事した。マスキン氏は2007年に「メカニズムデザイン理論」（ゲーム理論、社会選択理論や契約理論などを応用して仕組みを設計する分野。ミルグロム氏によるオークション設計はその1つ）の領域を切り開いた貢献で、ノーベル経済学賞を2人の研究者と共同受賞している数理経済学者である。[7・8]

マスキン氏の指導のもと、バナジー氏は1988年に情報の経済学の研究で博士号（Ph.D.）を取得した（情報の経済学については第11章も参照）。バナジー氏が経済学の「追随行動（herd behavior）モデル」の実証を試みた1992年の研究「A Simple Model of Herd Behavior」の論文は、そのわかりやすさと、モデルとしての面白さが大きな反響を呼んだことで知られる。「追随行動」とは、人がそれぞれの情報ではなく、大多数の他者と同じ行動を取ってしまう傾向を指す。[9] 例えば、本人は新しいレストランにあまり食欲をそそられなくても、もし大勢の客が並んでいたら、ついつい並ぼうとしてしまうかもしれない。これは、どの株を買うか決める時、本人の評価ではなく他の人が買っている株を買おうとしてしまう傾向など、マクロ経済を理解する上でも重要なモデルである。

研究の最前線で精力的に活動を続ける

近年のバナジー氏は、引き続き精力的に研究を続けている。例えば「2016年に実施したインドの悪魔祓いにおけるフィールド実験」で、政策情報が伝えられる経路において、社会的な学習活動に従事するインセンティブの重要性を指摘したり、[10] 中・低所得国における高齢者のメンタルヘルスについてパネル調査を分析したりするなどだ。[11] いずれも、先進国においても重要な研究テーマである。

大きな賞を受賞すると、啓蒙活動や専門分野以外での論壇活動、執筆活動などで目覚ましい活躍を始める研究者は多く、それも重要な社会貢献である。だがバナジー氏に関する限り、受賞は早かったのではないか、と批判はされたものの、受賞後も変わらず、啓蒙書だけでなく最前線での研究を続けている。

ちなみにバナジー氏ら3人に先だって開発経済学への貢献によりノーベル経済学賞を受賞したディートン氏は『*Deaths of Despair and the Future of Capitalism*』（松本裕訳『絶望死のアメリカ』みすず書房、２０２１年）という共著を、パートナーである米プリンストン大学教授のアン・ケース氏と米国で２０２０年に出版している。その後も頻繁にメディアに寄稿するなどで、主に米国を舞台に、格差と貧困の実態を分析し、その是正について積極的に論陣を張っている。

本稿は、２０１９年に出版された『*Good Economics for Hard Times*』の翻訳書『絶望を希望に変える経済学　社会の重大問題をどう解決するか』（日本経済新聞出版）が２０２０年5月に刊行されたのを機に、同書の編集者である日経ＢＰの同僚、金東洋氏の尽力でインタビューが実現したものである。また本概説は、澤田氏、そしてバナジー氏の教え子である古川知志雄氏から貴重な助言をいただいた。

Interview

絶望を希望に変える経済学

先進国の経済成長のメカニズムは謎

2019年にノーベル経済学賞を共同受賞した、米マサチューセッツ工科大学（MIT）教授のアビジット・バナジー氏。共著『絶望を希望に変える経済学』では、経済成長や移民の影響、イノベーションなどについて、最新の経済学の成果に基づいた分析や解説を展開した。開発経済学の権威であるバナジー氏に、豊かになった後の国の経済のあり方を聞いた。

バナジー氏は、日本のようなすでに豊かな国が再び経済成長するための、はっきりした処方箋はないと言う。

──「経済学者が何世代にもわたり努力してきたにもかかわらず、経済成長を促すメカニズムはまだよく分かっていない。とりわけ（先進国のような）富裕国で再び成長率が上向きになるのか、どうすれば上向くのか、ということははっきりいって謎である。経済成長を計測することも難しいし、成長を牽引する要因を特定するのはもっと難しい。

だからといって、もう成長しないと言い切れるわけではない。多くの子供は1メートル70センチとか1メートル80センチまで成長して身長の伸びが止まるが、さらに伸びる子供もいる。同じようなことが経済成長にも言えるかもしれない。日本も成長するかもしれない。ただ、どうすればもっと速く成長するのか、コントロール方法が分からない。無理にコントロールしようとすれば、弊害が生まれることも多い」

失敗例は1990年代前半の日本

経済成長を戦略的に実現しようとしてうまくいかなかった例が、過去の日本だという。

「成長スピードを変えようとした優れた歴史上の失敗例がある。1990年代前半の日本だ。当時、日本の成長が停滞し大変注目された。国をもう一度成長させようとする方法が提示された。

しかし、どれもうまくいかなかった。成長スピードを変えられない時、それを信じたくない国がしがちなことの良い例だ。成長率に働きかけようとしても、多くのことを同時にはできないし、たくさんのことをしたら結局、公的債務が爆発的に増える。しかも、そこまでやっても成長率が変わるのかどうかは明らかではない」

安倍晋三政権（第二次安倍内閣）は成長戦略を掲げたが、多くの識者が不発だったと指摘する。

「基本的にわれわれが言いたいのは、すでに裕福な国では、もう成長戦略ばかりを気にするのはやめようということだ。成長戦略がうまくいくエビデンス（科学的根拠）がないからだ。繰り返すが、日本は成長するかもしれない。だがそれは、国の成長戦略とはあまり関係がないのではないか。

新型コロナ禍は成長率に大きな影響がある。だが同時に、それ以外の多くの要因からも影響を受けるため、コロナの影響だけを識別するのは大変困難だ。しかも、われわれはそうした、成長に影響を与える要因をコントロールできない。世界経済が減速し日本経済も減速することも、日本が変えることはできない。

できることはほかにある。良い企業が（障壁などで）速く成長できず、悪い企業が（救済策などで）生き残るなどといったリソースの無駄遣いがあり、これを改めることは十分可能だ。それで高度成長が始まるとは言えないが、市民の幸福度を劇的に改善することはできる」

新陳代謝を活発にすれば、対症療法にはなるわけだ。成長理論ではイノベーションが成長の重要な要因とされる。であれば戦略的にイノベーションを促進できれば、成長できるのではないか。

「イノベーションは、国を豊かにする。だが一方で、特定のビジネスの影響力をさらに強くし、（富の偏在を招く）独占につなげてしまうこともある。イノベーションを起こそうという議論が盛んだが、イノベーションは自律した生き物のようで、まだ正体は分からないし、世界の動向次第でもある。

コンピューターが登場すれば、コンピューター周辺でイノベーションが起きる。しかし仮にイノベーションが起きても、（豊かな国では）経済成長率は全体として変動しにくい。イノベーションは（経済成長の）要因だが、それをコントロールはできない。だから（人為的に）イノベーションを起こして成長率を大幅に変えることはとても難しいだろう」

バナジー氏は成長率をコントロールすることはできないと言うが、では例えば増税や減税は経済に影響を与えないのだろうか。

税制は成長より格差緩和に効果

「世論は、税が経済成長に大きなコストをかけると見なす傾向がある。例えば法人税が、基本的にはすべての企業のやる気をそぐという通念がある。

減税が新しいアイデアのインセンティブになると主張する研究者もいる。だが米国の1960年代以降の成長率を見る限り、ロナルド・レーガン大統領に始まる低税率時代に成長は加速していない。10年移動平均で見た成長率は1973年ごろからほぼ横ばいで、3〜

4％の間で推移した。

レーガン減税にせよ、ビル・クリントンの最高限界税率の引き上げにせよ、ジョージ・ブッシュ大統領の減税にせよ、長期的な成長率に影響を与えた証拠はない。税率と成長の間に因果関係があるとは、データを考察する限り結論できない」

減税がインセンティブにはならなくても、富裕層への減税で消費が喚起されるようなことはないのか。

「税と再分配、またはCEO（最高経営責任者）の報酬と経済成長の関係はきわめて弱い。富裕層への減税が経済成長を導くと言われ世の中の人が信じてしまうのは、一時代前の経済学者がそう言い続けたせいではないか。当時は統計も不十分で、データに基づかない発言も多かった。だが現在のデータに基づいた経済学者の研究成果でおおむね合意しているのは、富裕層への減税が経済成長を生むわけではないだろうということである」

貧困緩和の研究にかけてきたバナジー氏は、富裕層への減税によって成長を促進する効果はなくとも、課税には別の効果があると考えている。

──「例えば100万ドル以上の個人所得に95％課税しても成長が止まらず、経済にあまり変化は起こらない。つまり、富裕層への税率引き上げは格差（緩和）には多大な影響がある。成長を止めず格差を小さくすることはできると私は考えている」

移民のマイナスの影響はきわめて小さく、プラスの影響が大きい

欧米では、移民が重大な問題になっている。日本でも海外からの労働者を移民として本格的に受け入れるかどうかについては、長年議論になっているが、世論の根強い反対が続いてきた。欧米において反発の根元にあるのは、「仕事を奪う」、「移民の多くは働かずに国に世話をしてもらっている」という「思い込み」だ。これが、バナジー氏の考えである。

「移民については、マイナスの影響が過剰に推測されていて、プラスの影響は、知られなさすぎている。

とりわけメキシコから来る移民のような低スキルな移民から、米国がマイナスの影響を受けるのではないかといった研究は非常に盛んである。彼らがより安い賃金で仕事を請け負う結果として、米国民全体の賃金を押し下げるのではないかという研究だ。

だが、米国以外でも多くの国で進められているこの種の研究では、国民の賃金に対してマイナスの影響がたとえあるとしても、統計的には判別不可能なほど小さいという結果をすでに打ち出している。少なくともはっきりとマイナスの影響が生じるとの報告はない。しかし多くの人は、移民が増えると聞くと、ほぼ反射的に自分たちにとってマイナスだと推測して

しまうようである」

移民政策を左右する重要な研究成果が世間に伝わらないのはなぜなのか。

「経済学者が十分に説明できていない部分もあるが、簡単に言うと世間が聞く耳を持たないのだ。もともと人は移民という未知なる人々に対して直感的にネガティブな印象を抱くものだ。『移民が来た。きっと仕事が欲しいからだ。自分の仕事を奪おうとするかもしれない』と。だが逆に、移民が来ることで得られるさまざまなメリットにまでは、考えが及ばないことが多い。

『仕事が欲しいから、仕事を奪おうとするかもしれない』と考えるロジック自体は正しい。正しくないのは、移民は働くだけというわけではない、という部分を見落としている点だ。現地でホットドッグを買うようになるし、理髪店にも行くし、家も借りる。そうした移民の生活に伴う日々の活動が、サービスへの需要を増やす。こうしたサービス業にもともと就いている人は、移民によってむしろ恩恵を受ける。

また、移民は、現地の人間がやりたい仕事をやるわけではない。米国であれば、むしろ米国人がやりたがらない仕事に就く。担い手の見つからない仕事がたくさんあるが、それを多くの移民が担っている」

移民アレルギーは古くからあり、過去には米国でさえ移民の就労を禁じる法律があった。

「メキシコから米国へ出稼ぎに行く季節労働者はブラセロと呼ばれている。1960年代、このブラセロのカリフォルニアへの移民を禁じる法律が議会を通過し、多くの人が締め出された。さて、米国民は、彼らに代わって農場でフルーツを摘んだだろうか？　誰もやらなかった。さらにブラセロが出ていっても、既存の労働者の賃金も雇用も増えなかった。その代わり、作業の機械化が進んだ。農園主は、機械化の難しい作物を機械化しやすい作物に転換した。

低スキルの移民は、一般的に、現地の住民がやりたくない仕事をする。受け入れ先の国民と競合せず、むしろ補完関係になる。だから移民はわれわれを傷つけたりしない。現地の人の嫌がる仕事に携わってくれ、生産性は高まり、あらゆる需要を増やすのだ」

さまざまな偏見に基づく「思い込み」が、多様な社会における格差や差別につながり、巡り巡って社会の全員が苦しむことになる。納税者が、「移民は税金を払っていないのに恩恵を被っている」といった見方をしがちな点もそうである。これを緩和するためには、ファクトを提示し続けるしかない。

――「何についてであろうと、きちんとした数字や事実を正しく理解することから始めることが大切だ。例えば米国では、移民や非白人が一般的に、福祉制度から偏って恩恵を受けているという強力な思い込みがあり、市民が移民を信用しない理由の1つになっている。しかしそれは、ある意味で正しくない。

移民はそもそも、まともな教育を受けずに育ち、得てして低所得だ。だからたくさん税金を払えず、福祉に頼らざるを得ないわけで、そこには何の不正もない。

だから、『米国では非白人が不公平にうまい汁を吸っている』という論調は真実ではない。むしろ本来もらうべきより少ない分け前を受け取る立場になっていると言える。

移民たちは、歴史的に不利な扱いを受けながらずっと生き抜いてきた。一方で、米国人の中には自分の人生がうまくいかないことについて、そうした人々のせいにする考え方がいまだにある」

反移民感情は利用される

欧米の政治家にはこれまで、移民が国内経済に与える影響について大幅に水増しした数字を使い、貧しい国から来た移民に対する誤解や懸念を増幅させてきた者も多かった、とバナジー氏は指摘する。

「2017年のフランスの大統領選挙では、マリーヌ・ルペン氏は移民の99%が成人男性であると繰り返し、フランスに定住する移民の95%はきちんと働かずに『国に世話をしてもら

「AIが長期的に失業を増やす」という意見への賛否

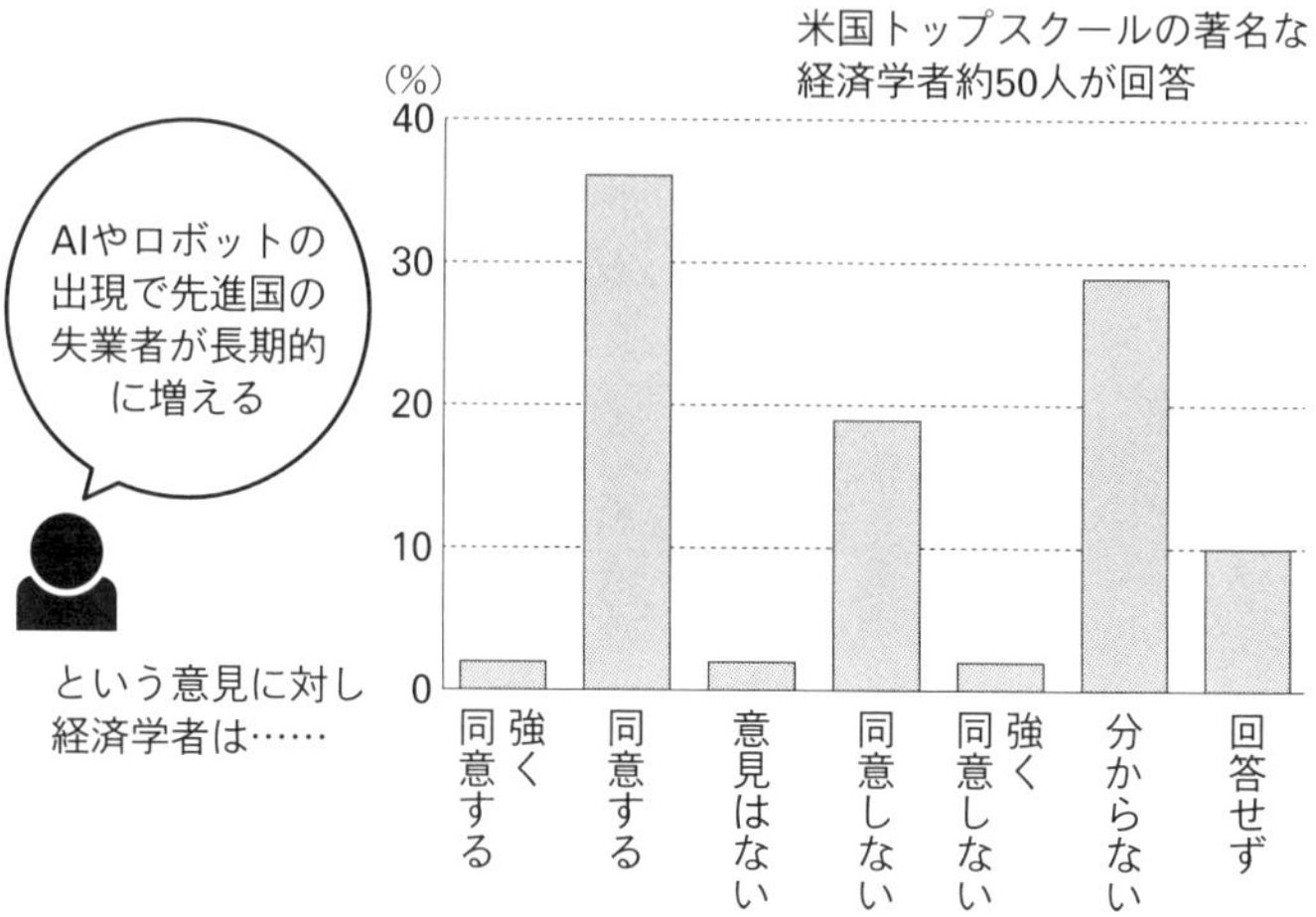

出所：IGM Economic Experts Panel

う』のだと述べた。だが、実際にはフランスに来た移民の55%がきちんと働いて労働力人口に数えられている。それでも、事実がどうであれ、こうした選挙戦術は有効だ。実際の数字を伝え、ルペン氏の主張が事実無根だと証明しても、有権者の考えは変わらなかった。

しかし、政治家がどう言おうと、国家間または地域間の賃金格差は、人々が移民になる決意をするかどうかと、実際にはほとんど関係がないことが分かっている。また、スキルの低い移民がかなり大量に流入した場合でも、それが受け入れ国の住民の生活水準を押し下げることを示す、信頼に足る証拠は存在しない」

2017年9月、欧米を中心とする経済学者の意見をまとめる「米IGM経済専門家パネル」が、「労働市場と職業訓練が現状のままの場合、ロボットやＡＩ（人工知能）の台頭により、先進国で長期にわたり失業する労働者の数が大幅に増える」という見解について、それぞれに賛否を聞いた。当然、今後のＡＩの進化について思いを巡らせたうえでの考察だろう。

すると右のグラフの通り、「同意する」、「強く同意する」が計38％、「同意しない」、「全く同意しない」が計21％、「分からない」が29％という結果になった（回答せずは10％）。

ＡＩは人類から雇用を奪うのかというテーマへの答えは、経済学者の間でも意見が大きく分かれていた。[12]

バナジー氏は「強く同意する」と回答した。一方、2015年にノーベル経済学賞を受賞したアンガス・ディートン米プリンストン大学名誉教授は「同意する」、第2章に登場した、行動経済学でノーベル経済学賞を受賞しているリチャード・セイラー米シカゴ大学経営大学院教授は「分からない」と回答した。

とはいえ、過去、技術革新による自動化の進展が、たびたび職業の消失をもたらしてきたのは事実。産業革命期の英国では、自動化がラッダイト運動を引き起こした。ＡＩも同様に社会不安を引き起こすというのが、バナジー氏をはじめとする懸念派の考え方だ。ＡＩの進化による技術の転換点を、産業革命に匹敵すると受け止める専門家は取材当時から多かった。

約70年続いた賃金停滞

――「失業者が増え、労働者の不満が爆発する可能性は大いにある。英国の産業革命期のラッダイト運動は、労働市場への自動化の影響を考えるうえでいい例だ。当時、仕事をなくした職人たちは、機械による自動化に抗議するために機械をたたき壊して回った。

長期的には、機械による自動化によって賃金が上昇した。ただしそれは、賃金が70年近くも下がり続けた後でのことだ。産業革命当時は、英国の労働者階級の賃金はずっと右肩下がりで、一時は、約半分まで減った。歴史が繰り返されるなら、AIの普及で賃金が下がり始めたら、それが70年ほど続くのを覚悟するしかないという話になる」

それでも、長期的に賃金が上昇していくのであれば、まだ救われる。だが、バナジー氏はそうならない可能性もあると見る。

「英国ではのちに、転換点があったことが分かっている。多くの労働者は職を失ったが、省力化で利益率は高まり、労働需要も押し上げられた。この過程で裕福になった資本家が、新しいモノやサービスの需要を生み出した。弁護士や会計士、技術者、庭師などが新たに必要になった。これにより社会全体の賃金が上昇したのだ。

ここで重要なのは、AIの登場で同じような転換点が訪れる保証はないということだ。省力化の過程で利益を得た部門が労働者を増やさず、さらに省力化技術に投資するかもしれない。省力化の過程で、過去のように新しいモノやサービスが生まれるとは限らない。

現在の自動化の波は1990年ごろに始まったので、まだ30年程度だ。近年の経済学者の

――研究を見ると、現時点で雇用に悪影響を与えていることだけは間違いなさそうだ」

インタビューは2019年だが、2023年1月現在で得られる研究結果でもおおむね方向感は同じである。

例えば、第9章に登場するMITのダロン・アセモグル教授と、米ボストン大学のパスカル・レストレポ准教授は2020年、通勤圏で地域を区切り、その圏内で自動化技術の普及が労働市場に及ぼす影響を、1990年から2007年までの米国のデータで比較して分析する研究を発表した。産業ロボットが労働者1000人当たり1台増加すると、雇用者は5・6人減少し、賃金は0・42%減少していた。

職業別では機械作業員、組み立て作業員などブルーカラーの職業が悪影響を受けていた。男女ともにマイナスの影響があるが、男性のほうがより大きな影響を受けていた。また、男性の雇用減少が製造業に集中する一方、女性は非製造業に集中していた。

男女ともに、高校卒業未満、高卒、短大卒、大卒、専門学校卒で雇用と賃金にマイナスの影響があった。学歴で格差があるのかと思いきや、修士や博士の学位がある労働者へのプラスの効果はなかった。

アセモグル氏らは「非貿易部門からの（修士以上の学歴保持者に対する）労働需要が減少したため」としている。[13]

またアセモグル氏とジョナス・ロービング独ルートヴィヒ・マクシミリアン大学ミュンヘン校

助教授による2022年の研究では、自動化の負の影響は賃金分布の中間層の雇用と賃金に集中している。自動化が中間的なスキルの作業に集中しているためで、むしろ低いスキルの仕事はより低い人件費で雇えるため、コスト面では機械より人が逆に優位という[14]。つまり中間層は仕事を自動化によって奪われ、低スキルの仕事ではより賃金が下がる恐れがある。

そしてバナジー氏はAIの普及でこうした研究でも示唆されているような雇用の減少が本格化し、賃金の停滞が起こり始めると社会には大きな混乱が起きかねないとの立場を取る。

「英国でマーガレット・サッチャー氏が首相に就任した1979年、そしてロナルド・レーガン氏が米大統領に選出された1980年以降の米国と英国の経済成長の果実は、どう見ても、富裕層に吸い上げられ、社会に還元されていない。

賃金の上方への粘着性（変わりにくいこと）が強力であることを、われわれはすでに見ている。米国では、ずっと賃金が上がらず、極端な不満足と不信が起こっている。こんな状況で賃金が下がり始めれば社会はどうなるのか。われわれはもっと真剣に考えるべきだ」

仮にAIの普及に伴う賃金の減少が本格化し、場合によっては過渡期としてであれ格差が広がり始めたとき、われわれはどう対応すべきなのか。そして冒頭でバナジー氏が指摘したように、格差を是正するための処方箋は必ずしも「経済成長」ではない。経済成長は長期的に貧困を削減するが、同時に格差も生むからだ。

先進国では拙速にベーシックインカムを導入すべきではない

「大方の経済学者は、経済の構造的転換、とりわけ技術革新が、所得格差の拡大に大きな役割を果たしたとの立場を取る。１９７５年に米マイクロソフトが設立された。１９７６年には初期のコンピューターＡｐｐｌｅⅠが発売された。１９７９年には日本電信電話公社（現ＮＴＴ）が世界初の自動車電話サービスを開始した。

こうした技術革新が経済の仕組みを変えたことは疑いない。しかし利用者が増えるほどサービスやインフラの価値が高まる『ネットワーク効果』は、米グーグル、米アマゾン・ドット・コムなどの巨大テクノロジー企業を圧倒的な優位に立たせ、賃金格差が拡大する要因ともなった」

ＡＩの普及は、産業革命時のように賃金を一時的に減少させていくようだが、一方で当時のように70年ほど後に賃金が再上昇していく形になるかは未知数。社会に大きな混乱が生じた際、その混乱を鎮めていく手立ては今のところ見当たらない――。これが、情報の経済学がもともとの専門であるバナジー氏が、ＡＩの普及を危険視する根拠だ。

「われわれの進むべき道ははっきりしている。米国や日本のような豊かな国では、ユニバーサル・ベーシックインカム（ＵＢＩ）より優先すべき貧困対策がある、ということだ。

ＵＢＩという制度には欠点がある。ＵＢＩは、政府が、無条件で全国民を対象に相当額の現金を給付する制度。それは、〝一番厳しい状況にある人々〟が必ずしも救済のターゲットにならないということを意味している。

先進国における貧困対策でまず実施すべきは、失業した人や稼ぎを大きく失った人を救うことだ。（個人の力では）コントロールできない、さまざまな経済の発展段階の中で貧困に陥った人々だ。豊かな国であれば、本当に現金を給付すべきターゲットを抽出することも、納税情報などを使えば容易なはずだ。そのうえで、さらに十分な財源があれば、ＵＢＩ導入の議論をすればいい」

一方で、バナジー氏は、貧困国ではＵＢＩのような制度は有用だ、とも訴える。

「逆に考えれば、生きるすべを奪われてしまった人々が大多数を占めるような貧しい国では、ＵＢＩに近い制度の導入があっても構わない。生活に最低限必要な、きわめて小さな基本所得を分配する仕組みで、私はユニバーサル・ウルトラ・ベーシックインカム（ＵＵＢＩ）と呼んでいる。ただしこれは貧困国に限っての話であり、先進国ではＵＵＢＩであっても、拙速に導入すべきではない」

もし、中規模なベーシックインカムが導入されたら……

	ほかの給付の削減（GDP比）	所得増税（GDP比）
フィンランド	−6.7%	＋10.2%
フランス	−5.3%	＋5.6%
イタリア	−5.2%	＋2%
英国	−2.9%	＋6.1%

注：労働力人口対象の補助や手当をベーシックインカムで代替したと仮定
出所：経済協力開発機構（OECD）「Basic Income as a policy option: Can it add up?」（2017年）の解説スライドなどから作成

大幅な所得増税が必要な国も

先進国で全国民に現金を給付しようとすれば、莫大な予算が必要になる。欧州4カ国で見たデータでも、UBIを導入する場合、ほかの補助金の削減や所得増税がセットにならざるを得ないことが指摘されている。

「米国をはじめとする富裕国のほとんどについても、雇用保障プログラムの見直しが必要だ。米国で防衛、教育などといった政府の伝統的な役割を切り捨てずにこれだけの予算を捻出するには、現行の社会福祉をすべて廃止したうえで、さらに米国の税率をデンマーク並みに引き上げなければならない。

国民が、政府は間違ったことをしないと信じて増税に快く応じるなら可能かもしれない。欧州では増税の余地は乏しいが、家賃補助や所得補助などの給付をすべてUBIに一本化するなら、導入は不可能ではない。フィンランドでは2017年と2018年、実験的に一部の

──失業者に対し従来の補助に代えてＵＢＩを適用した。だが、同じことがすぐに米国や日本でできるとは考えづらい」

バナジー氏は、全国民への経済補助を全否定するわけではない。

──「新型コロナ禍のような、予期せぬ突然の収入減があった時は、全国民に対する条件なしの現金給付は機能する。しかし、一回きり、あるいは期間限定で実施するのと、恒常的に実施するのでは話は全く違ってくる。今、話しているのは、危機時に限らず平時からＵＢＩを使うべきかどうかだ。そして、そのために、今あるすべての社会保障プログラムを、ＵＢＩと入れ替えてよいのかという話だ」

まっとうな経済学は存在感を失ってはならない

先にも触れたように、ＵＢＩの財源確保の難しさは議論するまでもないことのはず。それにもかかわらずＵＢＩが先進国でも真剣に議論されつつある状況について、バナジー氏は正しい経済学が社会に行きわたらなくなっているからだと考える。共著書の中でも、「職業の中で経済学者の信頼度は2番目に低い」と現状を憂い、「メイク・エコノミスト・グレート・アゲイン」と訴えた。なぜそう思うのか。

「例を挙げよう。1960～1970年代に、多くのアメリカ人は、2つの雑誌、『タイム』と『ニューズウィーク』を読んでいた。一方でミルトン・フリードマンが連載を書けば、もう一方でポール・サミュエルソンが最新の自説を主張する。米国人はそんな経済学者たちの新しい考えに常に触れ、影響を受け、暮らしていた。彼らは、理論が正しかったか間違っていたかは別にして、政府で働いた経済学者として尊敬された最初の経済学者たちでもあったと思う。

今も、政府の経済顧問のトップにいる経済学者は、米国では一目置かれる存在である。だが査読付き学術誌を見ても、彼らの名前は全く見当たらない。

経済学者として身を立てる者であれば、経済学に関連のある論文におけるトップ級の研究実績が必要だ。だが彼らにはそれがない。1970年代に活躍したサミュエルソンらは学者として一流で、同時に一流の政策担当者だった。だが今は、そうしたトップクラスの経済学者が政権に関わっていないのである。オバマ政権では、バラク・オバマ氏が個人的にトップクラスの経済学者を顧問のようにして集めていたが、あれはむしろ例外だった」

正しい経済学を伝えるべき「まっとうな」経済学者が、世間で存在感を失ってきた背景には、学術で科学的根拠を究めることが軽んじられる風潮があるとバナジー氏は考えている。

――「知識の本質は、学んだことで主張することだ。そして、自分の主張が真実に近づくよう研究を重ね（批判を受けながら）洗練していくことこそ、研究者のあるべき姿と言える。しかし、今の世論形成の場は、そのようなプロセスを経ない人ばかりが表舞台に立ち、間違った主張を打ち出し、それを疑うことなく多くの人が信じる構図ができている。
もちろん、根拠のない主張が支持され続けてしまう理由には、まっとうな経済学者の伝え方に問題がある部分も多いのだろう。だからこそ、『メイク・エコノミスト・グレート・アゲイン』と言いたい」

自分の主張が真実に近づくよう研究を重ね、批判を受けながらアップデートして洗練していくことこそ、研究者のあるべき姿と言うバナジー氏。主張を報道に、研究を取材に、研究者をジャーナリストに置き換えても、当てはまる話である。寄せるべきは自らの主張であって、「真実」の方を自分に寄せるべきではない。

注

1 1971～1986年に医療経済学者が米国6都市の5809人を対象に実施した大規模実験。保険の自己負担割合をランダムに設定して受診行動や健康状態を継続的に観察した実験。

2 広野彩子「MITの戦略勝ち？『貧困研究』ノーベル賞の舞台裏　アジア開発銀行（ADB）澤田康幸チーフエコノミストに聞く」『日経ビジネスオンライン』2019年11月7日。
https://business.nikkei.com/atcl/gen/19/00005/110100072/

3　安部由紀子「最低賃金論議に一石、ノーベル経済学賞カード教授の主張とは」『日経ビジネス電子版』、2021年10月25日。

4　The Nobel Prize.org website:
David Card – Prize lecture. NobelPrize.org. Nobel Prize Outreach AB 2023. Tue. 4 Apr 2023.
https://www.nobelprize.org/prizes/economic-sciences/2021/card/lecture/
Joshua D. Angrist – Facts – 2021. NobelPrize.org. Nobel Prize Outreach AB 2023. Tue. 4 Apr 2023.
https://www.nobelprize.org/prizes/economic-sciences/2021/angrist/facts/
Guido W. Imbens – Facts – 2021. NobelPrize.org. Nobel Prize Outreach AB 2023. Tue. 4 Apr 2023.
https://www.nobelprize.org/prizes/economic-sciences/2021/imbens/facts/

5　前掲、広野彩子。

6　Abhijit Banerjee – Facts – 2019. NobelPrize.org. Nobel Prize Outreach AB 2023. Tue. 31 Jan 2023.
https://www.nobelprize.org/prizes/economic-sciences/2019/banerjee/facts/

7　Eric S. Maskin – Facts. NobelPrize.org. Nobel Prize Outreach AB 2023. Wed. 1 Mar 2023.
https://www.nobelprize.org/prizes/economic-sciences/2007/maskin/facts/

8　Erick S. Maskin, Adams University Professor, Department of Economics, Harvard University.
https://scholar.harvard.edu/maskin/home

9　Abhijit V. Banerjee, A Simple Model of Herd Behavior, *The Quarterly Journal of Economics*, Volume 107, Issue 3, August 1992, Pages 797–817,
https://doi.org/10.2307/2118364

10　Abhijit Banerjee, Emily Breza, Arun G. Chandrasekhar, and Benjamin Golub, "When Less is More: Experimental Evidence on Information Delivery during India's Demonetization", *Review of Economic Studies*, Forthcoming.

11　Abhijit Banerjee, Esther Duflo, Erin Grela, Madeline McKelway, Frank Schilbach, Garima Sharma, and Girija Vaidyanathan, "Depression and Loneliness Among the Elderly Poor", Working Paper, December 2022.

12　"Robots and Artificial Intelligence", The IGM Experts Panel, September 2017.

https://www.igmchicago.org/surveys/robots-and-artificial-intelligence-2/

13 Daron Acemoglu and Pascual Restrepo, "Robots and Jobs: Evidence from US Labor Markets," *Journal of Political Economy* 128, no. 6 (June 2020) : 2188-2244.
https://doi.org/10.1086/705716

14 Acemoglu, Daron and Loebbing, Jonas, "Automation and Polarization," September 2022, NBER Working Paper No. w30528.
https://ssrn.com/abstract=4238255

第 **9** 章

ダロン・アセモグル

Daron Acemoglu

政治経済学をデータでアップデート

Profile

米マサチューセッツ工科大学（MIT）教授
1967年トルコ・イスタンブール生まれ。1989年英ヨーク大学卒業、1992年、英ロンドン・スクール・オブ・エコノミクス経済学博士（Ph.D.）。同講師、1993年、米MIT経済学部助教授などを経て2014年から現職。ジェームズ・A・ロビンソン氏との共著に『国家はなぜ衰退するのか（上・下）』（早川書房）、『自由の命運（上・下）』（同）『アセモグル／レイブソン／リスト 入門経済学』、『アセモグル／レイブソン／リスト　マクロ経済学』、『アセモグル／レイブソン／リスト　ミクロ経済学』（いずれも東洋経済新報社）などがある。
（写真：稲垣純也）

しゃべって論文を量産するスーパー経済学者

本章は、経済学界で最も注目を浴びているといっても過言ではない知の巨人、ダロン・アセモグル米マサチューセッツ工科大学（ＭＩＴ）教授のインタビューである。アセモグル教授は、政治経済、労働、イノベーションなど研究対象の幅の広さと、突出した学問的な業績の数で知られるハイパフォーマーだ。影響力も絶大である。トルコ生まれで、トルコと米国に国籍がある。過去には、最も専門性の高い経済学の学術誌の1つとして知られる *Econometrica* の編集長を務めた。２００５年にはジョン・ベイツ・クラーク賞を、２０２２年にはクラリベイト引用栄誉賞を受賞している。

政治経済学、労働、イノベーション各分野でフロンティアを切り開く

アセモグル氏は２０１９年に、「ＭＩＴ教員最高の栄誉」とされる「インスティテュート・プロフェッサー」に選ばれた。ＭＩＴのラファエル・ライフ学長は「ダロン・アセモグルは、インスティテュート教授として大胆さ、厳密さ、そして実社会でのインパクトといった、ＭＩＴの本質を体現する存在だ」と評価。さらに、「われわれの時代にとって、彼の研究はより良い世界をつく

るために不可欠だ」と称賛している。[1]

2023年1月時点で、アセモグル氏は過去10年の間に世界で最も論文が引用された経済学者である。[2] 膨大な数の研究論文を書き上げ、膨大な数の電子メールに対応するため、日常的に音声認識をフル活用している。MITの学内でも、歩きながらしゃべり、返事を音声認識で入力してメールに返信している姿が日常的に目撃されている。

抜群の記憶力で、博士課程の新入生の名前をすぐに全部覚え、古い論文の共著者の名前もすぐに思い出して、周囲を驚かせる。

米スタンフォード大学経営大学院教授のスーザン・エイシー氏は、2023年1月6日に全米経済学会（AEA）が主催したアセモグル氏の特別講演「Distorted Innovation: Does the Market Get the Direction of Technology Right?」に先立ちこうスピーチした。「ダロンに関するジョークには事欠きません。まずは最近のツイッターに投稿されたものを紹介しましょう。『ダロンの今年の論文引用数があなたの論文の全引用数を超えるまで、あと何日か?』。そして私からも1つ。『この特別講演中にどちらの引用数がより速く増えるか覚悟しなければならない。聞いている経済学者全員分か、それともダロンか！』」[3]

そんなきわめて突出した才能と頭脳を持つアセモグル氏がいずれノーベル経済学賞を受賞するかどうかについて、経済学界で異論をさしはさむ声はないと言っていい。「受賞し得る分野も3つ、最低2つはある。あとは誰との組み合わせになるかだけ。まず民主主義を経済学のフレームワークで分析し、イデオロギー色が強かったそれまでと違う新たな政治経済学を確立したのはアセモグル氏の大きな貢献（政治体制移行の理論を提示した共著[4]ほか多数）。労働経済学に『タスク』という概念を持ち込んだ研究でデヴィッド・オター氏と共同受賞する可能性もあるし、技術イノベーションに関する研究（後述[5]）でINSEAD（欧州経営大学院）のフィリップ・アギオン教授らと共同受賞する可能性もある」。2023年現在、MITの博士課程でアセモグル氏の指導を受けている菊池信之介氏はこう解説する。

大きな概念をシンプルなモデルで導き出す

アセモグル氏は、数学も歴史も哲学も追う。どういう問題意識なのか。「数学のようにすべてが正確だと考えてしまうと、多くの重要なことを見落としてしまい、たぶん制度的な背景や質的な問題、そして社会的な問題を無視することになる。でも、数学を完全に諦めて、ある程度の定量的なアプローチになってしまうと、深まらないと思う。私自身は、一部の論文では数学的であることと歴史や制度的な文脈から学ぶことを組み合わせようと試みている」（アセモグル氏）。

研究対象は政治経済のほか、自動化とイノベーション、労働、ネットワーク理論などと多岐にわたる。大量のデータを駆使した精緻な分析を目指すより、民主主義や政治制度のような大きな概念をシンプルなモデルで導出しようとする。「（アセモグル氏に限らず）MITでは、マクロ経済学者は誰も数量モデルを重視しようとは思っていない。『自分の両親に説明できるぐらい簡単なモデルでなければいいモデルではない』と指導される」と菊池氏は話す。数量計算が役立つ時もあるが、数学やモデルは、あくまで現実を理解するためのツールにすぎないとの立場なのだろう。

アセモグル氏は好奇心が旺盛で、とにかく新しいことに取り組もうとする研究者だ。関心を持ったら手早く取り組み、独自の視点を発表していく。例えばアセモグル氏の論文で最も引用されているのは、2001年に発表した植民地の制度と感染症死亡率に関する研究だ。[6] 膨大な引用件数がある中で、データが恣意的であると批判されたこともある。[7] だが圧倒的な研究の量と質で、後進の若手経済学者に大きな影響を与えている。

教え子に対しては、きわめて面倒見がよいという。菊池氏によると例えば、他大学の学生の自殺のニュースが流れた時には、直接指導している教え子に一人ひとり、「話したいことがあればいつでも聞くから」とメールし気遣っていた。

アセモグル氏の論文で最も知られているものの1つが、大卒者の「スキル・プレミアム」に対する1998年の研究だ。大卒者の数は増えている（＝供給が増えている）にもかかわらず、その賃金が上がっているのはなぜかという理由が長年、理論的には謎だった。アセモグル氏は「大卒者が増えると、雇用主は最新技術を活用してさらにその生産性を高めようとする。よって技術革新により大卒者の労働の質がより高まるため、相まって大卒者の価値はさらに上がっていく」と明快に説明した。[8] 技術は人のスキルを高めるために使うべき、との問題意識がある。

技術イノベーション関連では、近年では自動化、すなわちＡＩの研究にかなり力を入れており、その研究成果がアカデミアに貢献している度合いも大きい。

例えばアセモグル氏は、技術が労働生産性を向上させるほかの技術革新で相殺されない限り、ＡＩが雇用と賃金を減少させる可能性があることを明らかにした。また、2021年にはＡＩのガバナンスについて問題提起。「ＡＩがこのまま規制されなければ、競争や消費者のプライバシー、消費者の選択に害を与え、仕事を過度に自動化し、不平等を煽り、賃金を不当に押し下げ、生産性を改善することに失敗する可能性がある。また政治的な言説が一層ゆがみ、民主主義の生命線の１つを断ってしまうかもしれない」と警告していた。[9]

２０２３年5月刊行のサイモン・ジョンソン氏との共著『*Power and Progress: Our Thousand-Year Struggle over Technology and Prosperity*』（Public Affairs）ではさらに考察を深めた。「技術革新が自動的に繁栄を広くもたらすわけではない。『繁栄の共有』を目指すため多様な人々がビジョンを共有し、自動化よりも人の生産性向上に役立つものへと技術革新を方向づけるべきだ」と訴えている。

「ケンブリッジ資本論争」を超えて

アセモグル氏はもともと、歴史や政治経済に関心があり、経済学者を志向した研究者だった。だがアセモグル氏が英国ロンドン・スクール・オブ・エコノミクス（ＬＳＥ）で学んだ１９８０年代後半から１９９０年代初頭のころは、政治経済学分野にはイデオロギー色が強いものが多いイメージがあった。日本でも、一部の大学ではそうだったのではないか。

アセモグル氏は近接領域と言える、労働市場における賃金の決定要因、仕事や制度を研究として扱うことのできる労働経済学を専攻にしている。アセモグル氏は「政治経済学がＬＳＥではあまり盛んではなく、飛び込む勇気がなかった。ＭＩＴに移ってから本格的に取り組み始めた」と振り返る。初期の研究では、経済の発展において、契約に基づく財産所有権の存在が官僚の汚職防止に大きな役割を果たしていることを分析した1998年の共著論文などがよく知られる。[10]

アセモグル氏の、現代的なデータを用いる経済分析と歴史的な視点の双方を生かした政治経済研究の意義を理解するヒントに、「20世紀の『ケンブリッジ資本論争（Cambridge Capital Controversy）』がある」と指摘するのは、MITで博士号（Ph.D.）を取得した横浜国立大学の古川知志雄准教授だ。

これは、マクロ経済学における資本財の測定方法に関し、1950年代に始まり、1970年代まで続いた英国ケンブリッジ大学と、MIT・ハーバードの所在地である米国マサチューセッツ州ケンブリッジの経済学者の間で繰り広げられた熾烈な論争である。英国のピエロ・スラッファ、ジョーン・ロビンソン、ピエロ・ガレナーニ、ルイジ・パシネッティという「ケンブリッジ学派」に対し、MITのポール・サミュエルソン、ロバート・ソローといった「新古典派」の経済学者がこの論争に加わっていた。[11]

いずれも経済成長を研究するトップクラスのマクロ経済学者で、「資本をたった1つと見なすか、複数あると見なすかについての論争だった」（古川氏）。サミュエルソン氏は、資本集約度が全セクターで画一的であるという仮定の経済モデルを提示した。つまり、世界には1商品しかない、という含意になる。当然ながら現実にはあり得ない。

だがこの仮定を用いれば、新古典派の成長理論と完全に一致する結果が得られたため、サミュエルソン氏らは資産の価格を1つとする仮定を使った。一方パシネッティ氏や米ハーバード大学のアマルティア・セン氏らは「現実性がない」と手厳しく批判し「産業間で異なる資本集約度を仮定すると、新古典派の結果が必ずしも成立しない」と反論した。それに対し、新古典派はさらにこう反論した。「ケンブリッジ学派は、厳密で単純な理論に小さな欠陥が見つかって使いづらくなったら、それではい終了！という、おかしな考えを持っている[12]」

大きく見ればこの論争は、経済学が思想的なものから数理的な分析に傾倒していく過程で起こったと言える。サミュエルソン氏は定量的なアプローチだったが、対するケンブリッジ学派のリーダー格であったロビンソン氏は、「自分は数学を高校レベルまでしか学ばなかったので常に考えることを強いられた」と皮肉交じりに語ったほどで、現実の実質を理解することよりも、数学的なテクニックが勝ってしまうことに懸念を示していた。

結果として新古典派が有力となり、ケンブリッジ学派の実力者たちはほとんど表舞台から姿を消した[13]。新古典派、ケンブリッジ学派どちらにも決定打はなかったが、ケンブリッジ学派の研究者たちが、新古典派の理論に取って代わる理論を提示できなかったことが大きいとされる。ノーベル経済学賞は新古典派のサミュエルソン氏らに与えられ、アルフレッド・マーシャル、アーサー・ピグー、ジョン・メイナード・ケインズ、フランク・ラムゼー、ジョン・ヒックスといった歴史的に重要な経済学者を生み出してきたケンブリッジ大学の政治的な権威と影響力が衰えていく、象徴的な出来事だった。

「モノプソニー」より「レント・シェアリング」

実は、経済学では20世紀の間に、資本をめぐる論争が30年おきくらいに三度繰り返されており、ケンブリッジ資本論争がその最後だった。のちにノーベル経済学賞を受賞したソロー氏は著書で「ある理論的な問題が80年経っても議論の余地を残している場合、その問題提起がまずいか、あるいはきわめて深いということを示唆している」と振り返っている。[14]

ケンブリッジ資本論争の場合は、問題提起がきわめて深いためだった、と言えるのではないだろうか。というのも、サミュエルソン氏らに敗れたケンブリッジ学派のロビンソン氏が1933年に発表したモノプソニーという概念が再び、脚光を浴びたからだ。政策にも影響を与えつつある。モノプソニーとは、労働市場で横行している企業の「独占」と、それがもたらす低賃金のことを指す。「買い手独占」と訳される。例えば米国のニューヨーク州ロチェスター市ではかつて米コダックしか企業がなく、地元住民の良い就職先はコダック1社だった。するとコダック側が圧倒的に有利になって、労働者を低賃金で「買いたたく」ことができてしまう。

1980年代には「モノプソニー」という用語を使った学術論文はたった2本だったが、2010年代には64本に上っていることに、菊池氏は注目する。[15]米国・バイデン政権の財務省が2022年3月に発表したレポートで、「(企業の)モノプソニーな権力が労働者を傷つけている」という懸念を表明。労働者が転職したり、高い賃金を交渉したりする経済的自由を促進するうえで、競争的な労働市場が果たす役割を強調したことも、議論を呼んだ。[16]

日本では長年、新卒入社という生涯で1度しか就職のチャンスがない入社形態が重視される労働市場が続いてきた。年功序列型賃金の企業が大多数で、労働者側が転職を選ぶと年収や年金制度の面で圧倒的に不利になってきた。この現象も「モノプソニー」で説明できそうである。

アセモグル氏も会社の費用による社員のトレーニングをテーマにした研究で、1998年にモノプソニーを扱った。企業はほかの企業より、自社の従業員の能力について優れた情報を持っている。よって退職率の少ないドイツのような経済において企業は、社費による訓練後の人的資本について事後的な「モノプソニー」が得られ、一般的な訓練であっても費用を払うほうがお得であるとする。さらにアセモグル氏らは、賃金上昇率が同じで退職率が異なる米国とドイツという2つの経済が社費で人的資本を蓄積した場合を比較すると、退職率の高い米国経済では人的資本の蓄積がより遅くなることを示した。[17]

だが、これは古い研究だ。アセモグル氏が今、モノプソニーをどう捉えているか尋ねると、こう返ってきた。

「必要に応じ競争的な市場から離れることが重要であり、『モノプソニー』はその1つ。専門用語だが、私には『二者間独占（bilateral monopoly）』のほうが魅力的だ。労働者と企業が共に力を持っているという、そのバランスこそが大切だからだ。モノプソニーは、企業側だけが力を持つ特殊ケースだ。現実にも起きている。だが最も重要なダイナミズムだとは思わない。

多くの労働市場は、経済学者が『レント・シェアリング（超過利潤の分配）』と呼ぶものを奨励する規範に特徴づけられる。企業は通常よりも利益を上げたら、労働者と一部を分け合う。だが、どれほどの割合で利益を共有するのかについては、労働組合や、公平性への配慮や、社会全般の価値観にも左右される」。

「ケンブリッジ資本論争」は、ロビンソン氏らを論破した新古典派は資本の価格を1つとするという非現実的な仮定で、いわば資本の価格の違いを捨象してモデル化した。アセモグル氏の場合、過去の政治経済学が「制度の違い」という部分をある意味捨象して議論してきたところへ、所有権などをめぐる制度の違いと経済の関係、社会規範との関係、民主主義との関係などを動学的に捉える研究を重ね、研究手法を洗練して「アップデート」し続けている。その現実に真摯に向き合う研究姿勢が波紋のように広がり、経済学のあり方自体にインパクトをもたらしている。

内部留保とイノベーションの関係

さて、制度の変化とそれが経済社会に与える影響について、アセモグル氏の洞察をもう少し紹介したい。アセモグル氏とフィリップ・アギオン氏、ファブリツィオ・ジリボッティ氏によるイノベーションに関する共同研究は、技術開発と社会の変化について興味深い洞察を提供する。

技術者が大学や企業で何を開発すべきかは、社会が何を必要とするかに左右される。アセモグル氏らはイノベーション重視の技術先進国と、先行技術をコピーするための投資が必要な技術キャッチアップ国とでは、意思決定に必要な条件が異なることを実証した。そしてイノベーション重視の技術先進国では、「より良い経営者による技術の選択が戦略的に重要」だとした。

企業の内部留保が、現在の経営者を競争から守るための保身に利用され得ることにも着目した。内部留保が豊富な社会は「インサイダー（中の人）」を囲い込むため、外部の技術をコピーするキャッチアップ型戦略からイノベーション型戦略に切り替わらない場合があり、そうした社会は世界の技術フロンティアから取り残される。目利きの経営者が不在で、イノベーションの機会を生かせないからだ。[18]

最先端の技術が経済社会にもたらす変化をモデルに盛り込む論争は今後、ＡＩにより引き起こされる社会の変化から受ける影響も相まって、さらに予想のつかない学術的な発見につながっていくかもしれない。

さて、以降のアセモグル氏へのインタビュー本編は、筆者が過去に実施した、制度と民主主義、経済成長について尋ねた２つのインタビューを再編集した。２０１３年のものと２０２１年のものである。なお本書編集中に実施した２０２３年４月のインタビューの内容を一部、解説部分になるべく盛り込んでいる。

１本目は２０１３年6月3日に『日経ビジネスオンライン』（現『日経ビジネス電子版』）に掲載した。「創造的破壊が起こりやすい制度にしなければ、国家は失敗する」との主張を展開した、ジェームズ・Ａ・ロビンソン米ハーバード大学教授との共著書『*Why Nations Fail: The Origins of Power, Prosperity, and Poverty*』(『国家はなぜ衰退するのか　権力・繁栄・貧困の起源（上・下）』早川書房。インタビューは翻訳書の出版前に実施）を受けてのものである。[19] 国家が繁栄し続ける条件とは何か、そして国家の成長が止まった時、国は何をすればいいのかを包括的に尋ねている。

インタビューを実施したのは10年前だが、内容の重要性は何ら変わらない。当時の時点で話題になっていた議論もあえて残し、関連の研究などを含めた解説を加えた。アセモグル氏も同書に基づいて、経済成長や政治制度について考えさせられる普遍的な考察をその後も展開しており、きわめて示唆に富んでいる。

2本目は、やはりロビンソン氏との共著である『*The Narrow Corridor: States, Societies, and the Fate of Liberty*』(『自由の命運　国家、社会、そして狭い回廊（上・下）』早川書房）にちなむ。[20] 新型コロナ禍にあった2021年のオンラインによるインタビューだ。民主主義的な国家が繁栄し続けるために必要な「狭い回廊」での奮闘や、AIの社会に対する影響、その倫理のありようなどについて洞察を聞いたものだ。

本書を執筆中の筆者は、米オープンAIのChatGPTをはじめとする生成AIによる「文章作成の自動化」が急速に社会を席巻する中、アセモグル氏に直接、対面で話を聞く機会が得られた。英語圏におけるサイモン・ジョンソン氏との共著『*Power and Progress*』の発刊を控えたタイミングだった。

同書は発刊前から、英『フィナンシャルタイムズ』紙をはじめ英語圏のメディアで話題になっていた。1000年にわたる技術革新を振り返り、技術が社会にもたらした経済成長や、そこで広まったナラティブ（物語）、そして社会における力関係の変化を論じた。

900〜1000年代、宋時代の中国における火薬、羅針盤や天文学の進歩が何をもたらしたか。1066年、ノルマン征服のころ欧州で生まれた製粉機がどのような革新につながったか。12〜13世紀ごろの水車の登場や教会建築ブームが意味することとは何か。14世紀英国における農業技術の発達がもたらした富が、何に使われたか。15世紀の大航海時代が王族や商人にもたらした富と、それに伴う庶民の意識の高まり。15〜17世紀に風力発電、活版印刷、時計などで世界最先端にあった中国の技術と、その欧州への伝播。18〜19世紀における英国の産業革命、スエズ運河・パナマ運河建設の舞台裏。20世紀半ば以降、第二次世界大戦後の米国における自動化とマネジメントの発達、そして労働組合の誕生と衰退。ミルトン・フリードマンが米『ニューヨークタイムズ』紙上で提唱した「フリードマン・ドクトリン」と株主至上主義の台頭。21世紀のテック企業の超大化とAI。そして米中におけるデジタル化と膨大なデータ収集、そして監視による統制政治――。多くの新たな技術と収益機会が総じて「持てる」側に利する傾向にあり、「持たざる」側の人間へ時に艱難辛苦をもたらした事実、そしてその結果、政治経済の力関係がどう変化したかが描かれる。

『*Power and Progress*』でアセモグル氏らは、過去の歴史を鑑みても、技術開発が必ずしも自動的に経済社会の繁栄につながったわけではないことを繰り返し強調する。たとえば、中国・宋時代の活版印刷や羅針盤は世界最先端だったが、中国内で産業革命を起こす原動力にはならず、むしろ海を渡って欧州で産業革命が起こる直接・間接のきっかけになった。技術を得た一部のエリートだけが恩恵を被り、労働者にはほとんど恩恵がなかったイノベーションの事例は枚挙に暇がない。2人は技術開発の方向性を、人ができることの単なる自動化ではなく人間の能力を拡大するような方向に転換すること、およびビジョンと繁栄の幅広い共有を実現する制度づくりが必要であり、それが技術革新の2つの柱である――と結論づけた。[21] つまりは、「レント・シェアリング」だ。

『国家はなぜ衰退するのか』では、意思決定する側と社会の人々との相互作用の中で変化していく統治体制を論じながら、多様な人々の声に耳を傾け、関係者全員が当事者として意思決定に参画する「インクルーシブ」な形に社会を前進させていく努力の重要性を訴えた。今回は技術革新を議論のフレームとして前面に押し出し、さらに洗練させて強調しているが、アセモグル氏の問題意識は一貫している。それは、一部の人間だけで社会にとって重要な決断をしてはならぬという、民主主義の本質であろう。

なお、本概説で取り上げた経済学の最新の研究動向の数々については、アセモグル氏、MIT出身の古川知志雄氏、MIT博士課程の菊池信之介氏から多大で貴重なコメントと助言、洞察をいただいた。この場を借りて感謝を申し上げる。

Interview

「インクルーシブ」の提唱

アセモグル氏に初めてインタビューしたのは、2013年4月29日だ。筆者は実はこの日、午前中に同じMITのエスター・デュフロ教授にもインタビューしていた。第8章のアビジット・バナジー氏のノーベル経済学賞共同受賞者で、妻である。当時の筆者は世界銀行関係者など途上国支援や、マイクロファイナンスなどに関連するビジネスの関係者にインタビューをする機会が多く、「インクルーシブ(inclusive)」という言葉をたびたび耳にするようになっていた。それも、アセモグル氏らが述べていたのと同様に、全員を巻き込み社会の「戦力」にしていくという文脈である。このころに何か貧困支援におけるトレンドの転換があったのだろうか。

「われわれが共著『国家はなぜ衰退するのか』の議論で使う以前は、インクルーシブ(inclusive)はそのような文脈ではあまり使われなかったと思う。聞いたことがあったら、ジェームズ・ロビンソン教授と一緒に『本当にこの言葉でいいのかな?』と悩んだはずだ。とはいえ、どの国のどのような立場の人たちも経済的な困難に直面し、新たな視点を模索しているということだろう」

アセモグル氏の言う「インクルーシブ」は、例えばダイバーシティ（多様性）と同義なのだろうか。

「同義といえば同義だが、多様性は全員参加を実現する最初のステップにすぎない。多様性が大事だという時は、単に（既成の枠の中に）多様な人々をまず増やすのが目的だろう。そうではなく、全員をテーブルにつけ、幅広い人々を（意思決定に）巻き込んで新しいものをつくり上げていける制度が、インクルーシブという言葉で言いたいことだ」

収奪的な成長と、全員参加型の成長は違う

つまりは「全員が、ある1つの特徴に合わせて適応するのではなく、自らの個性を出しながら主体的に参加していく」という意味だ。共著書『国家はなぜ衰退するのか』では、国家が栄え続ける発展段階で、まず特定層のための中央集権的で収奪的な制度ができ、それから創造的破壊を起こすためには「全員参加型（inclusive）」の制度に変わっていく必要があるとしている。そうすると、国の成長には制度のあり方が一番重要なのか。

「国が長期的に、持続的に成長するためには制度が一番重要だ。創造的破壊を通じて最高の技術が生まれ、その技術を使って最高の制度にするわけだ。その時に、『全員政治』の制度

と『全員経済』の制度、双方を同時に実現することが望ましい。政治と経済の一方が中央集権的・収奪的なままで、特定層に権限が集中すると一時は成長したとしても、やがて停滞するだろう」

創造的破壊（技術革新）があるから制度革新が可能になる、とも解釈できる。「誰も取り残されない」制度にすべきということだろうか。確かに、産業革命は多くの制度革新や社会革新をもたらした。

「例えば、旧ソビエト社会主義共和国連邦がそうだった。ウラジーミル・レーニンが率いたボリシェビキによる徹底的な中央集権体制によって、国がすべてを管理して最初はうまくいったが、結局、誰も創造的破壊を起こそうというインセンティブを持たなくなり、成長が止まった。技術キャッチアップ型経済、あるいは（石油など）特定資源の利用による収奪的な成長と全員参加型の成長では違う。構造的に創造的破壊を必要としない前者はやがて行き詰まり、長続きしない。

英国が産業革命で劇的に成長したのは、それに先立つ1688年に名誉革命があり、創造的破壊が生まれる素地があったからだ。だから産業革命が波及しても、近隣諸国では必ずしもすぐには劇的な成長につながらなかった。経済だけでなく政治制度も中央集権型から全員参加型に移行しないと難しい。

『近代化理論』という仮説がある。経済が変われば政治も変わる、という理論だ。しかし、現実は全くそうではない。アフリカ諸国、中国、シンガポール、サウジアラビア、ロシアなどどこも経済は高成長だが、政治システムは不変だ。ただこうした国々はまだ、創造的破壊が必要ではない段階にある」

ここで言及した「近代化理論」の仮説に対して、アセモグル氏とロビンソン氏は、現在に至るまで反証し続け、新しい理論的考察の足場としている。直近でもアセモグル氏は「近代化理論は、いくら批判しても飽きないよ！」と語っていた。結論はまだ出ておらず、考察の過程にある。近年は中国の事例などを根拠に、新たな理論を生み出そうとしている。論文は少し難解であったが、参考までに引用する。

「近代化理論は、経済の近代化と政治制度における特定の経路を自動的に結びつける理論である。だがわれわれは3つの異なるダイナミクスを強調したい。

第一に、政治制度が動くには、（その国・地域の）文化の構成（cultural configuration）が変化する必要がある。それは人々が社会的な意味を生み出し、（新しい政治制度から何が得られるかという）期待のすり合わせをし、（新しい政治制度から得られる）さまざまな政治経済の成果について正当性を認めていく中で、これまで通用していた『文化の属性』との距離感が変わることである[22]」

補足すると、その社会で文化を構成する、例えば家父長制や儒教などのような「文化の属性」があるとする。それが、その国・地域におけるヒエラルキーのあり方や、家族やジェンダーの役割から受ける影響、あるいは特定の儀式や関係する習慣、伝統を伴って重きを置かれる（美徳や栄誉のような）高次元の理想像のようなものを決定付ける。

「第二に、同じような経済的な変化が起こっても、ある社会ではそれが専制支配を強化し、専制支配を支えるような文化の属性を強化する一方、別の社会では専制支配を不安定にして、民主化への道を開いていくことがある。歴史、制度、国家と社会の間の厳密なパワーバランスや、その国で受け入れられている文化の属性こそが、（専制強化か民主化かの）どちらをもたらすかを決定づける。

第三に、（近代化理論がいうように、近代化がおおむね）特定の（変化の）道筋をたどると言えるにしても、その道筋に従うかどうかは『文化的起業家』[23]が新しい文化の属性を提案し、『政治的起業家』がその実現に向かって政治をするかどうかにかかっている。ほかの条件がそろっていたとしても、（近代化を目指す）起業家が直ちに生まれ、必ず（近代化に）成功するという前提があってはならない」[24]

権威主義型政治体制は長続きするのか

権威主義国家の代表格と言える中国の経済について、共著書では「今の権威主義的な政治体制が続けばやがて停滞する」と予測していた。それは、単なる政体の違いにとどまらない理由があった。

「中国がこれまで発展したのは『技術キャッチアップ型経済』、すなわち他国をモデルにしてエリートが牽引して追いつく『収奪的な成長』だったからだ。まだしばらくの間は成長すると思うが、1950年代、1960年代に順調に成長していたラテンアメリカ諸国で、1970年代に成長が止まったのと似たような未来を思い浮かべる。中国はまだ低中所得層中心の国だし、技術的キャッチアップの余地も当面あるが、それが尽きた時、創造的破壊、技術進歩が起こるオープンな市場に移れるのかどうかがカギだ」

2023年に視点を戻してみる。

アセモグル氏の指摘通り、技術キャッチアップ型経済が続いたとしたら、中国は早期に行き詰まっただろう。だが日本を含む世界の歴史に学んだ中国は、イノベーション振興に力を入れ、世界中の知を取り込むことに力を入れてきた。特許数においてはすでに米国を超えた。つまり、うまく目利きのできる経営者をリーダーとして選び、創造的破壊、技術進歩が起こる市場へと移行を図ってきたのだ。

ちなみに経営学のジャンルになるが「オープンイノベーション」の概念とキーワード提唱で世界的に著名な経営学者のヘンリー・チェスブロウ氏は、中国について「イノベーションの部分では中国は非常に自由で開放的」とする。「インフラ整備などは細かく管理するが、産業政策、とりわけ先端分野に関しては比較的自由に民間にやらせる。そんな二面性にこそこの国の特徴がある」と観察していた[25・26]。

当時のアセモグル氏のコメントに戻る。

「政治がより幅広く多様な人々の手で運営されるようになれば、成長が続く可能性は高いだろう。中国は準全員参加型の政治体制に移行しようとしている最中だ。制度に必要なのは、土地の私的所有権が認められること、適切な法規制が機能すること、そして適切な税制などだろう。つまりは創造的破壊を起こすためのインセンティブが制度的に重要だということだ」

当時こう語っていたアセモグル氏だったが、2022年の論文では、その後の中国の独自の発展を見ながら分析を深めた。経済発展が必ずしも政治の変化をもたらすわけではないことに関して、本格的に考察している。

「『専横のリヴァイアサン』のもとで経済成長が自動的に民主的制度をもたらさない理由は、高潔な指導者による支配が正当であり、普通の人々はそれに挑戦してはならず、その声を聞く努力をすべきでないという文化の構成を踏まえなければ、完全に理解することはできないのである[27]」

中国が民主主義制度に移行しない文化的な構成の核になるのは、アセモグル氏らによると「儒教哲学」であった。

格差のない全員参加型の社会は存在するのか

さて、インタビューに戻る。いつの時代も、権力の座に座ったものが制度と資金を押さえ、そこから既得権を形成していく。銀行や官僚は、収奪的なエリート層と言えるのかを聞いた。アセモグル氏はこう答えた。

「銀行や官僚は収奪的になりやすいと言える。以前はそうではなかったが、近年は自分たちの分け前を増やすために政治力を行使している。そして公的部門は多くの国で強い実権を握り、かつ肥大化しており、政治に守られている。銀行は20世紀を通じて国家繁栄に大きな役割を果たしてきたが、政治力が増し、リスクを必要以上に取るようになった。

日本のことは詳しくないが、例えば米国において、国の制度がもっと強力で、銀行がロビー活動などを通じた影響力の行使ができない状況だとしたら、銀行の収奪的な役割を減じる効果があると思う。とはいえ、先進国における金融業界は多くの業界の1つにすぎない。カリブ海の西インド諸島内にある立憲君主制国家バルバドス[28]のように、一握りの家族が政治、軍隊、司法、経済を握っているような社会とは明らかに違う」

しかし、先進国にも既得権は当然ながら生まれ、先進国ならではの格差も生まれる。資本主義のもとで、本当に全員参加の発展は可能なのか。格差はなくなるのか。

「そもそも私は『資本主義』という言葉があまり好きではない。日本も米国もグアテマラも資本主義だ。しかし、3者とも全く違う『生き物』だ。グアテマラは人口の半分以上が抑圧されている国だ。市場主義を標榜してはいるが、市場は操作されている。政治権力が収奪的な一部の層に集中し、人口の半分を抑圧的に支配しているというわけだ。

だから、あなたの質問をこう言い換えよう。『全員参加型の市場経済は格差なしで存在し得るのか、あるいは平等であっても限界があるのか?』と。

経済的な格差は、人々が成長するためのインセンティブなので、ある程度は社会に必要だ。全員のニーズがすべて満たされるという共産主義的な発想は、神話にすぎない。それに、人は報われたい生き物だ。すべての報酬がお金である必要はないが、お金が重要な時も

——「ある」

格差のない社会はないと考えているアセモグル氏。だが、技術革新がもたらす富の偏在には大きな懸念を見せていた。

「技術革新がすべてを変えるカギだ。過去30年、技術によりグローバル化が進み、技術依存型の社会になった。技術革新のおかげで以前より多くの『スーパースター』が活躍する土俵ができた。バスケットボール選手のマイケル・ジョーダンが数千万ドルを稼ぎ、そのジョーダンを広告に使った広告代理店の社長が大もうけして何か問題があるだろうか？　問題は、とても裕福だからとジョーダンやその代理店社長の子女だけが最高の教育を受け、政治的実権を握り、例えば国が戦争する意思決定などをするような社会になることだ。政治力を一部の人間が握る独占状態は望ましくない」

全員参加型の政治制度のもとでの政治的平等こそが重要

権力者に制度設計と資源配分の決定権はあるが、それをプライベートに持ち込みその子弟に過大な教育機会がもたらされることは、当然ながら社会全体にとって良いこととは言えない。

——「すなわち、経済的な格差は大した問題ではない。重要なことは2つある。まず全員参加型の政治制度による、政治的な平等を実現することだ。これが最終到達点だ。もう1つは経済的な『機会の不平等』を解消することである。全員が等しく活動に参加できる環境づくりが重要だ」

つまり全員参加型の意味するところは、私的な利得を伴った独善的な意思決定が成立しない、後年の研究によるキーワードを持ち込めば規範的な「足枷」が必要であるということだ。

「よその地域の子供たちと同じ土俵で競争する機会すらない子供が大勢いるのが、今の米国だ。町の中心部に生まれると、豊かな郊外に生まれた人と同じような機会に恵まれることがなくなってしまう。この機会の不平等は大問題だ。経済的な格差よりも、機会の不平等のほうが問題だ。もちろん、機会の不平等は経済的な格差と密接に関わっているので、経済的格差は指標として注視しなければいけない」

つまり、教育の平等が最重要課題であるということか。

「全くその通りだ。次のアルベルト・アインシュタイン、次のマーク・ザッカーバーグ（フェイスブック［現メタ］創業者）、次のセルゲイ・ブリン（グーグル創業者）がどこにいるかなど、誰にも分からない。もし、平等な教育機会を設けることができないとすると、言ってみればわれわれは人口の10%にしか機会を与えないことになる。残りの90%に、アインシュタインやザッカーバーグがいるのかもしれない」

稼げる社会とは良い人的資本に恵まれた社会

少し質問の角度を変えてみた。貧困の削減に必要な条件は何だろうか。制度改革だろうか。あるいは、新しい雇用をつくることだろうか。

「格差の原因として制度のあり方は大きい。ただし、そのほかにも技術、グローバル化、人的資本（の質）にも原因がある。原因は互いに絡み合っているが、稼げる社会とは、質の良い人的資本に恵まれた社会だ。教育の質が低いことが格差につながる。教育のまずさは、制度に原因があることが多い。失業するのはその（教育の質が低い）結果であって、原因ではない。

一番の解決策はやはり経済成長だ。過去50年でそれを劇的に実現したのが中国だ。1億人以上の人々が貧困から脱して中産階級になった。インセンティブに欠け、不合理で収奪的で、経済的成功には制裁すら加えていたような経済制度を、少しずつだが全員参加型の制度に変えることで経済成長を実現した。最初は、農業セクターで市場向けに生産を始め、次に都市セクターで、働いて稼ぐことができるようになった。結果として数百万もの人々が、30年前よりはるかに稼ぐようになった。次のステップは本格的に全員参加型の経済制度にする

――ことと、政治制度を全員参加型にすることである。これからの課題だ」

稼げる社会にしていくうえでの人的資本の重要さを、経済成長の文脈で指摘するアセモグル氏。「教育のまずさは、制度に原因があることが多い」という指摘は、重い。

だが創造的破壊を起こしていくための制度改革が重要とはいえ、既存のエリート層による制度改革にはどうしても限界があるのではないか？　いわば自己否定になるからだ。

――「確かに、エリート層は本質的な変革を嫌い、現状維持を好む。既得権益を維持したがるものだ。例えば、エジプトのムバラク政権が自ら変革することが期待できただろうか？　市民から始まった『アラブの春』はとても不確実性が高くて問題が多いが、何もせずに待っていたら、20年経っても何も起こらなかっただろう。本来は、ボトムアップの改革が望ましい」

日本はマクロ政策に頼りすぎる

日本は欧米へのキャッチアップ型の発展を終えた後、創造的破壊、イノベーションを起こしやすい「全員参加型」社会をつくる改革がうまくいかず、インタビュー時点でも長期的な経済の停滞に苦しんできた。アセモグル氏はどう見ていたか。

――「いくつかの要因があると思う。もっと開かれた経済への変革がうまくいくかどうかは、どれだけ社会が『全員参加型』か次第だ。スターリン主義のようなモデルでさえも基本的な成長は可能だが、やがて息切れする。日本は第二次世界大戦後、多方面でそれ以前に比べればまずまず全員参加型の仕組みを築いたが、部外者の目から見るとまだ問題が多いように見える。

まず政治制度が（参入障壁が高く）全く競争的ではない。その結果、経済制度も競争力を失った。自動車業界や電機業界に多い国際的な企業は別だが、国内の経済が（インフラなど）独占的な企業に支配され、競争がなかったからだろう。また日本企業は経営のプロによる経営よりも同族経営のほうが多く、企業統治（ガバナンス）が不十分だ。ここは制度的な問題だ。

競争が激しい電機業界の調子が悪いが、世界中の電機メーカーが『世界的な大変化』に巻き込まれて苦戦している状態だ。これはドイツも米国も同じだ。ソニーや他の日本企業だけの問題ではない。

キャッチアップ型の時には、大企業を基盤にしてうまく成長していくことができた。投資して、既存の技術に適応していけばよかったからだ。しかし、米国のソフトウエア業界や、バイオ技術、ナノ技術などのような新技術の開発の動きが激しい業界では、カギとなるのはベンチャー企業だ。

果たして国内の環境、経済制度が、新しいプレイヤーが入れ代わり立ち代わりやってきては、容易に資金調達ができ、必要な支援を受けられるものになっているかどうか。そして、一緒にアイデアを実現しようとあちこちからやって来るような人々を（柔軟に）雇用できる環境に整えているかどうか。日本はおそらく、米国やほかの国々に比べ、そこでつまずいているのだろう」

アセモグル氏の議論は、まさに概説で紹介したアギオン氏らとのイノベーションの研究[29]に基づくものだろう。「内部留保と人材の囲い込み」が、日本を世界の技術開発から置き去りにしたと考えられる。ものづくり中心からサービス産業重視へのシフトを容易にすることなど、構造改革は何度も指摘されながらも変化のスピードが遅かった。

さて、2013年の議論に戻る。当時の日本は自民党の安倍晋三政権が「アベノミクス」として、金融緩和や成長戦略を打ち出していた。アセモグル氏はアベノミクスを当時、どう見ていたか。

「様子見だ。今（2013年）、世界中が不景気だ。金融緩和は重要だが、構造的な問題のほうが大きいと思う。私見では、日本は昔から構造的な問題が本質なのに、マクロ政策に頼る傾向があるように思える。国内で独占的な経済が続き、技術革新のダイナミズムを阻害している。

（金融政策で）流動性を高めて政府支出を増やすだけでは、やはり限界がある。重要なのは、新規事業が生まれやすい環境を整備し、一握りの大企業が支配することによる弊害を、すべてのセクターにおいてなくすことではないだろうか。往々にしてベンチャー企業が技術革新の牽引役になるのだから」

2013年当時のアセモグル氏は、金融緩和を前面に出したやり方に疑問を呈していた。また、「一握りの大企業が市場を支配することによる弊害」についてもすでに強く認識していた。昨今の世界経済について鑑みれば、米国のGAFAM（グーグル、アップル、フェイスブック、アマゾン・ドット・コム、マイクロソフト）にデータと富が集中するさまもそうだろう。これは、概説で触れたモノプソニーに関連する話である。

ただ、日本の労働市場に関しては、遅まきながら変化してきてはいる。政策やメディアの論調でも新卒入社だけにこだわらない空気が醸成されつつある。若者に関しては現在、転職をいとわない傾向があり、優秀層のスタートアップ志向が高まっていることなどからも、「モノプソニー」の改善が見られているのではないだろうか。

制度改革は、歴史的な条件がそろって初めて実現する

さて、本書にも登場する、開発経済学領域における貧困削減の研究で知られるアビジット・バナジー氏は共著書『貧乏人の経済学』（みすず書房）の中で、貧困削減も国の制度がすべてだとするアセモグル氏とロビンソン氏の議論を「悲観的だ」と批判していた。開発経済学とフィールド実験を主とするMITの同僚研究者からの議論だが、アセモグル氏はどう反論するか。

「確かに私たちは悲観的かもしれない。制度改革はすぐには実現しないのも事実だ。結局それは、歴史的な文脈で条件がそろって初めて達成できるものだ。しかし、（国の繁栄要因について）制度を重要視して考えることは、地理的条件や文化を主要な要因と考えるより、楽天的なのではないか」

自由・民主主義・リヴァイアサン・社会規範

ここまで、制度に関する当時の見解と、現状を比べる形で再編集した。さて、ここからは、自由と繁栄を維持できる条件のフレームワーク化に取り組み、民主主義と資本主義に関して制度の政治経済学の視点で考察するアセモグル氏にその後の研究について聞いたインタビューを紹介していく。２０２１年のインタビュー時はちょうど、米国がアフガニスタンの民主化に失敗し、米軍が撤退する過程にあった。

豊かさはリヴァイアサン＝国家の権力と社会とのバランスで左右される

統治機構と社会、権力のバランスが取れた国家はどのようにして成り立つのか。

アセモグル氏は共著『自由の命運　国家、社会、そして狭い回廊』で、自由と民主主義の維持に必要な条件などを考察している。そこでは、17世紀英国の哲学者トマス・ホッブスの『リヴァイアサン』にちなんで国家を「リヴァイアサン」と表現している。

「リヴァイアサン」の文脈についてアセモグル氏は共著論文で[30]こう表現する。

「トマス・ホッブズの1651年の古典『リヴァイアサン』は、『自然状態』の唯物論的描写と、『契約』に基づく建国の契約理論を明らかにした。ジョン・ロックはこの視点をさらに推し進め、ほぼ現代版の人民主権を提唱した。そこでは、人民主権は主権を人民に委ね、人民は支配者に主権を委ねる。ただし支配者が人民の利益と指示に従うことが条件だ。このような新たな人民主権の思想がなければ、目覚ましい政治参加の高まりはあり得なかったと思われる」

アセモグル氏は、「外圧のトップダウン」で統治しようとする国家権力は、そもそも社会が同質ではない場合は全く機能しないと批判している。その一番分かりやすい例が、米軍のアフガニスタンからの撤退とも言えた。

共著『自由の命運』ではリヴァイアサンの発展について、グラフのX軸を社会の力、Y軸を国家権力の力として、その民主主義的な発展を右上がりの曲線で表現していた。2021年の研究では、「専横のリヴァイアサン」を中国、「不在のリヴァイアサン」をメラネシアにある小さなサンゴ礁の島キタヴァ、「足枷のリヴァイアサン」を英国と台湾として例示していた。

インタビュー当時、アフガニスタンでは、米国の支援を受けてきた政権が崩壊してイスラム主義組織タリバンが実権を握り、米軍の完全撤退を前に、在留外国人や国民に恐怖が広がっていると伝えられていた。これはつまり、社会から政権に対する信頼のない「不在のリヴァイアサン」ではないだろうか。

「（寄稿を配信する）非営利のメディア『プロジェクト・シンジケート』に、アフガニスタンの国づくりがなぜ失敗したのかをテーマに寄稿した。[31] アフガニスタンに、機能する政府が必要だったのは確かだ。だが国家権力と社会のパワーバランスの議論を鑑みれば、それを米国がアフガニスタンで、トップダウンの外圧でつくるというやり方が間違っていた。

もともと慣習や規範が地方によって異なり、長い間政府が弱くて機能していなかったアフガニスタンのような社会では、トップダウンの強権で国を立て直そうとしても、（国家権力が）社会に対抗できず、リヴァイアサンは確立できないのだ。歴史的には17世紀から20世紀初頭まで続いた中国の清王朝や、さらに遡ればオスマン帝国など、多民族社会が上手に建国を成し遂げた例もあるが、大抵の場合、国家権力の強権化ではなく、妥協と協力を重ねることによって実現している。

成功する中央集権国家は、配下の人々との合意や協力によって国をまとめていくものだ。中央集権化のモデルではそもそも、国家権力は国民の意に反する強要はしないし、むしろ少数者の人気や支持をしっかり確保して正当性を得ていく。

すなわち、米国がタリバンと協力すべきだったと言っているわけではない。最初の時に、汚職にまみれた、ハミド・カルザイ元大統領らに資源をつぎ込まず、地元の団体と密接に協力して進めるべきだった。米国が支援したアシュラフ・ガニ大統領は最近アラブ首長国連邦（ＵＡＥ）に逃亡したが、２００９年の共著で、米国の戦略がいかに汚職をひどくし、国家の目的を失敗させるかを指摘していた。だがいったん自分が権力の座に就くと、結局、同じ道をたどった。

こうして国家の能力の移り変わりやすさを考え始めると、国家の経済発展が、人々が一番気にする『豊かさ』の味方では決してなく、(豊かさの実現は)国家権力と社会のバランス次第であることが明確に分かってくる。

自由と民主主義と制度について、今回、3つの点を掘り下げた。1つは、制度とは動態的なもので、変化し続ける点だ。(制度が)どう出来上がり、どう進化するのかに注目した。2番目は、国家の『能力』が果たす役割。国家は、どのように執行能力を獲得していくのかについてだ。その文脈で、国家権力の中央集権化についても考察した。そして3番目は最も重要な点で、国家における『(社会)規範』の役割だ。とりわけこの点について考えがかなり深まった。

3つの異なる「リヴァイアサン」

制度は規範なしには存在しない。『規範』がどのように多くの人々をまとめあげ、制度を維持するうえで役に立っているのか。考察を深めた結果、次の2つのポイントにたどり着いた。まず、国家権力と社会の力の関係について、そのバランスの度合いにより3つの違う『リヴァイアサン』がある。国家権力と社会のバランスが良ければ、国家は『足枷のリヴァイアサン』、つまり国家権力と社会が安定した力関係から出発し、発展する。それが英国の場

国家と社会の「力関係」

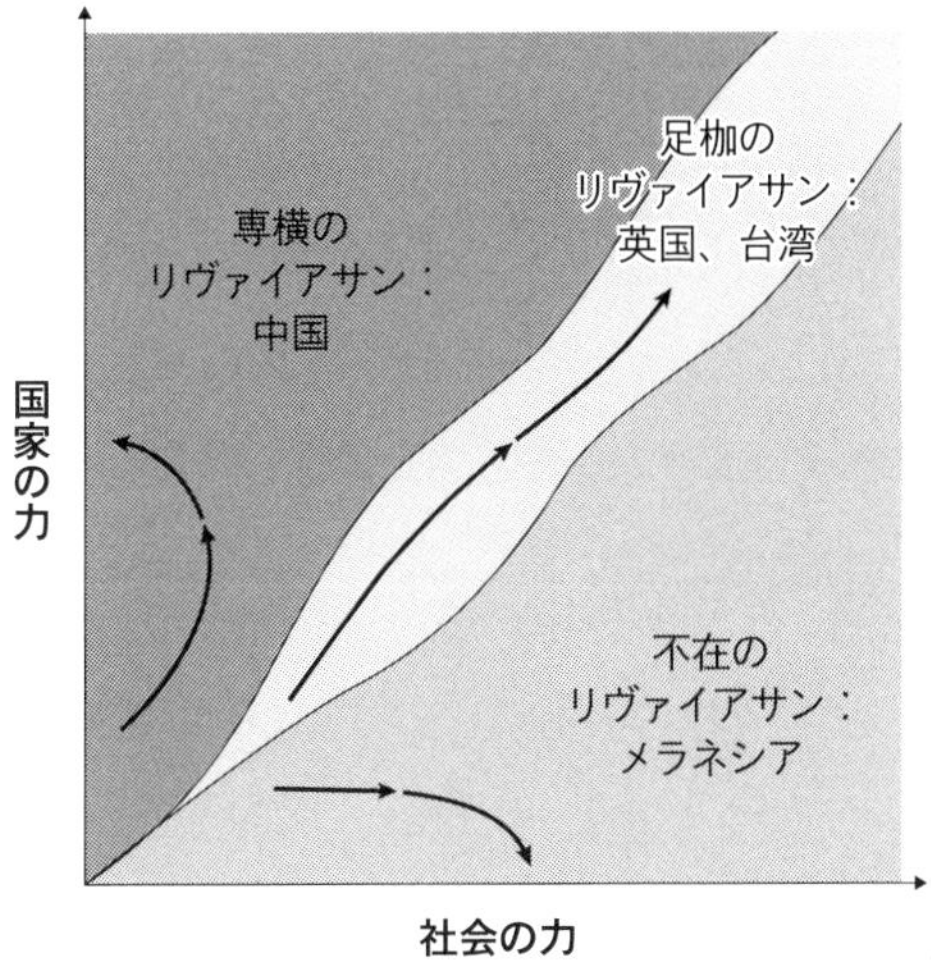

出所：Daron Acemoglu, and James Robinson, "Non-Modernization: Power–Culture Trajectories and the Dynamics of Political Institutions," *Annual Review of Political Science,* vol. 25 (1). 2022.

合だ。建国の出発点で、国家権力と社会のパワーバランスが安定していた。一方、国家権力が強くなり過ぎると（独裁国家などの）『専横のリヴァイアサン』になっていきやすい」

足枷のリヴァイアサンには人民と国家の力関係において互いに行きすぎないような「足枷」がはめられ、制度が変わることにより、力がどちらか一方に偏らないような均衡が働く。バランスを崩さぬように、真ん中の「回廊」をぎりぎりのところで民主主義のマラソンを続ける。

一方、専横のリヴァイアサンは、支配者が人民の利益と指示に従わない状態だ。そして不在のリヴァイアサンは、人民が支配者に主権を委ねない状態だ。「足枷のリヴァイアサン」の足枷の強度は、国と人民の時々の力関係によって変化する。さて、「不在のリヴァイアサン」についてはどのような説明になるのか。

「国家権力が弱体化し、社会が強すぎる場合は、『不在のリヴァイアサン』（無政府状態）に向かっていく。政体の出発点で社会規範の影響力が国家権力やエリートより強く、中央集権的な制度を阻止する力があるからだ」

ここで、社会（society）という言葉をアセモグル氏がどう定義するのかが気になるところだ。例えば日本語の社会は、もともとの society のニュアンスをすべて包含しているとはいえず、語源では社会のまとまりのほかにコミュニケーションや人付き合いも意味する。筆者は日本語で「社会」に変換して理解したため、ひょっとしたらその意味合いが異なるかもしれない。

アセモグル氏は『自由の命運』で、自由な市場経済と民主主義の組み合わせこそが、長期的な経済成長にとって重要と主張している。繰り返し「社会」という言葉を使っているが、「社会」をどう定義していたのか。

「われわれは、『社会』を多くの意味で同時に使っている。第一に、近代の文脈であれば、それは市民社会だ。普通の人々の、広いまとまりだ。ただし2つのことを意識している。

1つに、すべての一般の人々全体のことを『社会』とは呼ばない。人々は決して一枚岩ではなく、同質ではない。人には多くの異なる見方、興味関心がある。社会全体に関心を持つ人の数が十分にそろって、集まってからようやく、まとまった『社会』となる。そして私は、それが最も重要だと思っている。

第二に、前近代の文明に戻ると、市民社会は概念として成立しない。前近代では、規範や伝統などを通じてできた人々のまとまり、すなわち社会がより重要になる。

規範は市民社会にとって重要ではないと思う人もいるかもしれないが、ならば規模の小さな社会や国家権力なき社会が、なぜ物事をきちんと決められるのか考えてみてほしい。そこでは、固有の伝統や規範、問題解決のための調整をより重んじながら物事を決めていく」

社会の進歩とは、民主主義を維持するために不断の努力を続けること

「社会」と言う時は、現代的な市民社会として定義するのではなく、そこに暮らす人々全体の決め事に関心を持った人々が十分にそろった1つのまとまりを指す、ということだ。

「社会の意味は、この2種類だ。そしてそれが、『社会』以外の言葉を使わなかった理由でもある。例えば市民社会は、毎日、同じ問題に対応している。社会が直面する、議論の余地がある対立の仲裁であるとか、階層秩序への対応などだ。社会の『階層』は、われわれの『道具』として常に存在している。

例えば外から見ると、日本社会には昔から続いている（『階層』のような）ものがたくさんあるように見える。文化的に継承されてきたものもある。

とはいえ日本人が全体として意見が分かれることについて決断するうえで使ってきた『（国家権力の）階層』を見ると、（軍国主義だった）1930年代と現代では大きく異なる。そし

て1930年代の階層も、（江戸時代末期の）1860年代とは異なっている。つまり日本における『道具』としての階層も、社会の進化とともに変化してきたわけだ」

基本的にリヴァイアサンは不安定なのである。近著では社会の進歩に関して、『不思議の国のアリス』に登場する赤の女王をモチーフとした「赤の女王効果」という言葉で表現している。社会の進歩とは、民主主義を維持するために不断の努力を続けることであると[32]。

「社会の進歩とは、人々が永遠に走り続け、競争し続けることだ。『不思議の国のアリス』では、赤の女王はこう言う。『同じ場所にとどまるためには、ずっと全力で走り続けなければいけない』。そこからモチーフを得た。

（アリスが迷い込んだ）迷路だとか、場所の狭さなどといったことに注目しているのではない。自分の最適なポジションを維持し、（権力の）バランスを取り続けるためには、（国家権力も社会も）全員が永遠に努力し、『走り』続けなければいけないことを言いたかったのだ。日本の風土では、不思議の国のアリスだと伝わりづらいかもしれないが……。

世界中で、今、国家権力のあり方を変える必要があることは皆、分かっている。そして国家の責任は、まさに『赤の女王』の領域なのだ。国家は自由と民主主義を維持するために、全力で『走り』続けなければならない。国家権力が（強くなるために）より速く走ろうとしている一方で、社会は同じぐらいのスピードで、パワーバランスの維持のために走り続けられるのだろうか？」

アセモグル氏の分析を聞いていると、日本は「最後は政府に頼る」という「文化の構成」から逃れられないような気もしてくる。一方、米国では政府の権限を現在よりも強化することを視野に入れようとしているように見えるが、どうだろうか。

「米国はまだ何もしていない。始まったばかりだ。欧州を見てほしい。欧州はそもそも規制が多く、常々米国流の規制緩和を求める要求にさらされている。一方で米国は、もっと規制しろという要求が多い。こうしたことは議論が行ったり来たりするものだ。そしてこれまで、英国や米国の経済がますます規制緩和の方向に進み、経営幹部や株主ばかり見るようになっていったのは疑いようがない。そしてそれこそが、格差拡大傾向に密接に関係しているとわれわれは考えている。

グローバリゼーションや、（ＡＩなどによる）自動化が進んでいく流れも、その変化の中心にある。私が『ＡＩ倫理』の重要性を言うのも、そのためだ。ＡＩはとても収益力が高くて生産的な、将来有望な技術プラットフォームだ。しかしコントロールする必要がある」

「人工知能（ＡＩ）には規制が必要だ」

ここで、アセモグル氏が分析しているＡＩと雇用の問題に話が発展した。テキストや音声などで人の認識に働きかけることも可能なＡＩは、文化の構成を突然変える力を秘めている。２０２３年にも、ニューラルネットワークの1つであり、文章構成力に長ける大規模言語モデルの生成ＡＩ、ＣｈａｔＧＰＴの急激な進化が、大きな話題になった。

文章構成力に秀でたＡＩの登場が社会に大きな衝撃を与える中、アセモグル氏はサイモン・ジョンソン氏との共著で寄稿を発表した。そして「ＡＩは米国企業によって、消費者の体験を低下させ、労働者の活力を削ぎ、配置換えをする方向に設計されつつある。誰もがＡＩを活用して人件費を削減することに集中している。大企業は、社会の未来を台無しにするようなやり方で新しいテクノロジーを使用している」と厳しく批判した[33]。

つまり、現在のＡＩの技術開発が雇用の未来を不安定にする方向に突き進んでおり、「何を進化させるべきか」についてのしっかりしたビジョンや議論が少ないことを懸念しているのだ。

以下の２０２１年のアセモグル氏の解説を振り返ると、問題意識がよく分かる。

「研究者も実務家も、ＡＩの倫理的な側面を全く検討していない。これほどに倫理観のない分野を私は見たことがない。生物学や犯罪法、核の分野では、人々はもっと倫理に敏感だ。ＡＩの関係者は、『配慮している』というリップサービスをしてはいるが、実際には倫理を真剣に捉えず、むしろバカにしているように見える。

ＡＩを規制するための新たなインフラが必要だ。単に規制したり、倫理の重要性を繰り返し述べたりしたところで不十分だ。『やれと言われたから考える』ような人々に、社会的責任を果たすことを期待してはいけない。

今のままでは、白人、アッパーミドル、超高学歴であるアイビーリーグ出身の米国人、そして中国共産党の教育を受けた中国企業。こうした人々によってＡＩの将来を決められてしまう。もっと多様な意見が必要だ。異なる科学的バックグラウンド、異なる国々が、ＡＩに関して声を上げるべきだ。

そうした側面から世界を考えなければならない中で、日本では、今のバランスを維持しながら発展することが最も重要だと思う。

日本は市場経済をもっと機能させたいと考えているだろう。かつてのある時期、貿易立国と言われたころの日本企業は大変好調だった。だが、日本社会は、仮に（米国のように）労働力を10％削減すれば、経営者が数百万ドル（数億円）の報酬を得られると言われたとしても、米国ほど極端なことをしたがらない社会だ。

まさにそれがバランスだ。社会規範に根差した制度による、バランス感覚だ」

正しい社会規範こそがリヴァイアサンの「足枷」

このようにアセモグル氏は、人類の将来を左右しかねない問いに対して、規範と多様性のない合意形成が進められてしまうことに危機感を表明していた。現在のＡＩの進化の方向性が、労働者を圧迫し、購買力を奪うものになる恐れがある潮流に懸念を表明している。[34]

アセモグル氏は総じて日本に対して好意的なイメージを持っている。インタビュー時も、日本は、社会規範が働いてバランス感覚が保たれている「足枷のリヴァイアサン」の社会であると、アセモグル氏は見立てていた。

具体的にはどのような規範が良い「足枷」なのか。このテーマは、第11章のダニ・ロドリック氏、第12章ラグラム・ラジャン氏の議論とも大いに関わってくる着眼点だ。

――

「制度と、『正しい規範』が必要だ。古代ギリシャでは、政治参加するにあたって、権力を1人に集中させすぎるべきではないという信念がたたき込まれていた。制度は、(足枷にするためのの)道具だからだ。民主的な国家では、人々は社会での活動を通じて政治に参加する能力を獲得していく。政府機関やメディアを通じてではない」

――

制度と「正しい規範」。規範は、基本的には文化や信念に根差すものだろう。さらにここで、話がメディアに転じた。

――

「とはいえ社会においてメディアは、大変重要な役割を果たす。メディアが混乱すると、社会が、国や政治をコントロールすることを忘れてしまうからだ」

公的なことがらに対する受け手の信念を育むうえで、メディアの役割は大きい。日本では、日刊紙やテレビといった伝統的なメディアの影響力が急速に弱まっている。読者が触れるメディアはスマホのアプリを通じた速報や検索サイト、ＳＮＳ（交流サイト）のコミュニティで共有し合うスタイルが登場し、内容もより細分化している。

世界最大級の報道ネットワーク、米ＣＮＮインターナショナルのマイク・マッカーシー副社長は２０２３年２月の筆者とのインタビューで、「今は誰でもパブリッシャー、出版社になれる時代だ」と言った。

「誰もが出版社」として発信する情報の中に潜む偽情報や偏った情報が人々の信念を混乱させ、そのデメリットが政治経済、社会全体に壊滅的といってもよい悪質な影響を与え得る。２０１６年や２０２０年の米国大統領選で「フェイクニュース」がもたらした混乱は記憶に新しい。

メディアの編集者は「門番」

「ソーシャルメディアには、従来のメディアと比べて多くの独特な特徴がある。まず、より誤った情報が多い。カギとなる点は、ソーシャルメディアには信頼できる『門番』がいないということだ。従来型のメディアでは新聞や雑誌の記者、あるいは編集者といった個人が何を誰と共有すべきかを決め、共有するものが真実か否かを見極める『門番』の役割を果たす」

大手メディアは、現場は言うまでもなく政治・政策のトップや財界、専門家から一定の信頼があると認められた査読付きの研究結果などの一次ソースから情報を得たうえで、社会にとっての価値付け、意味付けをしていきながら記事や映像で伝える。アセモグル氏のいう「門番」にあたるのが、専門職として訓練された記者や編集者である。

報道・出版の現場は、日々の情報の中から社会的な意義付けのあるものを取捨選択して伝える技法を暗黙的・形式的な「組織の知」として身に付け、無秩序に流れる情報の門番の役目を担ってきた。だが情報流通経路としてだけでなくその役割ごとソーシャルメディアが攪乱しているのが、現在の状況だ。

「ソーシャルメディアについて理解するカギとなる観察は2点ある。1つ目は、社会学者の言う『ホモフィリー』だ。ホモフィリーとは、似たもの同士のことだ。似たもの同士の間では、右翼的だったり、左翼的だったりするメッセージの真偽をチェックしようというインセンティブが働かない。なぜなら、似たもの同士で自分たちに合った情報をシェアすれば、互いにそれがハッピーだからだ。

人気を勝ち取るうえではいいし、ネットワークにとっても心地いい。一方で、もし私が左翼的な人間で、あなたが右翼的として、もし私が極端に右翼的な情報をシェアしたら、（そこまで右翼的でない）あなたが気付いて厳しくチェックし、そのために私が不利な立場になるかもしれない。だがそうしたチェックが働かないホモフィリーはエコーチェンバー（特定の意見を増幅または強化すること）となる。誤った情報の拡散を増幅させる」

ホモフィリーは、同質を好む特性のことである。例えば、東アジア系の人は他民族より同じ民族同士に親近感を覚える傾向があるとする研究[35]もある。育った環境が同じことなどもホモフィリーにつながるが、同調しやすい傾向は騙されることに無防備になりやすいとも言えないだろうか。

「もう1つは、人がソーシャルメディアにおいてつながるネットワークは、個人が決めるわけではなく、プラットフォーマーが決めているという点だ。フェイスブック、ツイッターなどたくさんのプラットフォームが存在するが、フェイスブックのアルゴリズムとホモフィリーの程度が、あなたの見る情報を決めることになる。

ネットワークの目的が、エンゲージメント（コンテンツへの関与）を最大化することにあるなら、ネットワークは内生的に、多くの似たもの同士のネットワークをつくり、たとえ間違いを自由に突き止めて防止できる環境だとしても、人々はあえてそうはしなくなる。間違いを好みさえする。そしてそのことがさらにエンゲージメントを強化する。それがダブルパンチとなる。

何気なく付き合っている似たもの同士のネットワークが、真実の情報を得るうえでは、かなり問題があり、間違った情報を発する側にとっては好都合なものになるのだ。とりわけ2番目の問題点は、プラットフォーマーが悪化させていると言える。

プラットフォーマーは規制すべきだ。経済学者の中には、それならば競争させればよいと言う人もいる。だが、競争ではこうした問題には対処できない。別の『フェイスブック』的な何かが登場すれば、また同じことが繰り返されるだけだ。

われわれは、すべてを旧ソビエト連邦やロシアのようにしたいわけではない。だが西洋社会と日本社会が一番機能していた20世紀全体を見渡すと、ある程度重要な規制が存在していたのではないか」

ESGの実効性は疑わしい、ウェルビーイングははやり

道義的な正しさ、確かさを追い求める姿勢が重要ということだろう。社会規範という視点から考えると、企業社会では例えば、ESG（環境・社会・企業統治）投資が主流になりつつあるが、これについてはどう見るのか。

「ESGは疑わしいと考えている。ESGは、確かに何かしらの問題解決にはつながるだろう。少なくとも役には立つ。だが、一番必要なのは政府の規制だ。ESGやウェルビーイングは一種のはやり。裕福な家庭で育った大卒の人間が好みそうなキーワードだ。高い教育を受けた人々が倫理的にお金を投資するようになったら、それがある日突然世界を変えるのだろうか。それは、あまりに世の中を知らなすぎるのではないか？

石油会社やたばこ会社のことを考えてほしい。少数の株主グループが投資を引き上げるだ

けなら、それが会社の大義名分を変えることにはつながらないだろう。(今の大義名分を)続ければ、莫大なもうけにつながるのに。だが規制を通じて政府がプレッシャーをかけること、あるいは社会からの強い働きかけがあることで、ようやく究極の政治政策的な判断に結びつくのだ。

いまやたばこ会社さえ、クリーンに行動しているように見せようと必死だ。石油メジャーの中にも、再生エネルギーに分散投資しようとしているところがある。しかし私は、それがESGのおかげとは言えないと思う。

単に、すでに規制があったり、規制の脅威があったりするから、というだけだ。とはいえESGは、多国間での活動で、政治活動をするにあたっての、政府のガイダンスとしては有効だ。国際協力の分野では、役に立つことだろう」

アセモグル氏はたばこ会社などの変化を、「規制」という強制力があっての行動変容と見ている。では、政府の規制とまっとうな社会規範という「足枷」があれば、国家と社会の間の権力は、本当にバランスを取りながら、民主主義を発展させられるのか。

「バランスさせられる保証はない。だが保証はなくても、われわれは絶えず努力する必要がある。『自由』の実現度合いは、良くなったり悪くなったりを繰り返す。(制度などが変化する中で)国家と社会が絶えずパワーバランスを取りながら、(足枷のリヴァイアサンが)民主

主義の『狭い回廊』を走り続けるのは、われわれ全員にとって難しい仕事だ。全員が努力しなければ、成立しない」

アセモグル氏らは「文化の構成」は権力の働きかけで変容し得るし、変化したことが政治権力の強さにも影響すると分析した。またこの「文化の構成」は、突然変化し得るとも指摘する。ソーシャルメディアの発展で細分化した「文化の構成」の持つ特徴の1つが、ホモフィリーによって互いに引き寄せられながら先鋭化した結果、極端な信念に基づいた規模の大きい行動変容へとつながる可能性は常にある。急速に進化するAIや情報技術の普及を「抑止」せず野放しにすると、それによってわれわれを、民主主義の「回廊」から振り落とす危険が高まりかねない状況と言える。

では、アセモグル氏が『自由の命運』で説いたような民主主義の狭い回廊は、今どうなっているのだろうか。

「例えば2000年代と比べると、民主主義が生き残るための回廊のスペースはより狭くなっている。そして西側諸国のすべてで、国際機関が民主主義を採用していると認定している国の勢力が、弱まっていることが分かる。米国が一番きつい。もっと懸念すべきなのは、若者への世論調査で、民主主義への指示が減少していることだ。明らかに民主主義は厳しい状況にある。これが『より狭い回廊』の意味するところだ」

生成ＡＩへの警告

さて、このインタビュー・パートの最後に、２０２３年以降の生成ＡＩの急速な進化を受けて聞いたアセモグル氏の見解を紹介しておきたい。アセモグル氏はこう警告した。

「ＡＩは人から仕事を奪い、『主体性（agency）』を奪う。つまり、人から有意義な選択肢を奪う。誤情報の拡散や情報操作よりマシだと思うかもしれない。だがそれ以上に重要なことがある。ＡＩにより人が仕事や、重要な意思決定や、ソーシャルネットワークでのやりとりなどを通じて日々している行動を取り除かれてしまうとしたら、それがある種の主体性の喪失につながるという点だ」

アセモグル氏は人間が選択する力を論じるにあたり、社会科学の専門用語である主体性（agency）を使った[36]。人や組織体などが過去の経験や知識から自ら学び、行動を起こす力のことだ。古くはヒュームやアリストテレスなど、道徳哲学に根差す概念である。

伝統的な社会科学ではモノがこの主体性を持つことを否定してきたが、デジタル化の進展とともに１９８０年代以降は「物質・科学の持つ主体性」について考察されるようになってきた[37]。現代人はまさに、ＡＩに勧められた中から選ぶなど多くのフィルタリングをモノに任せ、何かを決める時の主体性をなし崩し的にモノに委ねている状況にある。どこまでを任せ、どこから人が担うのか。欧州委員会は2019年、AIに関するガイドラインを発表したが、そこでも人の主体性（human agency）の重要性が強調されていた。

そしてアセモグル氏は技術革新における「繁栄の共有（shared prosperity）」と、「ビジョンの共有」の重要性を強調する。

「生産の自動化よりも、多様な人のスキルの価値や能力を高めるものへと技術革新を方向付けるべきだ。一部の投資家や起業家だけに恩恵がもたらされる傾向がある市場任せのやり方ではなく、多くの人々の声に耳を傾け、社会の異なるグループにいる人々に力を与え、広く『パイの分け前』を得られるようにする制度が必要だ」

アセモグル氏が懸念するのは、破壊的な技術革新を主体性なく成り行き任せにすることの危険性と、1000年の歴史が語る「人から奪う自動化」から展望した、人類の末路である。生成AIによる文章作成の自動化は、開発の方向性や使い方を誤ればただ思考を外注することにもつながる。

『*Power and Progress*』でアセモグル氏らは訴える。「歴史は定めではない。人には主体性がある。人は、社会的、政治的、経済的な選択で悪循環を突破できる。誰の意見に聞く価値があり、誰が議題を設定するか、仕切り直すことができる」

またアセモグル氏は2023年1月に開催された全米経済学会（AEA）の特別講演で、経済学者に向けた最新の研究成果を紹介するプレゼンテーションと共に、イノベーションが目指す方向について言及。「市場はイノベーションの実現可能性を試す場としてはベストだ。だが技術の方向性を市場に任せきりしていては、（社会にとって）歪んだものになってしまう」と指摘し、あわせて政策的な対応が必要であることを訴えた。[38]

本書執筆中に実現したインタビューの最後、アセモグル氏はさらにこう語った。

「誰だってもっとイノベーションが欲しいものだ。だが、ＡＥＡの特別講演でも話した通り、重要なのはイノベーションそれ自体ではない。イノベーションの向かう方向性だ。我々は、イノベーションを起こして大量の新型核爆弾をつくることだってできる。だが我々が欲しいのは、そんなイノベーションではないはずだ」

注

1 Peter Dizikes, "Daron Acemoglu named Institute Professor Versatile economist awarded MIT's highest faculty honor.", July 2019, MIT News.

2 Economist Rankings, IDEAS/RePEc, "Top 10% Authors (Last 10 Years Publications), as of January 2023," ２０２３年３月３日閲覧。ちなみに第６章のジョン・リスト氏は５位。
https://ideas.repec.org/top/top.person.all10.html

3 Daron Acemoglu Delivers AEA Distinguished Lecture at 2023 AEA Conference, January 6, 2023.
https://www.aeaweb.org/webcasts/2023/aea-distinguished-lecture

4 Acemoglu, Daron, and James A. Robinson. 2001. "A Theory of Political Transitions." *American Economic Review*, 91 (4) : 938-963. DOI: 10.1257/aer.91.4.938

5 Daron Acemoglu & Philippe Aghion & Fabrizio Zilibotti, "Distance to Frontier, Selection, and Economic Growth," *Journal of the European Economic Association*, MIT Press, vol. 4 (1), pages 37-74, March 2006.

6 Acemoglu, Daron, Simon Johnson, and James A. Robinson. "The Colonial Origins of Comparative Development: An Empirical Investigation." *American Economic Review*, 91 (5) 2001 : 1369-1401. DOI: 10.1257/aer.91.5.1369

7 Albouy, David Y., "The Colonial Origins of Comparative Development: An Empirical Investigation: Comment," *American Economic Review*, 102 (6) 2012: 3059-76. DOI: 10.1257/aer.102.6.3059

8 Acemoglu, Daron, "Why Do New Technologies Complement Skills? Directed Technical Change and Wage Inequality".
https://ssrn.com/abstract=139706

9 Acemoglu, Daron, 2021. Harms of Ai," NBER Working Paper No. w29247,
https://ssrn.com/abstract=3922521

10 Daron Acemoglu, Thierry Verdier, "Property Rights, Corruption and the Allocation of Talent: a General Equilibrium Approach," *The Economic Journal*, Volume 108, Issue 450, 1 September 1998, Pages 1381–1403,
https://doi.org/10.1111/1468-0297.00347

11 Cohen, Avi J., and G. C. Harcourt, "Whatever Happened to the Cambridge Capital Theory Controversies?" *Journal of Economic Perspectives* 17 (1) 2003 : 199–214.

12 "Cambridge Capital Controversy." International Encyclopedia of the Social Sciences, Encyclopedia.com. 22 Feb. 2023 〈https://www.encyclopedia.com〉.

13 前同。

14 Solow, Robert M., *Capital Theory and the Rate of Return*, Amsterdam: North-Holland, 1963, pp.9-pp.10.

15 Pedro Aldighieri, Ryan Bourne, and Jeffrey Miron, "Is There Monopsony Power in U.S. Labor Markets?", Cato Institute, Summer 2022.

https://www.cato.org/regulation/summer-2022/there-monopsony-power-us-labor-markets

16 U.S. Department of the Treasury, "The State of Labor Market Competition", March 7, 2022. https://home.treasury.gov/system/files/136/State-of-Labor-Market-Competition-2022.pdf

17 Daron Acemoglu, Jörn-Steffen Pischke, "Why Do Firms Train? Theory and Evidence," *The Quarterly Journal of Economics*, Volume 113, Issue 1, February 1998, Pages 79–119, https://doi.org/10.1162/003355398555531

18 前掲、Daron Acemoglu & Philippe Aghion & Fabrizio Zilibotti, 2006.

19 ダロン・アセモグル、ジェイムズ・A・ロビンソン著、鬼澤忍訳『国家はなぜ衰退するのか　権力・繁栄・貧困の起源（上・下）』早川書房、２０１３年。

20 ダロン・アセモグル、ジェイムズ・A・ロビンソン著、櫻井祐子訳『自由の命運　国家、社会、そして狭い回廊（上・下）（*The Narrow Corridor: States, Societies, and the Fate of Liberty*）』早川書房、２０２０年。

21 Daron Acemoglu, Simon Johnson, *Power and Progress: Our Thousand Year Struggle Over Technology and Prosperity*, Public Affairs, 2023.

22 Daron Acemoglu & James Robinson, 2022. "Non-Modernization: Power–Culture Trajectories and the Dynamics of Political Institutions," *Annual Review of Political Science*, vol 25 (1).

23 マイノリティの権利を訴える活動家など。

24 前掲、Daron Acemoglu & James Robinson, 2022.

25 広野彩子『世界最高峰の経営教室』日経ＢＰ、２０２０年。

26 チェスブロウ氏の考察は、コロナ禍以前の２０１９年時点のもの。

27 前掲、Daron Acemoglu & James Robinson, 2022.

28 ２０２１年に共和国に移行した。

29 前掲、Daron Acemoglu & Philippe Aghion & Fabrizio Zilibotti, 2006.

30 前掲、Daron Acemoglu & James Robinson, 2022.

31 Daron Acemoglu, "Why Nation-Building Failed in Afganistan." *Project Syndicate*, August 20, 2021.

32 前掲、ダロン・アセモグル、ジェイムズ・A・ロビンソン。

33 Daron Acemoglu and Simon Johnson, "What's Wrong with ChatGPT?", *Project Syndicate,* Feb 6, 2023.

34 前同。

35 Lu, Jackson & Nisbett, Richard, "Why East Asians but not South Asians are Underrepresented in Leadership Positions in the United States," *Proceedings of the National Academy of Sciences,* vol.117, 2020. 4590–4600. 10.1073/pnas.1918896117.

36 Emirbayer, Mustafa, and Ann Mische, "What Is Agency?" American Journal of Sociology 103, no. 4 (1998) : 962–1023.
https://doi.org/10.1086/231294.

37 Pickering, Andrew, "The Mangle of Practice: Agency and Emergence in the Sociology of Science." *American Journal of Sociology 99*, no. 3, 1993: 559–89.
http://www.jstor.org/stable/2781283.

38 前掲、AEA Distinguished Lecture.

第10章

ジョセフ・E・スティグリッツ

Joseph E. Stiglitz

高齢化から付加価値を生み出せ

Profile

米コロンビア大学教授
1943年、米インディアナ州生まれ。1964年、米アマースト大学在学中から米マサチューセッツ工科大学（MIT）で学び始める。のち米シカゴ大学に移り、宇沢弘文氏の指導を受ける。1967年、MITから経済学の博士号（Ph.D.）を取得。エール大学、スタンフォード大学、プリンストン大学などを経て現職。2001年にノーベル経済学賞を受賞。2000年まで世界銀行のチーフエコノミスト兼上級副総裁。米クリントン政権では1993年から1997年まで経済諮問委員会委員長を務めた。2013年から現職。著書に『世界を不幸にしたグローバリズムの正体』、『フリーフォール』（いずれも徳間書店）など多数。
（写真：陶山勉）

「新しい付加価値の計測」を経済学的に追究

「非対称情報による市場の分析」でノーベル経済学賞受賞

「高齢化から付加価値を生み出すべきだ」と日本人に訴えるのは、2001年にノーベル経済学賞を共同受賞した米コロンビア大学のジョセフ・E・スティグリッツ教授である。スティグリッツ氏についてはあまりに著名すぎるので、説明は不要かもしれない。2008年にノーベル経済学賞を受賞したポール・クルーグマン教授と並び、日本だけでなく世界で最も有名な経済学者の1人、スター経済学者である。

2001年、第7章に登場したジェームズ・J・ヘックマン氏受賞の翌年、ジョージ・A・アカロフ氏、A・マイケル・スペンス氏とともにノーベル経済学賞を共同受賞した。受賞理由は「非対称情報による市場の分析」だ。取引するもの同士で、モノやサービスの質や価格に関して情報量の差があり、望ましい取引ができないことなどを説明する研究である。

スティグリッツ氏は、情報不足で不利な状況に置かれている個人が、市場での地位を向上させるうえで何ができるか調べるため、保険会社のスクリーニングを研究。保険会社が顧客をリスク別に分類するスクリーニングと自己選択を通じて、足りない情報を間接的に取り出せることを発見した。

共同受賞したアカロフ氏は、中古車市場のように買ってみなければ本当の質が分からないような市場を研究。こうした市場は「レモン市場」として知られている。またスペンス氏は、労働市場において求職者の能力を見極める手がかりとして、教育歴（学歴）が「シグナル」（他人の印象を変えたり、情報を伝えたりする個人の属性または行動）の役割を果たすことを強調した。[1] いずれも社会生活でなじみ深い市場を扱っており、情報の経済学を切り開いた重要な業績である。

宇沢弘文氏に師事

本論に入る前に、まずはスティグリッツ氏の経歴にざっと触れておきたい。スティグリッツ氏は米インディアナ州ゲーリー生まれ。父は保険代理店を生業としていた。偶然にも、経済学の分析レベルの向上に貢献したとしてノーベル経済学賞を受賞した歴史的な経済学者、故ポール・サミュエルソンも同じ町出身だ。

1960年代に、スティグリッツ氏の兄も進学した米国の名門リベラルアーツカレッジであるアマースト大学で学び、3年までは物理学を専攻した。

4年時にコロンビア大学の学長も務めたアーノルド・コレリー氏らから経済学の手ほどきを受けて経済学に魅了された。数学的手法を身に付けていたラルフ・ビールズ氏の指導から影響を受け、自身の数学の能力を社会問題に応用する機会だと捉えたという。恩師らの助言を受け、アマースト大学からの学位を取得する前に、米マサチューセッツ工科大学（ＭＩＴ）の大学院への進学を決めた（１９６４年にアマースト大学を卒業）。

大学院生２年目の時、シカゴ大学で日本を代表する経済学者、故宇沢弘文氏に師事し、技術革新の研究に取り組んだ。つまり、最初は経済成長について探究したのである。

「私の恩師であり、世界最高の経済学者の１人である宇沢弘文氏は、どこで学位を取ったか聞かれると学位などないと答えるだろう。学術の世界で、正規プログラムの枠にとらわれず自力で研究を続けてきたことに確かな誇りを持っていた。もし私がアマーストから学位がもらえないままだったら、きっと同じように答えただろう」と回想している。[2]

１９６０年代にＭＩＴや英ケンブリッジ大学で過ごしたが、その研究環境は実に豪華だった。ここでスティグリッツ氏は、前述サミュエルソン、ロバート・ソロー、故フランコ・モディリアーニ（１９８５年にノーベル経済学賞を受賞）[3]、故ケネス・アローといった、そうそうたる後のノーベル賞経済学者たちと出会っている。近年の共著『スティグリッツのラーニング・ソサイエティ　生産性を上昇させる社会』（後述）に向かった一連の記念講演の下地は、ここで育まれた。

スティグリッツ氏はＭＩＴで、サミュエルソンの論文集を編纂し、ソローの助手となった。ノーベル経済学賞の共同受賞者のアカロフ氏ともＭＩＴで出会い、初めての共著論文を一緒に発表した。当時から不平等に関心を持ち、１９６９年に『低開発国における賃金決定と失業の代替理論』を出版している。その後、不確実性の経済学を探究しながら、不完全情報の研究に携わるようになった。[4]１９７９年にジョン・ベイツ・クラーク賞を受賞した。

1993年から米クリントン政権で職を得、1997年から2000年まで世界銀行のチーフエコノミスト兼上級副総裁を務めた。世銀を離れた後、2001年にノーベル経済学賞を受賞した（第4章「インパクトを与えた『情報の経済学』の登場」の項も参照）。

社会全体の生産性を向上させる「学習する社会」を提唱

本稿で収録したスティグリッツ氏とのやりとりは、『日経ビジネス電子版』のシリーズ連載の1つとして掲載された。「失われた30年」の突破口とするための技術革新やイノベーションに関する質問から入り、ウェルビーイングへとテーマを展開した。ウェルビーイングは近年、「心身の健康と幸福」と訳される。

なぜスティグリッツ氏にイノベーションについて尋ねたのかというと、スティグリッツ氏の共著『スティグリッツのラーニング・ソサイエティ　生産性を上昇させる社会』（藪下史郎監訳、岩本千晴訳、東洋経済新報社、2017年）や『スティグリッツ PROGRESSIVE CAPITALISM』（東洋経済新報社、2019年、インタビュー時点は翻訳書未発売）に筆者が興味を持ったからだ。

書籍『スティグリッツのラーニング・ソサイエティ』は、米コロンビア大学でスティグリッツ氏らが、ノーベル賞経済学者ケネス・アローを称えることから開始した、一連の講演を出発点に編纂した内容である。アローは一般均衡理論と厚生理論を切り開いたことで1972年にノーベル経済学賞を受賞しているが、実は1962年に「経験を通じた学習」による生産性の向上に焦点を置いた論文を書いていた。なお、アローは第二次世界大戦で従軍し、気象将校として米国陸軍航空隊の大尉を務めた戦中の人である。[5]

本書によると、記念講演は毎年のように開催された。経済成長を促進するには技術研究開発への投資が必要であることを説明して1987年にノーベル経済学賞を受賞したロバート・ソロー氏もまじえ、トップクラスの経済学者が数年にわたり参加した。

スティグリッツ氏が提唱するのは、個人に個別に働きかけるメソッドではなく、社会をシステムとして捉えたうえで生産性を高める手立てを打ち、イノベーションを起こす「学習する社会」の構築だ。スティグリッツ氏の論点で特徴的なのは、政府の介入の重要性を説いていることである。

アローは、経済成長のほとんどは、労働や資本などの生産要素の増加ではなく生産性の向上に関係していると主張したことで知られる。現代の経済の中心は明らかにイノベーションであると考えていた。「生産や投資の過程で人びとが学ぶことに（アローは）気づいた。（中略）そこではイノベーションのスピードはモデル内部で決定されることになる」と考察。社会全体の学習が生産性の向上につながると論じたのである。[6]

『スティグリッツのラーニング・ソサイエティ』でスティグリッツ氏は、「情報と同じで、知識にも非対称性がある」と指摘する。「移動可能性とオープン性が高い経済は、このような〈他者からの〉ラーニングが多い可能性が高い」。「産業政策の目的のひとつは、他社からのラーニングを促進することである。（中略）本来の大学および大学院大学の目的のひとつは他者からのラーニングを促進することである」と指摘した。[7]

知識経済における成長のあり方を示唆するもので、経済学と周辺領域をノマドのようにウオッチし続けてきた筆者は、個々人の人的資本の蓄積について考察したゲイリー・ベッカー氏の議論（第1章）を、社会インフラや制度、システムの視点から展開しているものなのだな、と感じた。これは個人、地域社会、組織などとの関係からもたらされるつながりの価値を指す「社会関係資本」とも異なる視点である。また、コロナ禍を経て急速なオンライン化というシステムの変革が進んだ結果さまざまな変化が見られた教育業界に、大きな示唆がありそうな視点でもある。

地球規模の目線で世界経済を考え続ける

スティグリッツ氏は日本でも評判になった著書『世界を不幸にしたグローバリズムの正体』（鈴木主税訳、徳間書店、2002年）[8]の手厳しい国際通貨基金（IMF）批判などからも分かるように、格差を拡大するとしてグローバリゼーションに批判的な立場をとってきた。格差解消にとりわけ論陣を張っているように見えるが、根底に、地球の持続可能性に対する懸念がある。『自動車の社会的費用』（岩波書店、1974年）[9]で社会活動による自然破壊への懸念を露わにした、宇沢氏の影響が感じられる。

筆者が2008年のサブプライム危機、のちリーマン危機と呼ばれた金融危機のタイミングを受けて米ニューヨークのコロンビア大学を訪れて取材した時のことだ。スティグリッツ氏は「グローバルな経済、グローバルな社会、グローバルな環境の中で、地球が増え続ける人口をこのまま吸収していくことは不可能だ。このまま人口が増え続けたら、地球はもたない」と真剣に言及していた。[10]

当時は、気候変動や温暖化は日常的にはまだ「異常気象」と表現されており、世の中にとって2023年の現在ほど切迫した課題になっていなかったと思う。よって筆者も、原稿にはその発言を書いたものの、現在に比べれば、もう少し概念的な話のように受け止めた記憶がある。

またスティグリッツ氏は「日本は人口増を抜きにしてダイナミックな経済をいかに実現するか、実例を示すべきだ」とも話していた。そして、「日本が、製造業以外の分野において生産性を向上させ、人口減少下でも経済の成長を持続していく最初の国になることを期待している」とエールを送ってくれていた。[11] あれから15年あまりだが、残念ながら日本が期待に応えることはできていない。

スティグリッツ氏は当時から地球規模の目線で世界経済を見ていた。そして「学習する社会」のコンセプトには、日本が取り組むべきヒントが詰まっているように思う。

ウェルビーイングを「計測」するために

さて、本稿の2つ目のテーマに移ろう。学習する社会の提唱だけでなく、関連してスティグリッツ氏が長年取り組むもう1つ重要な研究に、経済指標の国内総生産（GDP）をつくり直すことがある。

スティグリッツ氏は2009年、ニコラ・サルコジ元仏大統領の呼びかけにより、ノーベル賞経済学者アマルティア・セン氏、ジャンポール・フィトゥシ氏らとともに国内総生産（GDP）に代わる経済指標のあるべき姿についての提言をまとめた。提言内容は『暮らしの質を測る　経済成長率を超える幸福度指標の提案』（福島清彦訳、金融財政事情研究会、2012年）[12]として出版されている。

GDPの前身であるGNP（国民総生産）が最初に考案されたのは、1930年代の世界大恐慌と第二次世界大戦がきっかけであった。

米国は熱狂の1920年代から世界大恐慌に陥ったが、石油王デヴィッド・ロックフェラーや大銀行家ジョン・ピアポント・モルガン、そして鉄鋼王アンドリュー・カーネギーなど一握りの資本家が富を握っていた。当時、政策担当者は、実際の経済状況がどの程度悪いのかを分かりやすく推計するような手段をまだ持っていなかった。

共和党のハーバート・フーバーが大統領だった1932年、米議会上院は世界恐慌とその米国経済への影響を理解するため、国民所得を推計するよう商務省に要請。商務省は、旧ソビエト連邦の成立を受けて脱出し、米コロンビア大学で経済学の博士号（Ph.D.）を取っていたロシア帝国（現在のベラルーシ）出身の若手経済学者、サイモン・クズネッツらにSNA（国民経済計算）をつくるよう依頼。それを受けて、クズネッツらがGNPを開発したのである。クズネッツはこの功績などで1971年にノーベル経済学賞を受賞した（指標としてのGNPは後の1960年代に国連がSNAを改定し、GDP重視に変更された）。そもそも「どれだけ悪いか」を知るための緊急手段として誕生した指標だったのだ[13]。

統計開発者のクズネッツもＧＮＰを批判

開発者のクズネッツは、ＧＮＰを決して完璧なものとは考えていなかった。１９３４年の米国議会への報告書で「所得の測定に使うどの指標も、所得の裏にあるもの、つまり、個人が所得という形で得るためにしてきた努力の過酷さや不幸せは推計しない。国家の福祉は、（この時に定義した）国民所得という指標から推計することはほとんどできない（And no income measurement undertakes to estimate the reverse side of income, that is, the intensity and unpleasantness of effort going into the earning of income. The welfare of a nation can, therefore, scarcely be inferred from a measurement of national income as defined above）」と警告した。本格的に指標として使うのであれば、表面的な数字や市場価値では分からないことに目を向ける必要性があることを論じているのだ[14]。

国家の福祉（The welfare of a nation）は、現代風の価値観で言えば国家のウェルビーイングではないだろうか。それは、「国体」ではなく「国にあるもの」が未来へと前向きに生きられる力ではないだろうか。一定期間に国民が（ＧＤＰでは国内で）生み出したモノやサービスの付加価値を合計金額で捉えるＧＮＰだけでは、国家・国民の心身の健康と幸福に対して、良いのか悪いのかまでは分からない。

開発者クズネッツを筆頭とする批判がある中で、ほかの経済学者らによってＧＮＰの標準化・普及が進められていき、１９４４年、世界銀行やＩＭＦなどの設立を決定したブレトンウッズ会議を経て、GNPが一国の景気を測る主要な指標となった。クズネッツはその後も論壇誌『*The New Republic*』などでGNPやGDPを根本的に考え直す必要があると主張し続けたが、ほとんど顧みられなかったとされる[15]。

世界で公式の指標となり、使い勝手の良さから便利に使われてきたGDPだが、欠点に気付く人は後を絶たなかった。経済学者からツールとしての欠陥に対して批判が続いたのはもちろん、政治家からも批判の標的にされた。

例えばジョン・F・ケネディの実弟で、民主党のロバート・ケネディ氏は、民主党の大統領選挙予備選に出馬した1968年3月18日、米カンザス大学での演説で、共和党政権下でつくられたGDP（GNP）に痛烈な批判を展開したことで知られる。選挙演説として展開した長い演説を、一部だが、紹介したい（抄訳は筆者）。

「たとえ物質的な貧困を拭い去るために行動を起こすとしても、さらに大きな課題がある。われわれ全員を苦しめている『生きがいの貧困』、すなわち存在意義（purpose）と尊厳の貧困に向き合うことである。われわれは個人の卓説性とコミュニティの価値を、あまりにもたくさん、あまりにも長い間、単なる物質的なものの蓄積に明け渡してきたように思える。現在、米国の国民総生産は年間8000億ドル以上だが、この国民総生産で米国を評価するならば、そこには、大気汚染やタバコの広告、高速道路の大惨事を片付けるための救急車が勘定に入っている」

「だが国民総生産は、子供たちの健康や教育の質、遊びの喜びを認めない。また、詩の美しさや夫婦仲、国民的議論が生みだす知性や公務員の誠実さも含まない」

「(GNPは)私たちの知恵や勇気、英知や学習、思いやりや祖国への献身を測るものではなく、要するに、人生を価値あるものにしてくれるもの以外のすべてを測る。[16] そして、GNPは米国のすべてを語る――われわれが米国を誇りに思う理由以外のすべてを」

1968年の大統領選は、民主党ジョンソン政権下で世論のベトナム反戦運動が高まっている最中だった。4月にマーチン・ルーサー・キング牧師が暗殺された。そしてケネディ氏は最有力候補に躍り出た矢先、同年6月に暗殺されたのである。この選挙で大統領に就任したのが共和党のリチャード・ニクソンだ。GNP批判の声が、政治の表舞台に出ることはなかった。

こうしたさまざまな巡り合わせで「GNPは多くの重要な側面を考慮しておらず、一国の福祉を計測することはできない」と言い続けた経済学者クズネッツの警告は、その後も解決されないままだった。

幸福、豊かさの指標の探究

そうした中で、「幸福」を探求する経済学のジャンルが生まれた。1970年、現在は米ハーバード大学教授のアマルティア・セン氏が『*Collective Choice and Social Welfare*』(『集合的選択と社会的厚生』志田基与師訳、勁草書房、2000年)を上梓し、社会を構成する人々が物事を選択する時のそれぞれの価値観を、社会全体の価値にどう集約するかについて考察する、独自の社会的選択理論を構築した[17]。

1974年には、所得上昇という1人当たりGDPなどの「客観的なウェルビーイング」と、個人の幸福度という「主観的なウェルビーイング」に相関関係はないことを指摘する論文を、リチャード・A・イースタリンが発表した[18]。「イースタリンのパラドックス」と呼ばれる。自分の所得が上昇しても、周りの所得と比較した時にさほど上昇していなければ、当人の幸福度に及ぼすプラスの効果を無効にしてしまうとするパラドックスである。

同じ1974年には、スティグリッツ氏が今も尊敬してやまないことを公言する故宇沢弘文氏が「社会的共通資本」を提唱した。これは、豊かな自然環境、社会インフラをはじめ快適で清潔に暮らすための住まいや生活・文化環境、学校教育や医療、そしてそれを効率的に実現する社会制度を指す。

著書『社会的共通資本』（岩波書店）冒頭で宇沢氏はこう書いている。

「ゆたかな社会とは、すべての人々が、その先天的、後天的資質と能力とを充分に生かし、それぞれのもっている夢とアスピレーションが最大限に実現できるような仕事にたずさわり、その私的、社会的貢献に相応しい所得を得て、幸福で、安定的な家庭を営み、できるだけ多様な社会的接触をもち、文化的水準の高い一生をおくることができるような社会である」[19]

宇沢氏は、社会的共通資本は社会共通の財産として、社会的な基準で管理されなければならないと訴えた。

また小さくはあるが、国家レベルで別の指標づくりを模索する動きもあった。1970年代(具体的な年については諸説あり)、ジクメ・センゲ・ワンチュク第4代ブータン国王が、国政の指標としてGNH(国民総幸福量)を提唱した。現在は、2008年の第5代国王のもとで制定されたブータン王国憲法第9条第2項に掲げられている、国家としての概念だ。

「GNHは(GNPよりも)国家の質を総合的に量り、人間社会のより良い発展は物質的な発展と精神的な発展が隣り合ってお互いに補足し合い、強化し合うところに生まれるという信念に基づく」と表現されている。GNHは4つの柱(持続可能な開発の促進、文化的価値の保存と促進、自然環境の保全、善い統治の確立)と9の領域(教育、生活水準、健康、心理的幸福、コミュニティの活力、文化の多様性・弾力性、時間の使い方、良い統治、環境の多様性・弾力性)で構成され、経済はあくまで「生活水準」という9領域の1つとして扱われている。[20・21]

こうしてGNP・GDPでは測れない、「幸福度」を高められるような経済成長とは何かについての探究が本格的に、かつ静かに始まったのである。

幸福度の研究で影響力のある専門家の一人である英ロンドン・スクール・オブ・エコノミクスの経済学者リチャード・レイヤード氏は1950年以降、西側諸国の幸福度が高まっていないことを指摘。「いったん自活できる所得が保証されると、それ以上に幸福になるのは容易ではない」と分析した。[22]やがて、主観的な印象が強くなる「幸福」から「ウェルビーイング」へと概念は進化していった。

一方でデジタル時代が到来し、GDPには実務上も不都合な点があることが指摘されるようになった。無形資産の生産性が捉えられないため、デジタルビジネスの付加価値がうまく反映されていないという問題だ。

米グーグルのチーフエコノミスト、ハル・ヴァリアン氏は2015年、米『ウォールストリート・ジャーナル』紙のインタビューで「シリコンバレーで起こっていることの評価が低い。（その生産性を）測る方法がないからだ」と答えている。[23]

いわば開発者の「使用上の注意」がないがしろにされたまま90年以上経ち、ついには「生産性」の実態にも合わなくなってきている状態だ。GDPが制度疲労を起こしているのは確かなようである。

さまざまな指標開発の試みが続く

スティグリッツ氏らは、モノやサービスの物量ではなく、格差や住みやすさ、平均寿命、健康状態など、その国の社会の進歩を測る形で、人の幸福度を計測する方法をつくろうとしている。幸福度指標の共同提言では、指標のダッシュボードを推奨し、GDPを補完する指標のたたき台とした（インタビュー内で解説）。

指標の検討が始まった2009年当時、1970年代からGNHを採用してきた前述のブータン王国を世界の多くのメディアがクローズアップしていた。筆者も大変関心を持ち、ブータン王国の担当者に指標の算出方法などについて電話取材をした。また、心理学者などと共同で実験し、幸福度の計測を試みる米国人経済学者も多く、文献調査や取材を重ねた。

例えばコロラド大学教授（当時はミシガン大学勤務だった）のマイルス・キンボール氏は当時、抑うつ状態の計測を研究していたが、幸福な状態を計測するほうが難しいと話していた。経済学者の幸福に関する研究では、主観的な気分のようなものを数値で計測することに重点が置かれていた。これも要は、現在「ウェルビーイング」といわれるものの一部であろう。

なお本インタビューの後も、ＧＤＰのつくり直しに向けた動きは着々と進んでいた。２０２１年３月、国連は、自然が経済にもたらす「サービス」の統計基準を承認した。また英国財務省は、生物多様性を経済分析に統合する手法について発表した。次に必要なのは、いわゆるソーシャルキャピタル（社会関係資本）などの計測を統合することだ。

社会関係資本には、１９６８年の演説でロバート・ケネディが言及していたような、コミュニティや国が団結して行動できる力の計測や、家計部門の計測が含まれる。[24・25] インフラというよりも人の「つながり」に焦点があるし、自然環境を重視しているのも大きな変化だ。ウェルビーイングが世界的にますますクローズアップされる中で、ＧＤＰの欠点を補う経済指標は意外に早く完成するのかもしれない。では、スティグリッツ氏へのインタビューに移ろう。

Interview

プログレッシブキャピタリズム（漸進的資本主義）を目指せ

経済成長が停滞し続けてきた日本では、いわゆる破壊的なイノベーションがなかなか起こらないと言われ続けてきた。社会がイノベーションを促進するために重要なことは何だろうか。

日本人はもっと世界の英語コミュニティに入れ

「日本は、洗練された技術を生み出してきた長い歴史があると思っている。しかし、確かにそれほど破壊的なイノベーションだったわけではない。

2つの側面があると思う。1つは、日本はもっと大学に投資すべきだ。もっと英語を学んで、国際的な科学者のコミュニティと一体化するための投資が必要だ。

なぜなら、イノベーションを起こすうえでそれが障害になっているからだ。政府が基礎研究や応用研究をほとんどサポートしないのであれば、社会の生産性を高めるイノベーションを起こすことが大切になると思う。それが私の強調したい点だ。その違いは次のようなものである。

米ウーバーテクノロジーズのライドシェアは破壊的なタクシーサービスだが、基本的には位置測定システムを使ってより効率的に車を使うビジネスで、そのシステムは政府の研究に基づいていた。つまり、民間企業が研究の最前線を動かしたわけではない。

真に大きなイノベーションは、地球規模の位置測定技術であった。つまり、多くの破壊的イノベーションが規制を弱めてきたことが分かる。しかし規制は、理由があってつくられてきたわけだ。規制の目的は、車とドライバーの安全性を確かなものにするためだった。だから、破壊的イノベーションの中には不健全な結果をもたらすものもある」

世界共通で今最も必要とされているのは、気候変動やエネルギー危機に取り組むためのイノベーションと、先進国が軒並み直面している、人口高齢化に対応するためのイノベーションだろう。

「私から見ると、日本はすでにそうしたイノベーションを実践している。どうやって高齢者の健康を機械でサポートするかとか、よりモノを正確に計測できる道具を開発するかとか。これは、良い意味で『破壊的』とも言える。どこに住んでいようとも、高齢者に健康的な暮らしを提供できるのだから」

社会の生産性を高めるイノベーションは、「破壊的」ではないものの、日本の新しいイノベーションとして世界に発信できる可能性があるということだろうか。

「間違いない。確かに日本の高齢化は大変深刻な問題だ。しかし日本が、その環境を生かしてヘルスケアについて新しい機械や技術で高齢者に届ける方法を開発できたら、世界にとっても恩恵となる」

日本では社会保障制度を誰がどうやって支えていくのかが、以前にも増して重要な問題になっている。年金制度も制度疲労を起こしている。誰が、どう老後の生活を守るべきだろうか。やはり政府が大きく介入すべきなのか。

「市場主義では適切な弱者保護ができないと思う。私は米国の事情なら詳しいので米国の例で話したい。(公的年金のほか)米国で民間企業が販売している個人年金は、取引コストが非常に高い。急激なインフレに対する保障はないし、国民全員の賃金水準が上がっても、給付額は40年前に受け取っていた賃金の水準に依拠しなければならない。これでは、絶対的貧困ではなくとも、相対的貧困に陥る。

米国では自力で老後に備えるための取引コストが高く、高齢者が搾取されている。だから政府がもっと公的な選択肢を与えるべきだと提言した。強制ではないが、定年までにもっと蓄えたいと思えば、その分を社会保障年金制度に支払って後で受け取ればいい。

私の提言は確定拠出年金のようなものだが、支払う相手が政府なのがポイントだ。後でよりたくさん受け取りたいのであれば、より多く政府に拠出すればいい。

給料の6・5%程度を天引きし、引き去られた分に関して後で受け取るのが現在の制度である。私が提案したのは、もし定年後のためにもっと備えたければ、さらに0・5%分を自ら政府に拠出するという方法だ。そうすればその分、老後に多めに受け取れる。

規定より多い備えを望むなら、自分の意思でそれが得られる。しかしそれはほかの誰かからお金を『盗む』のではなくて、もっと備えが欲しい人が拠出するのだ」

「どう生きるか」からライフスタイルを考える

スティグリッツ氏は、社会全体が生産性を高めることにより生活が向上してきた、と著書『スティグリッツのラーニング・ソサイエティ』に書いている。だが今、日本は生産性において世界で見劣りし、経済も長らく停滞しており、もう成長はできないのではないかとさえ感じる。日本にもまだ成長のチャンスはあるだろうか。

「はじめに、経済とライフスタイルは、地球の限界と地続きにあるということを理解することが大事だ。地球に無理はさせられない。そうした文脈における成長のチャンスはない。今後どうやって生きていくのか考え、ライフスタイルを整えていく必要がある。今から、遅くとも20年以内に暮らし方を変えたほうがいい。

生活水準の向上を考える時、より重要なことは（モノではなく）『どう生きるか』だ。より二酸化炭素排出量を減らすためにどう生きるか、食べ物をどう改善し、どう生活するか、エネルギーをどう節約するか、どうやって移動し、公共交通をどう整備するか。公共交通機関がきちんと整備されていれば、車を所有する必要はない。

社会で本当に大事なのは適切な食事であり、老後の安定であり、子供たちの教育であり、医療福祉へのアクセスであり、手ごろな住まいだ。『住みやすい都市（Livable city）』に生きることである。住みやすい都市では、家の近くに公園があり、夜でも安心して散歩できて、比較的安全である。こうした環境に置かれることこそが幸せな生活水準と言えるのだが、これはGDPで計測することはできない。

私は、物質的な成長を続ける必要はもうないと思っている。米国ではこれが大問題だが、日本ではそうでもないかもしれない。というのも米国では、多くの人がそれなりの生活水準を保っている一方、そうでない人が大勢いるからだ。

社会の最下層にいて人並みの生活水準を維持できていない人々をどう引き上げるかだ。そこにこそ注力すべきだ。皆を上へ上へと高めていく努力ではなく。われわれが生き方を変えていかなければ、地球はもうもたない」

2008年のインタビューで「地球がもたない」と発言していたスティグリッツ氏。米国では格差拡大が深刻になっており、ソーシャルメディアの普及によって多様な人々の日々の生活や言説が見えるようになった。格差にあえぐ人々の苦境の火に油を注ぐ機能を果たしてしまい、ソーシャルメディアは当人たちの知らない場所でヘイトが充満する空間となっている。

モノを追い求める価値観を修正すべきなのだろうか。昨今、先進国ではシェアリングエコノミーが伸びており、モノを物質的に所有することへの執着が少しずつ薄れてきている。となれば、所有に対する意識を変えるべきではないだろうか。

――「例えば、車を所有する必要はない。公共交通で自在に移動できるなら、それでいい。これからは最先端の技術も使える。AIも、自動運転で例えば公共交通などの役に立ちそうだ。AIは暮らしの効率を高めるだろう。もっと資源を有効活用できるようになる。より少ない二酸化炭素排出量で、同じ生活水準を維持できるだろう」

ビヨンドGDP：GDPだけで経済は測れない

計測可能なモノやサービスの取引が相対的に不活発になれば、より良い経済生活かどうかはますますGDPでは測れないということになる。概説でも紹介したようにスティグリッツ氏はGDPに代わる新たな経済指標の開発プロジェクトに携わっていた。

――「経済協力開発機構（OECD）が主導し、GDPよりも包括的に経済と幸福度を測る取り組みに関わっている。われわれは『Beyond GDP（ビヨンドGDP）』と呼んできた。1つの数字だけでなく、複数のデータを整理して見せるダッシュボード形式の指標をつくる試みだ。ダッシュボードの項目としては持続可能性、格差、幸福度、脆弱性、安全性、健康、平均余命などを入れたいと思っている。

幅広い複数の指標を使うのがポイントだ。韓国の仁川《インチョン》で2018年11月に会合があり、世界中から3000人も集まった。世界的なムーブメントになっているし、OECDはかなり熱心に取り組んでいる。関連する本も2冊、同じく2018年11月にOECDから出版した(『*Beyond GDP: Measuring What Counts for Economic and Social Performance*』、『*For Good Measure: Advancing Research on Well-being Metrics Beyond GDP*』)」

この指標は将来、GDPに取って代わる主要な指標になるだろうか。

「ビヨンドGDPのダッシュボードはGDPも活用する。GDPは数字の1つで、ほかの多くの指標もちゃんと見ようという話である。社会の複雑さを理解するには、1つの数字だけでは不十分だ」

開発者クズネッツが指摘していたGDPの欠点が、ようやく補完されようとしているというわけだ。ダッシュボードの項目はすなわち社会資本(インフラ)である。社会資本にとっては、災害や疫病などをもたらし得る気候変動は確実にマイナスになる。世界的に気候変動が苛烈になる

のに加え、海洋プラスチック廃棄物など環境汚染の問題なども起こっている。企業は環境問題とどう向き合っていくべきだろうか。ＥＳＧ投資が発展しており、投資家からの要請が厳しくなっている。

「ＥＳＧ投資も役に立つが、それだけでなく政府の規制も必要となる。企業の中には常に、自己中心的な悪だくみを考えるものもある。一方で正しいことをしようとしている企業にペナルティを与えたくはない。

もし汚染物質を使ったほうが安上がりなら、使おうとする企業が出てくるだろう。そして、（コストがかかっても）正しいことをしようとする企業が不利になってしまう。公正な競争環境を創出する唯一の方法が、良い規制だ。少し前に、米国の自動車メーカーが、トランプ（前大統領）が提案した規制よりも強い自動車排ガス規制にしてほしいと表明した理由だ。

自動車メーカーはカリフォルニア州で、トランプ政権の提案よりも厳しい規制に合意した（注：のちに当時のトランプ大統領が、カリフォルニア州が独自に環境・自動車排ガス規制を導入できる権限の撤廃を表明し、同州と係争した）。自動車メーカーは、もしもっと効率的に公害を減らす車があれば、それが全体にとっても良いと分かっているのだろう。

政府による厳しい規制が存在しなければ、緩い規制に合わせて大気を汚染する車を売り続ける企業がなくならず、結局は米国人が大気汚染を悪化させる車を買い続けることになる。それを放置するのがフェアではないからこそ、規制に合意したのだ」

企業が自ら厳しい規制に合意するような動きはほかにもある。

「より厳しい規制に企業が前向きになる様子は、公害以外の分野でも見られる。米国の清涼飲料が、子供の糖尿病を引き起こしている。ある企業のCEOがそれに大変憤っていた。そしてCEOは、当社が糖分をカットすれば、子供は、競合他社がつくる糖分たっぷりの飲み物を選んで飲んでしまう、だからそれをやめさせる唯一の方法は、規制することだと言った」

適切な規制により「悪貨が良貨を駆逐」を防ぐ

つまり悪貨が良貨を駆逐することのないよう、社会にバランスをもたらす適切な規制が不足しているということだろうか。

「まさにその通りだ。とりわけ社会規範が弱い米国のような国では、トランプ大統領（当時）のような人や会社が、自分が利用するためだけの大学をつくったりしてしまうのが問題なのだ。もし人からお金を盗んだりだまし取ったりしてはいけないという法律がなければ、簡単に他人を欺くものもいることだろう。

米国のように、強い社会規範がないうえにきわめて物質主義的な社会では、規制がより重要になるのだ。しっかりした社会的規範があれば、そもそも規制など必要ないわけだ。米国

――人は今、自分たちの社会規範が弱まっていたことを自覚し始めている」

国として社会規範が弱いからこそ、明文化された、より厳しい規制が必要になってくるというわけである。例えば、米国には、政府高官や大統領は、その地位をお金もうけに利用してはならないという行動倫理基準があるが、それもそのためか。

「なぜなら、皆が、大統領はそんなことをしてはならないと思っているからだ。しかし見てほしい、いまやそれを平気でやる人が大統領になってしまった。だから社会的な規範だけではダメで、規制が必要だということを米国人は肌で感じている。社会には強い規範が必要だ。しかしそれがないなら、法律や規制で何とかするしかない」

2019年の視点で、世界経済の趨勢をどう見ているだろうか。

「世界経済はとても弱いと思う。世界的に需要不足になっている（注：本稿は新型コロナウイルス感染拡大より前のインタビューに基づく）。2008年のリーマン危機以来、世界経済は多くの面で不安定になっている。つまり、世界を見渡すと、3つの主要経済――米国、欧州、そして中国それぞれに問題がある。

多くの人々が、米国経済は強いと言う。3・7％程度という低水準の失業率であり、大成功だと。しかし私は違う見方をしている。米国ではGDP比マイナス4・5％に上る財政赤字を抱えており、累計の財政赤字は1兆ドル（約108兆円）を突破した。

単なる赤字ではない。さんざん景気刺激策をし、ほとんどゼロに近い金利を維持したうえで経済が上向かない。何かが間違っている」

2023年現在までに、新型コロナウイルス下、移動の自粛やロックダウンなどにより需要不足が極端に進んだわけだが、それ以前から経済は弱っていたということだ。

低金利が続く世界、経済が弱すぎる

「米国で2017年12月に大規模な税制改革を成立させ、10年間で1・5兆ドル（約161兆円）規模の金額を、企業や個人に還元すると決めたことは記憶に新しい。しかし設備投資は依然低調で、賃金もあまり上がらなかった。これは、前回の景気後退から尾を引いているが、健全であるとは到底言えない。

これだけやったのだから、われわれは今ごろ、素晴らしい景気を謳歌できているはずだった。しかし経済は2％前後の成長しか期待できない。弱すぎて、全然素晴らしくない。他国を見渡しても、中国の景気は減速し、ドイツは景気後退に向かっている。欧州全体が良くない」

当時、あまりに長い間金融緩和が続いたため、経済学者の中には、先進国ではこれ以上金利が高くならないのではないかと考えて分析する人も出てきた。そうした動きについて、スティグリッツ氏はどう見ていたか。

「あれほどの大規模な減税で刺激したのにもかかわらず、米国経済はとても弱いし、低金利のままだった。なぜこれほどまでに総需要が増えないのかを考えることが大切だ。

多くの仮説がある。そのうち1つは、不確実性だ。不確実性が高いと、企業や消費者は、投資や消費を手控える。確かに今、（政治情勢含めて）不確実性が高い。

世界に一番悪影響を与えているのは、トランプ大統領の不確実性だ。ルールに基づいたグローバルなシステムが回らなくなり、SNSで毎日のように嘘をつく。

一連のことが、不確実性をもたらしている。そしてどこに投資すべきか、次に何が起こるかが誰にも分からなくなっている。この不確実性は、扇動政治が広がる温床になっている。グローバリゼーションに抵抗するグローバルな活動が、起こっている。

扇動政治家とファシストが台頭し、ネオファシストとでもいうか、民主的でない政府が多くの国に存在するようになった。中国、ロシアだけでなく、インドやブラジル、そして（トランプの）米国だ。こうした政治をめぐる不確実性が、総需要の停滞につながるという仮説が1つ。

2番目の仮説は、需要部門の構造に変化があったのではないかというものだ。つまり、巨額の投資を必要としない需要が存在する、というものだ」

扇動的な政治が広がる状況は変わらず、2023年現在、ロシアのウクライナ侵攻が長期化している。新型コロナウイルスの大流行も波があるが、完全に鎮圧できたわけではない。SNSは大規模になって、時にメッセージが急激に拡散する一方、細かいコミュニティに分かれて分断が深まっていく方向にあり、世界はますます不確実性が高まっている。需要部門の構造変化には、デジタル化が関係あるのだろうか。

「確かに、消費者にもっと製品やサービスを使ってもらいたいからといって、企業がソーシャルメディアに設備投資をする必要はない。ただ、これはあまりいい議論ではないと思っている。ソーシャルメディア自体、使ってもそれほどお金がかからない。

とはいえ、消費とモノの生産が、構造的に、多くの設備投資を必要としないものに変わったのだとしたらどうだろう。そうなると、どのレベルのGDPであっても、投資水準が弱くなる。資本もあまり必要がなくなる」

マクロ的に有望な投資先が不足するということだろうか。すると、昨今の「人的資本経営」の盛り上がりも、理にかなうものに思える。

政府の大きな失敗：格差の容認、財政支出削減

「ここで最も重要なのが、格差が広がりすぎたことだと私は考えている。経済の最上位層にいる人間は、最下位層にいる人間ほどには消費しないからだ。

政府は以前ほど財政支出をしないどころか、財政支出をむしろ削減してきた。しかし経済は、より政府が重要な役割を果たすべき状況にシフトしている。国民が健康や教育によりお金を費やしているとすれば、いずれも政府の役割がより重要なセクターだからだ。

私は、これはそうした公的セクターに固有の問題ではないと思っている。政府は2つの大きな失敗を犯した。格差拡大を容認してしまった。そして、財政支出を抑制しすぎた。ここに注目すれば、なぜ格差がこんなにも拡大したのか、原因が分かる。

独占企業の肥大化を許し、労働組合を弱体化させ、そこにきたグローバル化が悪い方向に社会を破壊する役割を果たしてしまった。政府によるインフラへの投資も決定的に不足している」

すると、構造変化に伴う需要不足と、格差を拡大させる経済システムの制度疲労が相まって、経済の弱さの原因になっているということだろうか。

──「そうだ。そしてこれは、政治と経済の相互作用だと思う。より俯瞰《ふかん》して考えてみよう。

1980年代に世界は『サプライサイドの経済学』の実験を始めた。レーガン元米大統領やサッチャー元英首相による新自由主義で人気を博した思想だ。

それによって経済成長を加速し、皆が恩恵を受けられるようになることを期待していた。しかし、この40年にわたる世界的な経済実験は、失敗した。誰もが失敗だったことを認めるだろう。全員で繁栄を共有することができなかったのだから、失敗だ。

これが政治的な反動につながった。しかし、この思想に対する幅広い反発があるものの、代わりになるものは何かについてはいまだ合意が得られていない。

そこで私は、本を書いた。タイトルは『*People, Power, and Profits: Progressive Capitalism for an Age of Discontent*（山田美明訳『スティグリッツPROGRESSIVE CAPITALISM』東洋経済新報社、2019年12月出版）』だ。新自由主義的な資本主義の代わりとなるものを、改めて描こうと試みた。

これからも市場経済は経済の中心であり続けるだろうが、もっと違った形であるべきだ。これを私自身は『プログレッシブキャピタリズム（漸進的資本主義）』と呼んでいる」

ステークホルダーに加え政府も重要

本書で触れてきたが、根拠に基づく「実証経済学」という、経済学の社会実装につながる概念を遺しているのがフリードマンなら、新自由主義を提唱して利益の最大化、株主至上主義を主導し、格差を拡大したのも同じフリードマンである。そこで名を残した1人が例えば、米ゼネラル・エレクトリック（ＧＥ）でＣＥＯを務めたジャック・ウェルチ氏だった。

スティグリッツ氏は、「新自由主義」の思想に対して改めて異議を唱える。そうした中で新自由主義を信奉するマイケル・ジェンセン氏らから共産主義批判と絡めて追いやられ、１９８０年代後半に下火になった「ステークホルダー資本主義」も再興しつつある。スティグリッツ氏の着眼点との違いは何か。

「漸進的資本主義は、ステークホルダー資本主義と似ていると思われるかもしれない。ステークホルダー資本主義では、企業が、労働者や顧客、地域社会に目配りをすることに焦点を当てている。しかし、社会には政府の規制が必要だ。環境規制、安全性、そして医療規制が必要だ。

政府がインフラ、社会的な保護、基礎研究へ主体的に投資する必要がある。これは新自由主義による『小さな政府』とは別の概念だ。政府は小さく、規制せず、何もしないという考え方から、もっとバランスの良い考え方に変えるのだ。政府の役割がより大きい」

スティグリッツ氏は米国における政府の役割を重視し、規制と自由のバランスこそが大切だという。例えば昨今のＥＳＧ投資、ガバナンスコードの強化などを通じて市場と企業の良識に任せることについてはどう考えるだろうか。

「企業が、（自律的に）社会的責任を全うしながらよりたくさん利益を得られるのであれば、それに越したことはない。しかし、公平な競争の場を維持するためには、どうしても規制が必要である。世の中には規制のないことを悪用し、うまく出し抜いてやろうという人間が必ずいるからだ。そのことを肝に銘じていただけたらと思う」

今後は政府の役割が重要になると強調するスティグリッツ氏。国家間の力関係が変化し、第4次産業革命とも言われたデジタルによる技術革新で世界は様変わりした。気候変動や感染症の流行などで不確実性が高まる中、米国に限らず政府には、これまでとは違った経済との関わり方が必要になるはずである。そこで次章では、これから求められる産業政策について、ダニ・ロドリック氏の見立てを紹介する。

注

1 Joseph E. Stiglitz – Biographical. NobelPrize.org. Nobel Prize Outreach AB 2023. Thu. 19 Jan 2023. https://www.nobelprize.org/prizes/economic-sciences/2001/stiglitz/biographical
2 前同。
3 Franco Modigliani – Facts. NobelPrize.org. Nobel Prize Outreach AB 2023. Thu. 19 Jan 2023. https://www.nobelprize.org/prizes/economic-sciences/1985/modigliani/facts
4 前掲、Joseph E. Stiglitz – Biographical. NobelPrize.org.
5 Kenneth J. Arrow – Biographical. NobelPrize.org. Nobel Prize Outreach AB 2023. Mon. 23 Jan 2023.

https://www.nobelprize.org/prizes/economic-sciences/1972/arrow/biographical/

6 ジョセフ・E・スティグリッツ、ブルース・C・グリーンウォルド共著、藪下史郎監訳、岩本千晴訳『スティグリッツのラーニング・ソサイエティ　生産性を上昇させる社会』東洋経済新報社、２０１７年。

7 前同。

8 ジョセフ・E・スティグリッツ著、鈴木主税訳『世界を不幸にしたグローバリズムの正体』徳間書店、２００２年。

9 宇沢弘文著『自動車の社会的費用』岩波書店、１９７４年。

10 広野彩子「世界経済の転機――ジョセフ・スティグリッツ　世界危機は日本モデル構築の好機」『日経ビジネスマネジメント』Vol.1、Spring 2008、24ページ。

11 前同。

12 ジョセフ・E・スティグリッツ、ジャンポール・フィトゥシ、アマティア・セン共著、福島清彦訳『暮らしの質を測る――経済成長率を超える幸福度指標の提案』金融財政事情研究会、２０１２年。

13 Elizabeth Dickinson, "GDP: a brief history" ,January 3, 2011, *Foreign Policy*,
https://foreignpolicy.com/2011/01/03/gdp-a-brief-history/

14 Simon Kuznets, 1934. "National Income, 1929–1932". 73rd US Congress, 2d session, Senate document no. 124, page 7.
https://fraser.stlouisfed.org/title/national-income-1929-1932-971

15 Diane Coyle, "GDP's Days Are Numbered", *Project Syndicate*, December 16, 2021.

16 "REMARKS AT THE UNIVERSITY OF KANSAS, MARCH 18, 1968" MR 89-34. Miscellaneous Recordings, John F. Kennedy Presidential Library.
https://www.jfklibrary.org/learn/about-jfk/the-kennedy-family/robert-f-kennedy/robert-f-kennedy-speeches/remarks-at-the-university-of-kansas-march-18-1968

17 Amartya Sen –Biographical. NobelPrize.org. Nobel Prize Outreach AB 2023. Tue. 7 Feb 2023.
https://www.nobelprize.org/prizes/economic-sciences/1998/sen/biographical/

18 Easterlin, R.A., O'Connor, K.J., "The Easterlin Paradox," In: Zimmermann, K.F. (eds) *Handbook of Labor, Human Resources and Population Economics*. Springer, Cham, 2022.

https://doi.org/10.1007/978-3-319-57365-6_184-2

19 宇沢弘文『社会的共通資本』岩波書店、２０００年。

20 在東京ブータン王国名誉総領事館ホームページ「国民総幸福量（ＧＮＨ）」。

21 広野彩子「幸福度を数字にできるか　世界で進む幸福の『見える化』運動」日経ＢＰムック『新しい経済の教科書２０１２』90ページ。

22 Layard, R., *Happiness: Lessons from a new science*. Penguin Books/Penguin Group (USA), 2005.

23 Timothy Aeppel, "Silicon Valley Doesn't Believe U.S. Productivity is Down," *Wall Street Journal*, 16 July. 2015, https://www.wsj.com/articles/silicon-valley-doesnt-believe-u-s-productivity-is-down-1437100700

24 前掲、Diane Coyle.

25 Aitken, Andrew. "MEASURING WELFARE BEYOND GDP." *National Institute Economic Review*, no. 249, 2019, pp. R3–16. JSTOR, https://www.jstor.org/stable/48562337. Accessed 22 Jan. 2023.

第**11**章

ダニ・ロドリック

Dani Rodrik

新しいグローバル化、新しい産業政策

Profile

米ハーバード大学
ケネディ行政大学院教授
1957年、トルコ・イスタンブール生まれ。米ハーバード大学を最優等で卒業後、米プリンストン大学大学院で公共問題の修士号（MPA）、経済学で博士号（Ph.D.）を取得。米プリンストン高等研究所教授などを経て現職。専門は開発経済学、国際経済学、政治経済学。『グローバリゼーション・パラドクス』、『エコノミクス・ルール』（いずれも白水社）、『格差と闘え』（オリヴィエ・ブランシャール氏と共同編集、慶応義塾大学出版会）など著書多数。
（写真：ロドリック氏提供）

グローバリゼーションへの新鮮な問題提起

国家主権、グローバル化、民主主義のトリレンマ

第10章で紹介したスティグリッツ氏は、もともと格差を拡大するグローバリゼーションに対して否定的であり、持続できないと論陣を張ってきた。主にIMFなど国際機関が展開する、金融支援や政府介入、先進国の仕組みの移植などの政策を中心とするグローバリゼーションに対して舌鋒鋭く批判することが多い。一方、そうしたグローバリゼーションは「グローバリゼーション」が意味する内容のほんの一部にすぎない、という立ち位置から考察と分析を提示している政治経済学者が、本章のダニ・ロドリック米ハーバード大学ケネディ行政大学院教授である。

筆者が2000年代に『日経ビジネス』で金融やマクロ経済分野を担当する取材記者だったころ、「国際金融のトリレンマ」という考え方が、霞ケ関から頻繁に聞こえてきた。どのようなものかと思い、面識のあった財務省の担当者に説明を聞きに行った。「国際金融のトリレンマ」は本稿でも説明しているが、「為替相場の安定」、「資本の自由な移動」、「金融政策の自立」の3つの政策目標のうち、1度に2つは達成できるが3つは同時に達成できないというものだ。三角形の絵で説明されたが、実に難しいテーマをすぱっと分かりやすく見せるフレームワークで、感銘を

受けたことを覚えている。

このフレームワークを提示したのは、異なる為替制度のもとにおける金融政策と財政政策の分析、および「最適通貨圏の理論」による貢献で1999年にノーベル経済学賞を受賞した経済学者、故ロバート・マンデル氏である。[1] 労働力に高い流動性があれば、複数の国家が共通通貨を導入することが有利な可能性があるとマンデル氏が主張した「最適通貨圏の理論」は、欧州連合（EU）における通貨統合の理論的基盤になったことで知られる。

さらに「国際金融のトリレンマ」は、そのマンデル氏らが、変動相場制の国では財政政策よりも金融政策のほうが効果的であるとしたマンデル＝フレミングモデルをさらに拡張させた理論として知られ、通貨に関わる政策担当者の間で重視されていた。

ダニ・ロドリック氏はそれとよく似た「政治経済のトリレンマ」を提示し、「国家主権」、「グローバル化」、「民主主義」の3つは同時に達成できないと説明したのである。国益優先の政策を民主主義国家で選択することもできるが、その場合はグローバル化の利益を享受できないということになる。

南カリフォルニア大学のジョシュア・アイゼンマン氏と米ポートランド州立大学の伊藤宏之氏は、回帰分析により、これが計量的に証明できるか分析した。まず、先進国では3つの変数がトリレンマではなく、グローバル化と国家主権のジレンマ、つまり二者一択の関係にあり、発展途上国ではロドリック氏の言うように、トリレンマであったという。また、全般的に先進国では民主主義のレベルは高止まりしているのに対し、国家主権の度合いは下降トレンドにあり、グローバル化の度合いは上昇基調にあった。[2・3] こうした分析は、サプライチェーン（供給網）の複雑化や経済安全保障がクローズアップされる中で、きわめて参考になる考察の1つになるのではないだろうか。

格差の拡大、低成長を予見

ロドリック氏は、米ハーバード大学で政治経済学を専攻し、学士を最優等で卒業。修士号を米プリンストン大学大学院の公共国際問題大学院（旧ウッドローウィルソンスクール）で取得し、同大学で経済学の博士号（Ph.D.）を取得している。国際政治経済学を専門とし、2004年に世界中の所得水準の決定に制度、地理、貿易それぞれがどの程度寄与するかを推定した結果、「制度の質がすべてに勝る」という分析結果を出し、数多く引用された。[4]

翻訳されている著書も数多い。1997年7月のタイのバーツ暴落から始まったアジア通貨危機から2008年のリーマン危機まで危機と処方箋を「政治経済のトリレンマ」により分析した『グローバリゼーション・パラドクス　世界経済の未来を決める三つの道』は世界中に翻訳され、大いに話題になった。ほかにも『貿易戦争の政治経済学　資本主義を再構築する』、『エコノミクス・ルール　憂鬱な科学の功罪』（いずれも白水社）などの著作がある。

例えば金融危機の当時は金融のグローバリゼーションに「待った」をかけるため、第二次世界大戦後のブレトンウッズ体制のような形でグローバリゼーションを意図的に制限する目的で、あえて「妥協」することを著作などで提言した。この「政治経済のトリレンマ」についてはすでに触れたが、本稿でも直接、改めて話を聞いている。

ロドリック氏は、格差の拡大や低成長を予見していた。「グローバリゼーションが現在のような形で維持されるという知的合意は、世界経済が２００８年の巨大な金融クラッシュにのみ込まれる前から、すでに雲散霧消し始めていた」と見てきた。過去にグローバリゼーションが崩壊した例が、１９１４年の金本位制の崩壊だと指摘する。[5]

また、２０１９年に開催した格差に関する大規模なカンファレンスに基づく、元ＩＭＦチーフエコノミストであるオリヴィエ・ブランシャール氏との共編著『格差と闘え　政府の役割を再検討する』（月谷真紀訳、吉原直毅解説、慶応義塾大学出版会、２０２２年）では、格差について独自の視点を提供している。なおこの書籍には、第10章のダロン・アセモグル氏も「（過度な）自動化を後戻りさせられるか、させるべきか？」と題する論文を寄稿している。

ブランシャール氏、ロドリック氏の2人は序章でこう述べる。「多くの（カンファレンスの）発表が、格差が経済成長の足枷になっていることを暗黙の前提としていた。格差は低所得層と中間所得層の経済的機会を縮小させ、超富裕層の独占的なレント（超過利潤）を増やす。（中略）労働市場の規制緩和と社会福祉の削減によって市場の自由に任せよと提案した人はいなかった。この2つは必ずといっていいほど、格差の解決策ではなく原因として論じられた。（中略）むしろ政府が、生活水準の格差解消にもっと強い直接的な役割を果たさなければならない」[6]

「経済学者でない人への十戒」

経済学者であり政治経済学専門というバックグラウンドもあってか、ロドリック氏は一歩引いた目線で経済学を見ている。例えば『エコノミクス・ルール』では「経済学者でない人への十戒」を書いており、ウォッチャーとして大変興味深いので、紹介したい。

1. 経済学はモデルの集まりであり、他の議論を拒否するようなあらかじめ定められた結論を持っているわけではない。
2. 仮定が非現実的だという理由で経済学のモデルを批判すべきでない。その仮定がもっと現実的なものになる場合、結論がどのように変わるかを尋ねよ。
3. 分析には単純さが求められる。複雑そうな分析は支離滅裂なだけだということに気をつけよ。
4. 数学を恐れるな。経済学者が数学を用いるのは賢いからではなく、それほど賢くないからだ。
5. 経済学者がオススメしている時は、彼（女）が手にしている根本モデルが何かを確かめよ。
6. 経済学者が「経済的厚生」という用語を用いる時は、それが何を意味しているかを彼（女）に尋ねよ。

7. 経済学者は演習室と世論の前では言うことが違うことに気をつけよ。
8. 経済学者（の全員）は市場を崇拝しているわけではないが、市場がどのように機能しているのかをあなたたちよりは知っている。
9. すべての経済学者が似たような考え方を持っていると考えるなら、彼らの演習に参加してみよ。
10. 経済学者が経済学者でない人に冷たく当たると考えているなら、彼らの演習に参加してみよ。
（以上、ダニ・ロドリック著、柴山桂太・大川良文訳『エコノミクス・ルール　憂鬱な科学の功罪』白水社、190ページより）[7]

前述のように、ロドリック氏は、早い段階からグローバリゼーションが新たな局面に入ったことに気付いていた。世界中で政府主導による新たな産業政策のあり方に注目が集まる中、過去のやり方とは一線を画さなければいけないと警鐘を鳴らしてきた。

本稿では不確実性がますます深まる現状についてどう見るべきか、産業政策はどのようにあるべきかを中心に聞いた。なお本インタビューは、経済産業省広報室（当時）の野澤泰志氏、『日経ビジネス』の熊野信一郎編集部長にファーストコンタクトをつないでいただき、実現した。

経済が揺らぐと政治も揺らぐ。デジタル化やそれに伴う「付加価値」の質的転換などもあり、政治経済のグローバリゼーションが揺らいでいる。新型コロナウイルス禍、ロシアのウクライナ侵攻などをきっかけに不安定化した国際的な政治経済が向かう先について、ロドリック氏はどう見ているのか。

Interview

グローバリゼーションの本質を捉える

ロドリック教授はグローバリゼーションについて長い間研究してきた。昨今、グローバリゼーションが衰退していくとの見方が強い。例えば第10章で登場したスティグリッツ氏は、『プロジェクト・シンジケート』の寄稿で2022年、「脱グローバリゼーションを正しく進めよう」と主張した[8]。

「『グローバリゼーション』は、衰退していないとしても、減速している側面はある。例えば世界金融危機以前、世界の貿易額はほぼ一貫して世界全体のGDP、すなわちグローバルGDPの成長率より速く増加する傾向にあり、貿易のグローバルGDPにおける比率は時間とともに上昇傾向にあったことが1つの指標だろう。

しかし、2008年秋の世界金融危機以降はそうではなくなった。一般的に、世界の貿易はグローバルGDP成長率に辛うじて追いつく程度で、時に減速している。対外貿易への依存度を減らす主要国もある。中国はGDPにおける貿易の割合が大幅に減少し、より内向きの国になっている。インドも同様だ。グローバル化の鈍化を示唆する定量的な指標がある」

ハイパーグローバリゼーションの終わり

「私は、単に従来の意味でのグローバリゼーションの拡大・縮小を論じるのではなく、グローバリゼーションの本質、つまり一体どのようなグローバリゼーションであるべきなのかについて、もう少し違った角度から考えたい。グローバリゼーションと一言で言ってもさまざまであり、ありようが大きく異なるからだ。

例えば、国際資本移動や国際貿易、国際通貨基金（IMF）、OECD、世界貿易機関（WTO）など経済を中心とするグローバリゼーションはその1つだ。通常私たちが思い浮かべるグローバリゼーションは、これである」

この種のグローバリゼーションを、ロドリック氏は「ハイパーグローバリゼーション」と定義している。ロドリック氏の定義によれば、1990年代後半から2000年代初頭まで続いた、規模や範囲、進行速度において急激に進んだ「特定のグローバリゼーション」のことを指す。政治、経済、社会といったあらゆる領域におけるグローバル化である。

関税などのみならず銀行規制や知的財産権などに関する各国ルールの障壁を下げ、国際ビジネスの取引コストの引き下げが意図された。スティグリッツ氏が厳しく批判するグローバリゼーションも、この「ハイパーグローバリゼーション」である。そして、このハイパーグローバリゼーションは終焉した、とロドリック氏は見る。[9]

「通貨や貿易といった（経済に関する）ものでなく、気候変動に関する協定や公衆衛生に関する協定を軸にした、別のグローバリゼーションもあり得るということだ。何をグローバリゼーションと見なすかについて、われわれの『マインドセット』に重要な変化が起こったのだ。政策立案者はますます国内経済を優先させ、グローバル経済をどのように国内目標の達成に利用するか考えるべきだと主張するようになっている。しかしそうではなく、世界共通の要請に対してどのように国内経済を適応させるかを考えるべきだ。

新自由主義は、基本的に中道右派と中道左派の政策立案者双方が（経済の）グローバリゼーションは避けられないとして、それに合わせて自国の社会を調整しなければならないと受け止めた時代の考え方であった。すなわちグローバリゼーション自体が目的で社会が手段、のような考え方となる」

新自由主義は、本書に何度も登場している、経済学者ミルトン・フリードマンが牽引してきた考え方である。社会よりもグローバリゼーションを上位に置いた考え方だった、とロドリック氏は見る。今後産業政策の復活が議論になった場合については、新自由主義の中で論じられた産業政策と、自ずと中身が異なってくるという指摘だ。

――「近年は、次第にもう1つの概念に回帰しつつある。つまり、いかに国内の包摂性（インクルージョン）を実現し、国内の強靭な回復力を実現するか、いかに強固な公衆衛生システムを確立するか、さらにはいかに気候変動に対処するかといったことを重視する。グローバル化自体が目的ではなく、グローバル化をこうした目的の道具にしようという考え方だ。『ハイパーグローバリゼーション』とは異なるグローバリゼーションを生み出すことにつながると思う。ハイパーグローバリゼーションは、当時の政策立案者が考えていたものとは違い、調整できないものでも、出来合いのものがそのまま降ってくるものでもない、固有の特徴があるグローバリゼーションだった」

「政治経済のトリレンマ」は今

概説でも触れたように、ロドリック氏は2000年、世界には「政治経済のトリレンマ」があると提示した。国家主権、民主主義、グローバル化の3つの政策目標のうち、一度に2つは達成できるが3つは同時に達成できないとするものだ。ロバート・マンデル氏が提唱した国際金融理論「国際金融のトリレンマ」を応用したものである。国際金融のトリレンマとは、「為替の安定」、「資本の自由な移動」、「金融政策の自立」の3つの政策目標のうち、1度に2つは達成できるが3つは同時に達成できないというものである。

「ある意味、われわれはこの政治経済のトリレンマが展開されるのをずっと見てきた。私たちが経験しているハイパーグローバリゼーションの『反動』は、政治家がこのトリレンマに

3つのバランスが重要に

●「3つ同時に満たせない」政治経済のトリレンマ

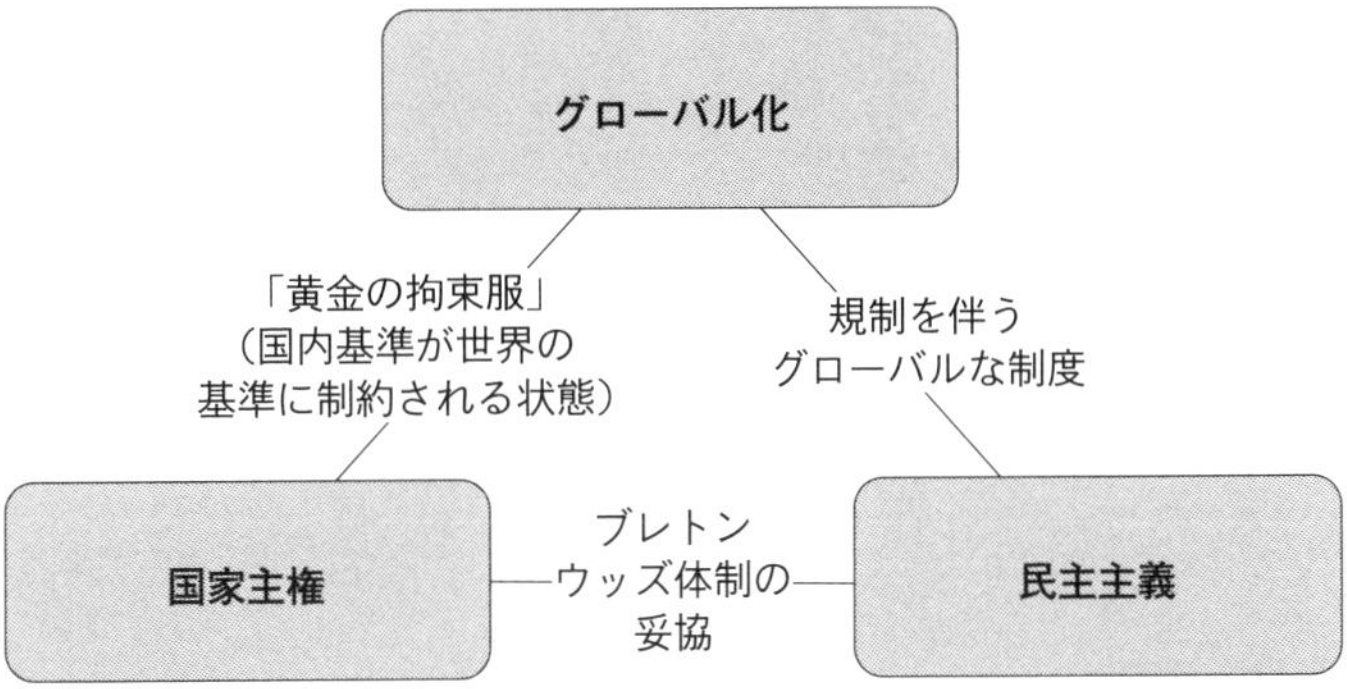

出所:『グローバリゼーション・パラドクス』(ダニ・ロドリック著、柴山桂太・大川良文訳、白水社)から作成

向き合ってこなかった結果だ。政治家は、『私たちは主権を持ち、民主主義と経済のグローバリゼーションを推し進めることができる。衝突など起きない』と何度も言ってきたからだ。

しかし取り残された地域や労働者のニーズに対応する政治家の能力に限界があり、緊張が生まれ、権威主義国家の民衆の反発という形で表れた。だから、私たちはある種の『政治経済のトリレンマ』を経験してきたのだと思う。国家主権、民主主義、グローバリゼーション、この3つの良きバランスが必要だ。

民主的な説明責任や国家主権、経済的・社会的な取り決めを自ら選択し決定する能力——。こうしたわれわれが大切にするほかの価値を損なわずして、世界経済を『ハイパーグローバリゼーション』の方向へ極端に推し進めることはできないということなのだ」

2つだけでなく、3つのバランスを取ることができるかもしれないということだろうか。

「3つを同時に満たすこと自体は可能だ。例えば（金・ドル本位制のもと為替相場を安定させる）ブレトンウッズ時代の学びは、第二次世界大戦後の30年間で民主主義の深化、比較的平等で包摂性のある社会形成、経済成長の達成、を同時にできたことだ。世界経済のグローバリゼーションがその目的に従属する環境の中だったから、実現できた。

当時は、金融のグローバル化を推し進めることはなく、資本規制があった。貿易協定（1947年に署名された関税及び貿易に関する一般協定〔GATT〕を指す）も比較的、底の浅い統合だった。これは各国の内政に影響せず、農業政策や知的財産政策、産業政策の調整は求めなかった。

影響をうまく抑制することで、ハイパーグローバリゼーションより限定的なグローバリゼーションを実現できていたのだ。その意味で民主主義と国家主権を優先するシステムだった」

では、ブレトンウッズ体制のような限定的なグローバリゼーションであれば、他国の内政に過剰に介入しないだろうということか。

――「1980年代以降、特に1990年代の西側世界は、国家主権と民主主義にどのような結果をもたらすのかきちんと直視せず、やみくもにハイパーグローバリゼーションを推し進めた。結果、不安定なシステムが出来上がった」

グローバリゼーションが揺らぐ中、日本は高齢化社会と人口減少が進み、人口面から考えると将来に展望が持ちづらい状況にある。移民受け入れを議論する動きも見られるが、政治的に難しい。

「ほかの国の人々に対してオープンで、受け入れることができる力は、国全体における経済の活力や、イノベーション（技術革新）にとって重要だ。米国が経済の活力と革新性を維持しているのは、移民を受け入れる能力に負うところが大きい。一方この問題は、きわめて政治的でもある。

移民を積極的に受け入れている人たちでさえ、完全に国境を開放しようとは言わない。完全に自由な移動や移民を認めているわけではない。どのような条件で、どんなスピードで、どう移民を受け入れていくのかを考える必要がある。これは、より幅広く、民主的な議論や討論のテーマとすべきだと思う」

まずは国内経済の安定を

ＳＮＳによるヘイトの拡散や、差別がもたらすヘイトクライムの増加がしばしばニュースで伝わってくる。一般的に移民により仕事が奪われる、あるいは日本の場合はとりわけ治安が悪化する、と心配する傾向がある。

「経済状況が悪く、経済的不安が大きい時に、『私たちvs彼ら』という考え方、ものの見方が生まれる。経済不安がもたらす問題に基本的に政策で対処して、人々が安心して暮らせるなら、人々は一般的に、移民を受け入れる傾向にあるのだと分かるはずだし、それができている時が移民の受け入れ拡大を考えるタイミングと思う。

1980年代から2000年まで主流だった新自由主義が、世界中で全面的に見直されている。これは長期的な変化で、『政府による産業政策』という考え方の復活が大きな部分を占めることは間違いない。だが世界経済は数年前とは全く異なる状況にある。変化の一つは、望ましい構造改革を推進するうえで産業政策が果たす役割に関心を持ち、真剣に考える人が増えたことだと思う。

気候変動の問題、デジタル化の問題、良質な雇用の創出、労働市場のひずみ、サプライチェーンの再構築など、さまざまな政策課題があり、トレンドが重なり合っているのだ」

日本では、政府主導の産業政策に対して懐疑的な見方も多い。

──「(モデルを)根本的に見直す必要がある。政策の役割に対する国民の受け止め方も変わっ

政策介入の内容は発展段階で異なる

●「グッド・ジョブ」開発モデル

		政策介入する経済の発展段階		
		生産前	生産段階	生産後
注力するセグメントの生産性	低生産性	教育と健康への投資	―	現金給付： 完全雇用マクロ政策
	中程度の生産性	―	サービス業におけるより高度な雇用の促進、雇用主を巻き込む研修政策、雇用創出に特化したインセンティブ、（高度すぎない）適切な技術	雇用のセーフティネット
	高生産性	イノベーションシステム、 知的財産法制、 貿易協定	補助金、 研究開発インセンティブ	法人税インセンティブ

出所：Dani Rodrik, 2022. "Prospects for global economic convergence under new technologies," Brookings Institution.

た。日本は第二次世界大戦後の最初の30年間、産業政策をきわめて巧みに実践した国の1つとして世界的に知られている。しかし一方で、産業政策はある種の不評を買い、特に1980年代以降は影を潜めてきた。その後、新自由主義や市場原理主義と呼ばれた市場重視の考え方の台頭を経た今、振り子が戻りつつあると思う。

政府には今の時代の問題や課題に対応した産業政策に取り組んでほしい。1960〜1970年代の問題と今日の問題は全く異なるわけだから、いわば（昔と変わらない）「終わってしまった戦争」を再開しないことが重要だ。

現在は、気候変動や、労働市場

における雇用の創出がより重要だ。デジタル社会への移行と、それが遅れている地域社会や労働市場に及ぼす影響も重要になっている。さらにデジタルプラットフォーム企業への権力の集中も懸念している。よって産業政策といっても、日本が得意な伝統的な産業政策とは、かなり異なるものにならざるを得ないだろう」

気候変動関連ではエネルギー政策も重要だ。気候変動に関する各国の連携は、新たなグローバリゼーションの中核になるかもしれない。雇用の創出では創業者の年齢を問わず、スタートアップ育成もその一部になるだろう。デジタル社会への移行ということではやはり、デジタルトランスフォーメーション（ＤＸ）がカギだ。

ちなみに、ＤＸという概念の起源は、スウェーデンのウメオ大学、エリック・ストルターマン教授らによる２００４年の論文である。

「ＤＸに伴う最も重要な変化の１つは、情報技術による、あるいは情報技術を通じた私たちの現実が、ゆっくりと混ざり合い、つながるようになることだ」、「人類の生活体験は、使い勝手の善し悪しがある別個のモノとしてではなく、全体としてかなりの部分がデジタル技術の影響を受ける」、「私たちの主張の前提の１つは、『良い生活』を追求するために、テクノロジーを批判的に検討する研究アプローチが必要ということだ」などと論じている。[10] 社会全体を捉えており、必ずしも企業のデジタル化だけを指しているわけではない。

そこから見て、ロドリック氏が考える、日本が得意な「伝統的な産業政策」とはどのようなものか。

「日本の従来型の産業政策では、製造業やナショナルチャンピオン（国を代表する企業）の育成、大企業の輸出拡大に重きを置いた。そのような産業政策は、これからはあまりふさわしくないだろう。近代的で現代的なアプローチを開発し、現在の課題に対処する必要がある。もう製造業はそれほど重視されていない。

輸出やグローバルなバリューチェーンが果たす役割は、今後、だんだんと小さくなっていくだろう。ICT（情報通信技術）は明らかに大きな役割を担っている。また、不平等や取り残されつつある地域への懸念も高まっている。われわれにはそうした調整が必要だ」

ロドリック氏もデジタル化の重要性を強調する。しかしDXについて日本は出遅れてきた。取り戻せるだろうか。

「遅すぎるということはない。懸念は、DXによる国際競争力の向上に注力しすぎることだ。社会が結束でき、良い政治に必要なインクルーシブ（包摂的）な経済環境をつくり出しているかどうかに対して十分に焦点が当たっていない。実際、欧米では新しい技術を活用できるかどうかで経済格差が広がり、多くの労働者や企業が取り残されている。国内における経済格差の拡大が、権威主義的なポピュリズム（大衆迎合主義）の台頭の一因になっている。欧米で見られる極論や醜悪な政治はその表れだ。
DXと新しい技術のもたらす社会問題に取り組むことは大変重要だ。トップ企業だけでなく中小・零細企業にも普及する、広がりのあるイノベーションに投資する必要がある。遅れた地域を経済の最前線に据え直す。一般的な教訓であるが、日本が直面する問題の一部でもあるだろう」

ロドリック氏の指摘はつまり、主に企業の競争力に焦点を当てた2018年の経済産業省による定義ではなく、ストルターマン氏らが定義したような、DXの原点に立ち返るべきだ、と言っているように聞こえる。

サービス業で雇用を増やせ

技術革新に伴う自動化は、企業の進化と雇用の関係も変え得る。ロドリック氏は最近、論文「Prospects for Global Economic Convergence Under New Technologies」[11]において、東アジアと東南アジア以外の発展途上国で製造業の雇用が伸びなくなり、日本などの初期の成長期とは異なると分析した。

「米国では、製造業の再生、イノベーションの促進、サプライチェーンの自国回帰といった議論が盛んだ。国内の製造業を再活性化するための産業政策が強力に推し進められている。

一方で日本は、GDPにおける製造業の割合が米国の2倍以上ある。米国では製造業が衰退してしまったが、日本は必ずしもそうではない。

また日本や韓国、台湾のような国・地域の先例を見ると、GDPに占める製造業の割合が増加しても、製造業の雇用を創出するものにはなっていなかった。製造業に投資して製造業の成長を促すことと、製造業の雇用を増やすことは別のことなのだ。しかし人々は、2つを同じと考えがちだ。

製造業は今、自動化、ロボット化、デジタル化や高度な技能・資本の集約が進み、雇用を大幅に増やさなくても生産量を大幅に増やせる。米国や日本のような先進国でも、新しい雇用のほとんどはサービス業でつくられている。すでに日本では、全雇用に占める製造業雇用の割合は15％を下回り、米国は8％程度にすぎない」

つまり、製造業の復活については、雇用が目的ではなくイノベーションが目的だとはっきりすべきだということだろうか。

「私たちは、互いに混同してはいけない2つの課題を抱えている。1つは、革新的な新産業にどう投資するかということだ。経済全体のイノベーションでは製造業が群を抜いて大きな役割を担うから、引き続き製造業は重要だろう。しかし経済成長の恩恵が広く共有され、労働市場がすべての人に生産的な機会を提供し、より包摂的な社会をつくるうえでは、製造業ではなくサービス業の生産性を向上させることがますます重要になる。

医療、介護、小売りなど、雇用の大部分を吸収するのはサービス業だからだ。日本は伝統的に、輸出志向で競争力のあるきわめて生産性の高い製造業と、相対的に生産性の低い非貿易サービス業という大きな二元性がある経済として知られてきた。

しかし今後より多くの人が仕事を得られる分野は、サービス業だ。これは、1950年代や1960年代~1970年代に産業政策で直面した課題とは、まったく異なるタイプの課題と言えるだろう」

デフレが続いた時期、日本社会は輸出が有利になる円安を歓迎した。だが欧米先進国がインフレーションに向かう中で円安が進んでいき、一転して円安を懸念する声が広がった。エネルギーなどを中心にモノの値段が上がり、国民の生活コストが増えるからである。

「日本は長い間、輸出中心の経済で、経済の健全性は輸出部門の状況に左右されると考えられてきた。しかしほかの国々と同様、経済の健全性は国内の非貿易サービス業に大きく依存するようになっている。私としては、円安が不均衡を助長したり、インフレがコントロールできなくなったりしない限り、円の動きにはあまり懸念はない。

それより日本について気になるのは、次のようなことだ。中間所得層の生活はどのような状況か、労働市場での雇用の創出は十分だろうか？　地域間格差には目配りできているだろうか？　人々は自分たちの将来に楽観的なのか、悲観的なのか、一体、どう感じて暮らしているのだろうか？

こうしたことはすべて、輸出志向の経済動向からよりも、サービス業の動向に、はるかに大きく左右されることと思う」

昨今はＡＩが急速に進歩し、産業や社会で力をつけてきている。では、このＤＸは経済成長にどのような影響を与えるのか。また、ＡＩを中心としたＤＸは、経済発展でどのような役割を担っていると見ているか。

「いくつかのことが言われている。１つは、ＡＩがもたらす経済効果だ。労働市場への影響はどうだろうか。企業の集中度はどうか。プラットフォームが生み出す力は。プライバシーに関する問題はクリアできるか。そして自律性に関する問題……。

だがおそらく最も重要でありながら最も把握できていないことは、民主主義や民主主義の健全性にどのような影響があるのか、ということだろう。ある種のＡＩが権威主義を助長していることは明らかだ。中国における顔面スキャン技術や、権威主義的な政権による利用を見れば分かる。

とはいえ一般的に、テクノロジーはどのような種類のテクノロジーであっても中立的なものだと思う。それをどう使うかが重要だ。今後、われわれがこうした問題についてもっと真剣に考えなければいけないことは明らかだ」

「憂鬱な科学」の功罪

ロドリック氏は単著『エコノミクス・ルール』で、経済学について分かりやすく、概説で触れたように一歩引いた目線で包括的に解説しており、近年ノーベル経済学賞の対象となっている最先端の分野に対しても冷静な洞察を提供してくれる。本書で紹介している経済学者の理論にも大いに関係があるので、紹介したい。

例えば、リスト氏らが展開するフィールド実験については、このような調子である。「フィールド実験の明らかな欠点は、それらが経済学の中心問題の多くにほとんど関係しないということにある。例えば財政政策や為替レート政策の役割といったマクロ経済学の大問題を検証するのに、経済実験がどの程度役立つのかを知るのは難しい」、「多くの政策問題は（中略）リアルタイムでの回答を要求するので、フィールド実験に時間を費やす時間を許さない」。本書第6章でリスト氏は、フィールド実験には労力と長い時間がかかることを明らかにしており、ある意味、整合的である。

また、ミルグロム氏のオークション理論やロス氏のマッチング理論については「全く難解な、高度な数学を用いたモデルから来ている。（中略）オークションの理論は、抽象的なゲーム理論から導かれるものだが、大半の経済学者でさえほとんど入り込めない」とし、マーケットデザイン分野の数学的な難度の高さを強調する。

マクロに国際的で広い視野から経済の縦軸、横軸の動向を論じるロドリック氏の政治経済学と、現場の問題解決に向けて、ミクロ経済の理論を新たな市場の設計に活用するマーケットデザインとは、どちらも社会に望ましい変化をもたらすのが目的であるが、立ち位置と手法に違いがある。

経済学をはじめとする社会科学に「ビッグアイデアが減った」という指摘もある。科学学術誌『*Nature*』は、1945年から2010年までの引用データを分析し、イノベーションを起こすような破壊的な論文が全体的に減少していると明らかにした。とりわけ社会科学と技術において引用した研究を覆すような破壊的な研究の割合が、1980年ごろから生命科学、生物医学や物理科学よりも持続的に減少していると結論付けている。[12] それに関連して、2023年の全米経済学会の様子について英誌 *The Economist* は「大物たちが新鮮で興味深いアイデアを披露したが、例えばナッシュ均衡や（スティグリッツ氏らによる）非対称情報のアイデアのような画期的なものではなかった」と報じている。[13]

とはいえ、国内では新しさが注目を浴びるマーケットデザインや行動経済学といったミクロ経済学の分野は、日本人に優れた研究者が多いうえ、現実の問題解決に応用し得るケースがあることから、比較的知名度がある。

ロドリック氏は自著『貿易戦争の政治経済学』で、「アイデアというのは欠陥を持っていたり、狭い自分の利益しか考えない集団の主義に資することになったりする一方、しっかりと社会を前進させることもある」と述べている。[14] 経済学の現状について、ロドリック氏の考えを聞いてみた。

「経済学者の中には、われわれの役割は配管工や歯科医のようなもので、きわめて特殊な問題を解決する（技巧的な）専門家だと考えている人もいると思う。配管工が台所の流しの栓を抜いたり、歯科医が虫歯を治療したりするように、経済学者としての私たちの役割は、単にある財が配分される方法や、ある市場が機能する方法についてとても具体的に調整し、きわめて細かい調整を提案する形になる。こうした役割も確かにあるし、経済学者が得意なのも、本当はこういうことなのかもしれない。

しかし一方で、経済学者は、経済が全体としてどう機能するか、経済の目的は何か、どのように制度設計すべきか、直面する課題に対処するための新しい経済制度をどのように構築するかを考える、知識人の1人でもある。気候変動であったり、雇用問題であったり、DXであったり、いろいろなテーマがある。

もし経済学者が配管工や歯科医のような研究者だけになってしまったら、十分に義務を果たせないことになる。

一方で、大きな問題に取り組む時は、謙虚に取り組む必要がある。狭い問題に取り組む時のような、正確なツール一式を持っているわけではないからなおさらだ。経済学の知識と多くの判断材料、経済イデオロギー、政治イデオロギーが混在していることを理解する必要があると思う。それを率直に話すことで、経済科学を装って自分たちのイデオロギーを売り込むようなことをして、経済学が悪い評判を受けることのないようにしなければならない」

民主主義に不可欠な経済学の知見

ツールとしての経済学にはやや否定的で、また「経済科学を装って」自説を売り込むことについても否定的なコメントだが、それはロドリック氏の経験に根差すものと思われる。『エコノミクス・ルール』では、ロドリック氏がプリンストン高等研究所に滞在した時、他の学問分野の人々から経済学者について「研究所にやって来た訪問者――経済学と並ぶ学問である人類学、社会学、歴史学、哲学や政治学の人々――と出会うと、経済学者に向けられた心の奥底から発する強い疑いの目に驚かされた」と振り返っている。[15]

では大きなテーマとして、民主主義において経済学は重要な役割を果たすだろうか。

「とても重要な役割を果たすと思う。だが経済学には2つのルールがある。1つは、きわめて具体的・技術的で、科学的な貢献である。もう1つは、その時々の幅広い問題について議論し、コメントする公的な知識人としての役割だ。この2つの役割は多少異なるが、いずれも必要だ。

だが、この2つ目の役割において、経済学者がほかの知識人と比べて必ずしも誇りを持つべきとか、あるいは優先されるべき存在だとは思わない。相手が法学者であれ、ジャーナリストであれ、社会学者であれ、政治学者であれ、だ。

私たちは数ある声のうちの1つにすぎず、必ずしも、最も多く耳を傾けてもらえるような存在ではない」

近年は米中対立が深刻化してきたこともあり、多くの知識人が民主主義と権威主義について意見を表明する場面が増えた。ロドリック氏はどう考えるか。

「私たちは（民主主義において）ある種の危機に直面しており、その代償が言論の自由ということなのだろう」

ここまでグローバリゼーションや産業政策について、別の視点からの分析をまとめてきた。最終章は、2023年現在、世界中で節目を迎えた金融政策について、プロフェッショナルの見立てにより考察する。ちょうど転換点であったタイミングにインタビューした内容を基にしている。取材先は、元インド中銀総裁の米シカゴ大学経営大学院教授、ラグラム・ラジャン氏である。本書には珍しく時事性が強いが、ヒントになる視点が多い。

注

1 Robert A. Mundell – Facts. NobelPrize.org. Nobel Prize Outreach AB 2023. Tue. 24 Jan 2023. 〈https://www.nobelprize.org/prizes/economic-sciences/1999/mundell/facts/〉

2 Joshua Aizenman & Hiro Ito, "The Political-Economy Trilemma," *Open Economies Review*, Springer, vol. 31 (5), pages 945-975, November 2020.

3 伊藤宏之「『政治経済のトリレンマ』から見る世界政治」経済産業研究所、２０１９年。

4 Rodrik, D., Subramanian, A. & Trebbi, F. "Institutions Rule: The Primacy of Institutions Over Geography and Integration in Economic Development," *Journal of Economic Growth* 9, 131-165, 2004. https://doi.org/10.1023/B:JOEG.0000031425.72248.85

5 ダニ・ロドリック、柴山桂太・大川良文訳『グローバリゼーション・パラドクス　世界経済の未来を決める三つの道』白水社、２０１４年。

6 オリヴィエ・ブランシャール、ダニ・ロドリック、月谷真紀訳、吉原直毅解説『格差と闘え——政府の役割を再検討する』慶応義塾大学出版会、２０２２年。

7 ダニ・ロドリック、柴山桂太・大川良文訳『エコノミクス・ルール　憂鬱な科学の功罪』白水社、２０１８年。

8 Joseph E. Stigliz, "Getting Deglobalization Right", May 31, 2022, *Project Syndicate*.

9 ダニ・ロドリック、岩本正明訳『貿易戦争の政治経済学　資本主義を再構築する』白水社、２０１９年。

10 Stolterman, Erik, and Anna Croon Fors. "Information technology and the good life." *Information systems research*. Springer, Boston, MA, 2004. 687-692.

11 Rodrik D. "Prospects for Global Economic Convergence Under New Technologies.";2022. Copy at https://tinyurl.com/ydenbnrn

12 Park, M., Leahey, E. & Funk, R.J. "Papers and patents are becoming less disruptive over time," *Nature* 613, 138-144 (2023). https://doi.org/10.1038/s41586-022-05543-x.

13 "Has economics run out of big new ideas? The AEA's conference did not provide evidence to the contrary", *The Economist*, January 12th, 2023.

14 前掲、ダニ・ロドリック『貿易戦争の政治経済学』。

15 前掲、ダニ・ロドリック『エコノミクス・ルール』。

第12章

ラグラム・ラジャン

Raghuram Rajan

グローバリゼーションは死なない

Profile

米シカゴ大学経営大学院教授
2003～2006年に国際通貨基金（IMF）チーフエコノミストおよび調査局長、2011年に米国金融学会会長、2013～2016年にインド準備銀行（中央銀行）総裁を務める。専門は銀行論、企業財務論、経済開発論。米国芸術科学アカデミーの会員でもある。著書に『セイヴィングキャピタリズム』（共著、慶応義塾大学出版会）、『フォールト・ラインズ』（新潮社）、『第三の支柱』（みすず書房）などがある。
（写真：ラジャン氏提供）

本当に起こっていることを直視するエコノミスト

サブプライムローンの危険性をいち早く警告

最終章は、インド出身で金融論や銀行論を専門とし、2013年から2016年までインド準備銀行総裁も務めた米シカゴ大学経営大学院教授のラグラム・ラジャン氏である。1985年にインド工科大学を卒業し、1987年にインド経営大学院アーメダバード校（IIMA）で経営学修士号（MBA）を取得。1991年に米マサチューセッツ工科大学（MIT）で経済学の博士号（Ph.D.）を取得した。2022年にノーベル経済学賞を受賞したダグラス・ダイヤモンド氏と、1990年代以降から長らく共同研究に携わり、学術的にも数多くの影響力ある研究論文を発表してきた。現在は大学教授に戻っているが、啓蒙書で展開する緻密な分析と歯切れの良い主張は印象深く、実務経験も長く、そのマルチな実力は折り紙付きである。

ラジャン氏は2005年8月、主要国の中央銀行幹部が集い、米ワイオミング州ジャクソンホールで毎年3日間開かれる定例のシンポジウムで、リーマン危機のきっかけとなったサブプライムローンの危険性について警告したことで最もよく知られている。

このシンポジウムは当時、マエストロと呼ばれたアラン・グリーンスパン連邦準備理事会（ＦＲＢ）議長にとって最後になるため、グリーンスパン時代の遺産が議題に上った。シンポジウムでは、グリーンスパン議長の在任中、金融部門がどのように発展してきたかについての論文を提出するよう求められていた。シカゴ大学を休職して国際通貨基金（ＩＭＦ）のチーフエコノミスト兼調査局長を務めていたラジャン氏は論文をまとめたのだが、「個人的な見解だ」と断ったうえで、以下のような分析を示したのである。

「銀行は現在、自身が組成した複雑な商品や保証に関連するリスクの一部をヘッジするために、より流動性の高い市場を必要としている。市場の流動性への依存度が高まると、危機の際に銀行のバランスシートが怪しくなり、これまで提供してきた流動性の保証ができなくなる可能性がある。（中略）このような傾向を総合すると、リスクを吸収できる市場参加者がはるかに多くなったにもかかわらず、システムから生み出される金融リスクは確実に大きくなっていると思われる。（中略）壊滅的なメルトダウンの可能性が（まだ小さいとはいえ）高まっているのかもしれない」[1]

つまり、引退に向けて花道を探るグリーンスパン氏が見守る中、賛辞を贈るどころか「災難が迫っているかもしれない」と主張したのだ。

この発言は当時、「神への冒瀆（blasphemy）に近い」とまで批判され、「真剣に受け止める金融関係者はいなかった[2・3]」という。

だがラジャン氏の発表は、決して「ためにする」批判ではなかった。ラジャン氏は当初、グリーンスパン氏が18年間在任した間の金融の発展が、いかに世界を安全にしたか書くつもりだったのである。だが、よく調べれば調べるほどそうとは思えなくなり、このようなスピーチになったのだと明かしている[4]。ラジャン氏はその時の緊迫した会場の空気を「飢えかけたライオンの集いに迷い込んだ初期キリスト教徒のような心地がした、というのは言い過ぎだろうか」、「批判したひとびとが目の前で起きていることを無視しているように見えたから、不安をおぼえた」と振り返っている[5]。

だがこの発表から2年後、まさにこうした状況が原因で世界中が大恐慌以来の金融危機に見舞われたのは、衆目の知る通りである。ラジャン氏は「当時、それを予見するには、さほど鋭い洞察力は必要ではなかった。私は同僚たちとともに築いた理論の枠組みを使い、点と点を結んだだけだ」と述べている。忖度は日本の専売特許ではないのだな、と思わされるエピソードだ。あるいは金融関係者の思考が似通っていてバイアスが強く、重視する情報が偏っていたのかもしれない。ラジャン氏は「今回の危機は政府と市場のそれぞれの適切な役割が混同されたことから起きた。再び正しいバランスを見つけなければならない」と考えていた[6]。『*Fault Lines: How Hidden Fractures Still Threaten the World Economy*』(『フォールト・ラインズ「大断層」が金融危機を再び招く』新潮社、2011年)では、「格差拡大がもたらす結果を憂い、世界金融危機前の審査の甘い住宅ローンは、政治家が給与の伸び悩みから人々の関心をそらすための方策という一面があったと論じ[7]た。

日米金融政策の動向について取材

本インタビューは、多忙なラジャン氏がダイヤモンド氏の招待により、スウェーデンのストックホルムにノーベル賞関連で滞在している合間、オンラインで実施した。２０２２年11月、ＩＭＦと東京大学金融教育研究センター（ＣＡＲＦ）共催のカンファレンスにおいて、脱グローバリゼーションの行く末について話していたラジャン氏の見立てに筆者が興味を抱いたのがきっかけだ。

ラジャン氏に直接コンタクトして取材できることになった２０２２年12月9日は、米国でも日本でも節目となる金融政策の決定会合が間近に近づいており、インフレーションに対する見通しに世間の注目が集まる中、質問は当然ながら金融政策から始めることになった。

ラジャン氏は、「米連邦公開市場委員会（ＦＯＭＣ）は、利上げ幅をこれまでの０・７５％から０・５％に縮小する」と予測。さらに日本の金融政策については「あくまで個人的な見解だが」と断ったうえで、「黒田東彦総裁が２０２３年4月に退任するころには、インフレ率は総裁の目標に到達しているだろう。インフレを取り戻すと言って就任したのだから、やり遂げたという自負を持って退任できるのではないか。そして、次の総裁は金融緩和の出口を探らなければならない」とかなり具体的に発言した（本文参照）。

インタビューは、米連邦公開市場委員会（ＦＯＭＣ）が開催されてラジャン氏が見立てた通りに決まったのを確認した後（市場のコンセンサスであった）、ＦＯＭＣの決定に関する部分を過去形にして12月15日に掲載した。まもなく、国内で「金融緩和の出口は次期総裁に」といったトーンの報道が目につき始め、掲載から４日後の12月19、20日、日銀は金融政策決定会合で、イールドカーブ・コントロール下における10年物国債金利の許容変動幅について、従来のプラスマイナス０・２５％からプラスマイナス０・５％に拡大することを決めた。この決定は関係者や識者らから驚きをもって受け止められた。そして２０２３年３月、植田和男日銀新総裁の就任が決まった。

普段はアカデミアの寄稿編集や取材を中心に活動している中、久しぶりにニュースが動く現場の片隅に身を置いた気分であった。

市場、国家、コミュニティの均衡が重要

金融論だけがラジャン氏の関心ではない。日本では、「誰も取り残されない」ことを掲げた持続可能な開発目標（ＳＤＧｓ）やＥＳＧ投資の考え方が急速に定着してきた。政府主導の大きな政府もうまくいかず、企業や投資家の自由至上主義も結局は行き詰まるということからか、企業、政府に加えて社会、すなわち非営利的な集団が重要と指摘する著名な学者が増えている。そんな中、コミュニティの重要性にフォーカスしたラジャン氏の単著『第三の支柱　コミュニティ再生の経済学』について聞いてみたいと考えた。

『第三の支柱』については「世界がますます両極化し、平和と繁栄が拡大した70年間に背を向け

るリスクを冒しつつあるのを目の当たりにしている」ため、書いたと述べている。[8] ラジャン氏は「市場」、「国家」、「コミュニティ」の均衡を回復し、破壊的な技術変化と社会の変化に対峙することが必要だと考え、メンバーが近接して暮らすコミュニティに注目している。ここでいうコミュニティは、教育委員会や地方自治体、自治会、町議会などだ。ビジネスや制度の仕組みでは手の届かない、例えば困窮家庭や高齢者などは、見えないところでコミュニティが手を差し伸べて支える必要がある。

ラジャン氏は、コミュニティが有効に機能するのは、コミュニティとそのメンバーのより大きな効用に配慮するよう社会化されている場合（一緒に生まれ育った仲間、あるいは民族的に同質な集団）、あるいはメンバーに協力することに価値があると思わせるような余剰価値が人間関係に埋め込まれている場合だと指摘する。しかしコミュニティが小規模なままでいると、成長を逃したことによるコストや、情報が共有されすぎて過干渉になるといった欠点がある。いわゆる「村八分」的な騒動も起こりやすそうだ。

人には、競争と外部からの力を制限して貴重な人間関係を守りながら、新たな人間関係をつくろうとする欲求があるという。いわば、制限付きで門戸を開放するのである。多くの人が行きすぎたグローバリゼーションに反発する衝動も、そうしたコミュニティ再構築への欲求が根底にあるのだろうか。ＳＮＳ（交流サイト）上の「想像の共同体」で、互いに牽制しあう同質的な価値観の中で虚実織り交ざる情報に浸るのも、同質性の欲求だろうか。

第12章でダニ・ロドリック氏が説いた「ブレトンウッズ体制のような制限付きのグローバリ

ゼーション」は、こうした帰属欲求を満たすうえでのソリューションの1つに感じる。だがしかし、果たして適度なグローバリゼーションというものが、成立するのだろうか。第11章のスティグリッツ氏が探究する、自然の恩恵やウェルビーイングをも重視するような「ビヨンドGDP」のような指標が成立すると、気候変動危機の時代にふさわしい指標として、金融資本主義でも株主資本主義でもないバックボーンによる、ほどよいグローバリゼーションを推進する道具にできるのかもしれない。

取材時、足元では「デ・グローバリゼーション（脱グローバル化）」という単語が頻繁に見られるようになり、友好国・敵対国構わず複雑に絡み合い拡大しすぎたグローバリゼーションの見直しが進んでいた。国家や企業レベルで、敵対国との取引やサプライチェーン（供給網）上のつながりを断とうとする動きが急ピッチで進んでいた。

ラジャン氏は「（友好国とだけ取引する）フレンドショアリングは危険だ」と指摘する。これは、コミュニティの議論にある通り、かえって均衡を脅かすという欠点があるからだろう。日本を含む世界経済の行方について聞いた。

Interview

今後もインフレは続くのか

2022年から本格的に世界でインフレーションが進んできた。今後も引き続き今の水準でインフレーションが続くのだろうか。

「インフレーションの行方に影響を与えている3つの力があると思う。1つは、景気が減速していることだ。米国についてだが、新型コロナウイルスのパンデミック下では、モノが不足して価格が上がり、また人々はモノにしかお金を使えなかったため、物価が上昇した。しかし、その時上がったモノの価格は著しく下がってきている。

2つ目は連邦準備理事会（ＦＲＢ）の金融引き締めで、これが威力を発揮している。例えば住宅市場を見てみると、住宅ローン金利は2倍以上になり、着工が大幅に遅れ、販売の伸びも緩んでいる。

今、家を売ったら新しい家を買うのに余計にコストがかかるので、今住んでいる家は売りに出ない。住宅の需要も供給も減り、市場は明らかに減速している。ほかのセクターもより慎重になっている。一般的に景気が減速していく中、特に金利の変動に敏感なセクターはトレンドが下降し、それがインフレ率を鈍化させる。

住宅はインフレの大きな割合を占める。帰属家賃（持ち家を市場価格で評価した計算上の家賃のこと）のような指標は緩やかに下落する傾向がある。2023年の第1四半期までには、住宅関連の数字がマイナスに転じるというのが大方の予想で、これもインフレを減速させる要因だ。

インフレを緩めるさまざまな要因の中で、誰もが注視するのが労働市場だ。2022年11月の米雇用統計を見ると、求人件数がまだ多く、需給が逼迫している。直近の賃金上昇率の数字は、まだインフレ率を下回ってはいるもののかなり高いものだった。これがFRBの懸念材料となる。FRBは、労働市場の需給に余裕が生まれて賃金上昇が落ち着く見通しが立つまで、利上げをやめるわけにはいかない。

FRBは（2022年）12月の米連邦公開市場委員会（FOMC）で、利上げ幅をこれまでの0・75％から0・5％に縮小した。その先は0・25％に引き下げるための根拠を探すことになる。労働市場に十分ゆとりができたと感じられたら、利上げを一時停止できる。賃金の伸びが大幅に低下するか、失業率がやや上昇するかのどちらかのときだ。

今回の金融引き締めの結果は2023年の6月か9月に表れる。だから、この先は引き締め過ぎに少し注意したいところだ。また0・5％上げたら、いわゆる抑制強化の領域に入った、と多くの人が感じる。その時点から景気が悪くなっていくからだ。

誰もが抱く大きな問いは、FRBはいつ利上げを一段落させるのか、ということだ。

FRBは、『景気が減速しているという感覚を得られる程度まで上げていく』余地をつくろうとしているのだと思う。問題は、引き締めすぎる前に、タイミングよく景気減速の兆候をきちんと受け取れるかどうかだ」

2022年から少なくとも1年、あるいは2年はインフレが続くということだろうか。

「今後数カ月はインフレ率が大幅に低下すると思う。ロシアのウクライナ侵攻が始まった時、多くの物価が上昇したのを覚えているだろうか。戦争を乗り越えたら、いわゆる『ベース効果（比較対象になる前期の指数が低めだった場合、前期比の上昇率が高く出てしまうこと）』が働き、戦後の物価からインフレ率を測定することになる。そのため、インフレ率は機械的な理由だけで（表面上は）下がる。

インフレ率が下がるのは、いくつかの物価が下がるからだ。例えば大きな構成要素の1つである中古車の価格が下がっている。サービス価格の上昇が減速し始めるかどうかが大きな問題だと思うが、今のところ、それを示す強い証拠は見当たらない。賃金はサービス価格の大きな構成要素で、このまま上昇を続ければサービス価格も上昇し、それがインフレを下支えし続けることになる。

インフレ率自体は下がるだろうが、問題は、FRBがちょうどよいと感じる2～2・5%の範囲まで下がるのにどれくらい時間がかかるかだ。それはおそらく、どんなに早くても

——２０２３年末から２０２４年初めごろだろう」

中古車やサービスの価格、失業率などをウォッチすればいいだろうか。

「そうだ。また賃金の動向にも注意しよう。２０２２年12月発表の米雇用統計では、前回の賃金が上方修正されて賃金上昇率が高いように見えた。しかし、まだインフレ率を下回っていることを忘れてはならない。つまり、実質賃金は下がっている。その意味で、賃金の数字を解釈する際には注意が必要だ」

ソフトランディングの可能性は低くなっている

今後の米国の景気後退の可能性についてはどう見ているのか。

「インフレと景気後退は非常に関連している。そこで、４つのシナリオについて話す価値があると思う。

１つ目のシナリオはソフトランディングだ。景気後退がなく、雇用の伸びは鈍化するが大幅なマイナスにはならず、失業者もそれほど多くなく、インフレ率が急速に低下し始め、FRBは景気後退を引き起こすことなく終了する、というものだ。このシナリオ実現の確率は、おそらく今年の初めには50％だった。しかし今は15～20％というところ。かなり下がった。残りの3つのシナリオも、おそらく同じような確率だ。

2つ目は穏やかな景気後退である。FRBが景気を減速させるが、負荷をかけすぎて失業が発生し、ある時点で失業が発生していることに気付いたFRBが再び金利を引き下げるというものだ。

3つ目は、FRBが、逼迫していた労働市場に余裕ができたのを見て利上げを小休止させることだ。その後、景気回復が判明する。資産価格、金融資産価格、株価、債券価格を見ると、いずれもFRBの（小休止の）声明にかけているように見える。

もしFRBが利上げを一段落させれば、突然、株式市場が大きく反応するかもしれない。それによって人々が自信を持ち、再び消費を始め、景気が再び上向き続けるかもしれない。しかしそうなると、FRBが、小休止した利上げをまた再開しなければならなくなり、これで景気に対する不安、成長の鈍化に対する不確実性が長期間にわたって続くことになる。これは穏やかな景気後退より少し悪い、ネガティブなシナリオだ。というのも、最終的には景気後退になるわけだが、より長期間インフレが続いた後に景気後退が起こるというシナリオだからだ。

4つ目は、すべてが一緒に起こって深刻な景気後退に陥るというものだ。

住宅価格は下がらないと言った。しかし、仮に失業者がもっと増え始めるとする。すると、人々は家を売らざるを得なくなって供給が増え、住宅価格が下がり始める。多くの人々は豊かさを感じられなくなり、支出を減らす。

労働市場がこれほど逼迫している理由の1つは、雇用主が人手不足で採用が大変という理由で、解雇したがらないためだ。しかし、仮に雇用主が解雇を始めたら、それを見て『じゃあ、うちも雇用を維持する必要はない。求職者が多いのだから、また雇える』と考え始める別の雇用主が現れる。

するとで解雇が急増するので、失業率は2~3ポイントどころか5ポイント上昇し、深刻な不況になる。そして住宅価格の下落、失業、需要の減少によって金融システム内に多くの負債が発生し、その負債が金融摩擦を引き起こすことが考えられる。

最近、暗号資産（仮想通貨）市場で破綻があったばかりだ。例えば、レバレッジドローン市場は、レバレッジ（負債比率）の高い企業が返済することを前提に融資しているが、需要が減少すれば返済できなくなり、債務不履行に陥り、広範囲の経済が苦境に陥る可能性がある」

米国以外の景気についてはどのように見ているか。

「ほかの国はインフレよりも経済成長に問題を抱えている。英国や欧州は米国と同レベルのインフレだ。しかし、成長はかなり鈍化している。エネルギー価格の高騰で成長率が大幅に低下しているので、インフレの問題から成長の問題へと変わっていくだろう」

日銀の出口対策は次の総裁の手に

日本の金融政策や景気についてはどう見ているのか。

「日本にとっては、何年も続いた低インフレに対する答えが出るかもしれない。ようやくインフレ率が日銀の望む水準に追いついてきた。日本にとって大きな問題は、現在の金融政策からどのように脱却するかだ。それは簡単なことではない。

黒田東彦総裁が2023年4月に退任するころには、インフレ率は総裁の目標に到達しているだろう。インフレを取り戻すと言って就任したのだから、やり遂げたという自負を持って退任できるのではないか。そして、次の総裁は金融緩和の出口を探らなければならない。

出口戦略をどうするかは、日銀にとって非常に難しい課題だ。長期国債利回りは、金利に幅広い目標を持つイールドカーブ・コントロール（長短金利操作）によって、低い水準に維持されてきた。これを本来の水準に戻すことが課題となっている。

もちろん、米国がインフレを抑制できれば、米国金利がそれほど上昇しないことが分かっているので、金利の水準を戻すことは容易だ。しかし、出口戦略の時点で米国がまだインフレと戦っているのであれば、大幅な円安を防ぐために、金利をかなり引き上げなければならない。

そうすると、日銀が金融緩和から『撤退』した時に、不安定になる可能性が出てくる。これが大きな問題だ。一度に緩和策から抜けるのか？　日本の国債が適正な水準になるのを待つのか？　それとも段階的に撤退するのか？　日銀が取り組まなければならないのは、そういう問題だと思う。

おそらく、日銀が望む水準でインフレが安定したことを示す指標は、その時になって初めて手堅いものになると推測している。誰が出口政策を始めるにせよ、最後まで見届けることができればよい。私の予想では、おそらく次の新総裁が決断することになるだろう」

脱グローバリズムの動きをどう見るか

次は脱グローバリズムについての質問をしたい。２０２２年11月17日にＩＭＦと東京大学金融教育研究センターの共催で開催された政策会議で、脱グローバリズムとサプライチェーンの今後について議論されていた。多くの企業経営者がサプライチェーンの再構築について懸念している。米中対立が深刻になる中、世界は本当に分断してしまうのだろうか。

「分断は実際に起きている。米国の経営者に話を聞くと、その多くがサプライチェーンのあらゆる部分で第二、第三の供給元を探しているようだ。すでにサプライチェーンの中に中国関係の供給元がある場合は、チャイナ・プラス・ワン、チャイナ・プラス・ツーにするといった具合だ。地政学的な緊張が高まることを強く懸念しているからだ。

それ以前にも、日本の東日本大震災、タイの洪水、パンデミックなど、さまざまな問題が起こった。災害などでサプライチェーンが寸断されるのを目の当たりにするたび、企業はより頑健なサプライチェーン構築を模索してきた。

しかし、まだ大規模な生産移転の準備が整っているとは思えない。彼らは代替供給源を求めているが、中国にはサプライヤーのエコシステム（生態系）がたくさんある。それをベトナムやタイ、インドで再現するには、少し時間がかかるだろう」

ジャストインタイムは困難？

サプライチェーンの再構築に向け、企業で見られる動きの1つはサプライヤーを増やすことだ。2つ目は、在庫を増やし、万が一の混乱に備えようというものだ。

以前は、誰もが日本流の、効率重視のジャストインタイム方式を取っていた。しかし、今では、ジャストインタイム方式の採用が良い選択肢であるためには、取り巻くすべてがうまく機能していなければならないことが分かった。そこで、在庫を増やし、バッファーを確保するようになった。

3つ目は、システムに柔軟性を持たせることだ。ある部品が供給されなくなった場合、その部品回りを設計し直すことができるのか。入手可能な部品を自分の機械で使えるように設計し直すことは可能か？　これは、特に半導体のチップに言えることだ。

例えば米テスラが普段使っているチップが不足した時、ほかのチップを再プログラムして使えるようにした。これが3つ目の選択肢だ。

4つ目の選択肢は、より抜本的なもので、サプライチェーンの地域化だ。グローバルなサプライチェーンを持たず、地域ごとのサプライチェーンを構築し、その地域の市場だけにサービスを提供することである。

例えば、中国市場にサービスを提供する場合、すべてのサプライヤーを中国国内に置くことで、米国と中国の間で摩擦が発生しても、そのサプライチェーンに支障をきたさないようにするわけだ。企業はこれらのいずれかに取り組んでいる。

投資面では現在、米国企業が中国に大規模な投資をするのは困難と見られる。米国企業は、中国にこれ以上投資するくらいならほかの国に投資してサプライチェーンに強靱な回復力を持たせたいと考えているのだ」

そもそも国際的なサプライチェーンの構築は、自由貿易のもとで、生産やサービス提供の効率化を図るためだった。それがいまや、効率化は二の次になってきたということだろうか。経済成長に影を落とすのではないだろうか。

「そうだ。残念ながら効率は落ちるし、競争も鈍化する。サプライチェーンの効率が落ちることにより、賃金上昇を抑制する力の一部が失われることも予想される。

私たちはこれまでとは少し違った世界に移行するだろう。心配しなければならない大きな影響の1つは、気候変動に対応するためのサプライチェーン構築だ。例えばＥＶ（電気自動車）のバッテリーをつくる時、必ずしも友好的とは言えない多くの場所を経由している。

電池の生産に不可欠な物資の多くは、コンゴ民主共和国などで採掘される。また、中国やロシアで精製する必要がある。これらを大規模に入れ替えるには、莫大なコストがかかるだけでなく、時間もかかる。

また、気候に関しては、私たちは多くのことが分かっていない。しかし時間がない。気候に関するグローバルな合意が必要だが、気候に関するサプライチェーンをすべて置き換えるまでに時間がかかりすぎるのではないかというのが、１つの懸念だ」

フレンドショアリングは危険な概念

東大の会議では、同盟国や友好国に限定したサプライチェーンを構築する「フレンドショアリング」や、近隣地域に限定したサプライチェーンを構築する「ニアショアリング」の是非に関する議論が出た。

「敵対勢力に依存したくないという理由から、戦略的な分野の一部をフレンドショアリングしたいという発想は理解できる。しかし、過去の経験からすると、この種のことは、より広範な保護主義の一種の口実になる恐れがあるのではないだろうか。

安全保障上の重要なニーズは何だろうか？　半導体チップだけだろうか？　食糧や穀物も重要だ。衣料品も安全保障上の必要条件で、ほかの国に頼ることはできない。つまり、もっと範囲を広げることができてしまう。

鉄鋼が安全保障上、重要であると言う人もいる。ほかの国から鉄鋼を買うべきではない、と言うのだ。銅をよそから買ってはいけないと言う人もいる。米国ではレアアースも海外に依存せず、すべて国内で生産しようという話もすでに出ている。

何でもかんでも安全保障上の必要性を言い募ることで、完全な鎖国主義になるまで対象が広がっていく可能性があるのだ。

だからフレンドショアリングはとても危険な概念だと私は思う。まず、安全保障上の重要なニーズが何か、どの財をフレンドショアリングに当てはめられるのかを知るのはとても難しい。

誰が友人なのかを見極めるのは困難という問題もある。米国とカナダの間で数年前、互いに関税を課したことに伴ういざこざがあった。米国とカナダですら友好国であることをやめそうになるくらいだから、他のどこの国同士の組み合わせでも、友好関係をやめてしまうことができそうだ。フレンドショアリングはきわめて曖昧な概念なのだ。

新興国におけるフレンドショアリングの問題点は、政府が不安定であることだ。ある日、その政府が受け入れられることがあっても、次の日には受け入れられなくなる恐れがある。

例えばペルーでは2021年に左派政権が誕生し、その後政権が交代した。ペルーが友好国かそうでないか、誰が判断できるだろうか。ペルーは多くの戦略物資の供給源である。投資における不確実性を生み出し得る政治的混乱と貿易を切り離すことができるなら、すべて

——の関係者にとってより良いことだ」

自由貿易に対するコミットが必要

概説で紹介した『第三の支柱』におけるコミュニティ再構築についての議論の中で、ラジャン氏は、小規模すぎるコミュニティの欠点を挙げていた。すなわち規模拡大による成長ができないことから生じるコストや、情報共有が密になりすぎて、過干渉になるというリスクだ。すなわち「フレンドショアリング」では、閉じた関係から生じるリスクがあるということだろう。では、政治的な対立と貿易やビジネスを切り離すべきだということだろうか。そのようなことができるのだろうか。

「完全に分離することはできない。しかし、できるだけ分離して、自由貿易に対する強い熱意を持たなければならない、と私は言いたい。残念ながら、多くの国では自由貿易よりも保護主義を望んでいる。フレンドショアリングは保護主義を取り繕う安易な手段なのだ」

決済チャネルは制裁の対象にすべきではない

最近、早稲田大学の政治学者、栗崎周平准教授が、米テスラにおけるリチウムイオン電池のサプライチェーン上に、中国政府が「隠れ株主」となっている企業があり[9]、資本のつながりがあることを明らかにした。複雑なサプライチェーンだけでなく、複雑な資本関係もできている。世界は互いに深く結びついて相互依存関係があるので結びつきを断ち切ることはほとんど不可能だと思うが、もし金融の脱グローバリゼーションが起きたら、どうなるのか。

「脱グローバリズムが顕在化する最も重要なチャネルの1つは、決済機能だと思う。決済チャネルに、制裁が適用されるからだ。制裁を加えれば、当然、すぐに貿易に影響が出る。ご存じのように、イランは大きな制裁を受けた結果、貿易が大幅に減少した。

つまり、より広範なコンセンサスがない限り、決済インフラを安易に制裁の対象にすべきではない。ある国が他国を制裁したいからといって、すべての国をそれに従わせることはできないはずだ。制裁を適用する必要があるという広範なコンセンサスが必要だ。

そうしなければ、世界の決済システムは分断してしまう。貿易の場合と同じように、中国のネットワークと米国のネットワークが別々に存在することになる。そして、今後そうした例が増えそうだ。

実はここ数カ月、一部の主要な中央銀行が金を大量に購入している。中央銀行は、ユーロや米ドルで外貨準備を保有することを望まないのだ。これはシステムの小口分割の例で、基軸通貨よりも金で外貨準備を保有することを望んでいるのだ。

もう1つの懸念は、このような制裁措置が効果を及ぼす早さだ。特に制裁対象となる決済チャネルなどを利用している場合だ。制裁が機能すれば、貿易している企業の売り上げがあっという間に落ち込むことになる。

これが、金融の別の経路から貸し倒れを発生させ、金融の脆弱性を増大させる。例えば、貿易の多い企業やクロスボーダー取引の多い銀行に融資している金融機関は、大きな打撃を受け、資本が減少し、より大きな金融不安を引き起こす恐れがある。

このようなことから、決済機能への制裁は軽々しく利用しないことが賢明だ。その代わりに、より理にかなった方法で制裁する必要がある」

決済ネットワークはむしろ保護しなければならない。意図的に配慮する必要があるのではないか。

「その通りだ。コンセンサスをまとめるためのより良いシステムをつくり、一部の主要プレイヤーの合意を必要とするような統治システムを構築することだ。

全員が同意することは不可能で、あり得ない。しかし50~60%以上のユーザーによる同意で、一国の気まぐれから決済機能を保護するための何らかのシステムが必要だ。一国の政権が変わり、その思いつきで何かが変わることもある。合意・統治システムがなければ、きわめて大きな変動が生じてしまう」

主要通貨であるドルは弱くなっていくのだろうか。

「それは非常にゆっくりと進むプロセスだと思う。時間をかけて起こることである。しかし、今のところ、ドルに対する明らかな挑戦者はいない。つまり、支払い制裁や、より一般的な制裁に対する恐怖が著しく増大しない限り、今のところ、ドルに代わるものはほとんどないと思う。

欧州はしばしば米国に追随するから、ユーロはドルの重要な代替手段ではない。人民元もまた、多くが中国の動向を心配しているため、代替にはなれない。もし2大超大国の間で混乱が起きたら、各国ともできればどちらの側にも属したくないだろう。

そのため、一部の中央銀行は金の購入に向かっているが、大量の金をまとめて一度に売ることはできない。だから、金はすぐに使えるというよりも、借り入れのための担保という意味合いが強い」

貿易維持のためには労働者の再教育を

最後に、最近の著作『第三の支柱』についての質問だ。同書第6章で、米国において大卒でない労働者には2つの問題があると指摘している。就職難の原因が技術変化であれば、彼らは再トレーニングをしようとする。しかし貿易摩擦が原因であった時、再トレーニングをしようとしなかったという。なぜこんな行動が見られるのだろう。

――「米国は労働者をうまく再教育してこなかったのだと思う。再教育を就職難の解決策と見なしていないように思われる。スウェーデンのように、貿易による変動が激しい国では、政府、企業、労働組合、労働コンサルタントの間に強いつながりができる。そのため、すべての労働者が自分のスキルを常に再評価している。

ニーズが変化した時に、そのスキルはあるのか？　もしそうでないなら、何を学べばいいのか？　どのようなコースを受講すべきなのか？　どのような再教育が必要なのか？——。スウェーデンでは、職を失った人が再び活躍できるよう、さまざまなサポートが用意されている。いわゆる『積極的労働市場政策』と呼ばれるものだ。

そして、私たちはこうした政策をきちんと考えてみなければならないと思う。もっといいやり方があるかもしれない。しかし、もし本当に労働者に貿易を支持してもらいたいのであれば、労働者がかなり迅速に適応できる能力を持っているべきである。

そうでなければ、米国のように規模の大きな大陸経済圏では、『なぜ貿易が必要なのか』と問われてしまう傾向がある。貿易を禁止すればいい、全部国内でまかなえばいい、というわけだ。もちろん貿易を禁止すると、非常に高コストな経済になってしまう問題がある。最終的には、全く競争力のない国になってしまうだろう。

必要なのは、より良い労働者向けの研修・教育制度だと思う。『第三の支柱』が焦点を当てた問題点は、雇用が失われて業績が悪化している多くの地域で、失業者が社会的・経済的に現場復帰することが非常に困難であるということだ。

税金から資金を得ることができないからだ。不動産価格は低く、固定資産税も低い。だから、例えば強力なコミュニティカレッジ（地域で設立する単科大学）をつくることができない。仕事がない人たちは精神的に抑圧される傾向があり、薬物乱用も多くなる。アルコール依存症も見られ、家庭が崩壊しやすい。

経済的な機会が失われると、ある種の悪循環に陥るのだ。これは世界中のコミュニティで言えることだ。欧州でもそうだ。日本も、高齢化が進む地域社会ではそうではないか？

そこで大きな問題となるのは、どうすればこうしたコミュニティを再生できるかだ。どうすれば、人々が立ち去りたい場所でなく、行きたくなる場所にできるのかではないか。大都市に比べれば、（地方には）渋滞が少ないという利点もある。物価が安いところもある。

しかし、仕事が少ないという欠点もある。地元の教育機関や学校もあまり質が良くないので、若者がそこを選ぶ理由がない。ただ、パンデミックから学んだよいことの1つは遠隔での仕事の進め方だ。これが解決策の一部になるかもしれない。

インターネットの登場により、小規模な企業も遠隔で仕事をすることが可能になった。客はオンラインで注文することができる。そして、輸送サービスを使って商品を届けることができる。サービス業も遠距離で仕事ができる。パンデミックの何年も前から遠隔で仕事をしてきた企業もある。だから、経済活動の拠点を分散させることで立ち遅れていた地域を強化できると分かったのは、よかったと思う。

第一により多くの雇用を創出すること、第二に、人を失うのではなく引き留めることができる強力な制度を備えたコミュニティをより多く創出することによって、地域の強化が可能になるのだ」

コミュニティ再生を「自分ごと」に

崩壊してしまったコミュニティを再構築するために一番大切なことは何だろうか。

「いくつもある。1つは、自分たちが地域を再生させなければならないという気持ちを持つことだ。中にいる人の思いが必要なのだ。外部の力ではコミュニティの再生などできない。

地域社会のリーダーが行動を起こすのはよいことだ。しかしコミュニティのリーダーシップには、地域社会を巻き込んでいける良識が伴わなければならない。地域の人々にとっての自分ごとにならない限り、コミュニティ再生はできない。地域を巻き込むことから始める必要がある。

時には、ちょっとしたインフラを整備し、施設をサポートするだけで、地域がぐっとよく見えることがある。立派な公園があれば、子供を連れた若い人たちが公園を訪れるようになる。その地域に手ごろな価格の住宅を建設することも、人々をひきつけるよい方法だ。また、主要な鉄道や道路へのアクセスがあると、仕事をしに行くのにとても便利だ。

高速インターネットも必要だ。実は多くの地域で、いまだに高速インターネットにアクセスすることができない。それを可能にするのがインフラであり、インフラは重要だ。

最後に、資金だ。貧しいコミュニティには資金がない。もし、地域の行政センターなどが資金を提供するのであれば、『ひも付き』ではいけない。『これに使わなければならない、あれにも使わなければならない』と条件を付けるようでは、コミュニティの判断に委ねることにならない。コミュニティに決断を委ねることこそ、地域の人たちが自分たちで何をすべきか考え出すための、答えの一部なのだ」

国の経済や社会を再び活気あるものにするには、地域の活性化が1つのカギになるのだろうか。

「多くの意味でイエスだ。しかしきわめて難しい。例えば英国では、保守党政権がコミュニティの底上げを議論しているのだが、あまりうまくいっていない。政府が行動すべき重要な問題だ。日本も地域社会の活性化について心配しているようだが、心配するということ自体は、正しいだろう」

注

1 "The Greenspan Era: Lessons for the Future," Speech by Raghuram G. Rajan, Economic Counsellor and Director of the IMF's Research Department, August 27, 2005.

2 Michael Schuman, "A Global Financial Guru Who Predicted the Crisis of 2008 Says More Turmoil May Be Coming," *TIME*, August 11, 2014.

3 Justin Lahart, "Mr. Rajan Was Unpopular (But Prescient) at Greenspan Party," *Wall Street Journal*,

January 2009.

4 前同。

5 ラグラム・ラジャン著、伏見威蕃・月沢李歌子訳、『フォールト・ラインズ 「大断層」が金融危機を再び招く』、新潮社、2011年。

6 前掲、Justin Lahart.

7 ラグラム・ラジャン著、月谷真紀訳、『第三の支柱 コミュニティ再生の経済学』、みすず書房、2021年。

8 前同。

9 栗崎周平「ビッグデータ解析で取引可視化 米テスラ供給網に『隠れ株主』」『日経ビジネス』2023年1月9日号。

あとがき

経済は、人がモノやサービスの交換を通じて互いがより良く生活するための営みであり、経済学はその流れと仕組み、影響を分析する学問だ。人の価値観の変化からも、当然ながら影響を受ける。人は、自らが信じて疑わず従ってきた伝統を守るべきなのか、変化に適応すべきなのか。

筆者が2003年、社会人学生として経済学の一部や周辺領域を学ぶ機会を得たプリンストン大学の大学院は、当時はウッドローウィルソンスクール（WWS）という名称だった。1902年から学長を務め、ノーベル平和賞を受賞し、政治学の博士で行政学の父とされる民主党の元大統領であるウッドロー・ウィルソン氏にちなんでいる。だが2020年に名称を変更し、現在は公共・国際問題大学院（School of Public and International Affairs）という名称になった。名称を事実上、剝奪したのは、ウッドロー・ウィルソン氏が生前、人種差別的な政策を進めたという理由からだ。

当時のクリストファー・L・アイスグルーバー学長はこのように説明した。

"Princeton honored Wilson not because of, but without regard to or perhaps even in ignorance of his racism. That, however, is ultimately the problem. Princeton is part of an America that has too often disregarded, ignored, or excused racism, allowing the persistence of systems that discriminate against Black people.”

「プリンストン大学はウィルソン氏のことを、彼の人種差別に関係なく、おそらくはそれをあえて無視して称えてきた。だがそれが究極の問題だ。プリンストンは、人種差別を軽視し、無視し、言い訳を与え、黒人を差別するシステムの存続を許している米国の一部なのだ[1]」。

同窓生向けのメールが送られてきた時は大変驚いた。対象がたとえノーベル平和賞を受賞した元大統領の元大学総長であろうと、社会規範の変化に正面から向き合い、差別者と見なせる場合は毅然とした対応を辞さない大学の決意だ。歴代のＯＢ、ＯＧとも通じる長年親しんできた呼称が使えなくなったのは残念ではあったが、世の中の変化に向き合うプリンストン大学の厳しい姿勢に、むしろ伝統の本質を守らんとする矜持を感じた。

価値観や規範は、人の新陳代謝とともにスピードはどうあれ、移りゆくものである。研究や理論も、その時代のさまざまな出来事と相互作用しながら、位置付けや役割が変化していく。それにどう付き合っていくべきなのか。アルビン・ロス氏がライフワークとして探究している深いテーマだ。

そしてＧＤＰの欠陥に関する議論に見るように、当初から指摘されていた本質的な問題を無視して「スケール」しようとしても、結局は後で大きなツケを払うことになる。ジョセフ・E・スティグリッツ氏、本書には登場しないがアマルティア・セン氏、そしてジェームズ・J・ヘックマン氏らが関わり、経済社会を測る新たな指標づくりに向けた提言を続けている。スティグリッツ氏の発言や歴史から整理すると、「どれほど悪いのか」を知る目的でつくられたＧＤＰという経済指標を半ば絶対視しながら活動を継続してきたことが、気候変動問題の一部に関わっているようにも思える。

「最大化」なのか、「満足化」なのか、「最適化」なのか。読む人の専門や価値観によって、言葉の意味やニュアンスは変わるだろう。例えば筆者が履修したプリンストン大学の説得交渉術の授業では、実現するかどうかはともかくとして最初は最大の欲求水準（aspiration price）を自ら認識したうえで、誠実に真剣に交渉しながら、互いに納得がいく水準に落ち着かせる技法を学んだ。その発想からいけば、「最大化」は理想にすぎず、そもそも実現を前提とすべきではないように思う。とはいえ極端な議論に火を付ける戦術で世界や米国の政治経済を動かしたミルトン・フリードマンの真意もそこにあったのでは、とまで考えるのは、ナイーブすぎるだろう。本書に収録したインタビューをすべて何度も読み返しながら、そのようなことを考えた。どの方も、社会の課題解決に生かせるモデルをつくりたいという思いは、手法やアプローチは違っても共通している。そして、第三者から見ると意外なところで、すべての経済学者同士が、強弱はあれど、何らかのつながりを持っている。

さて、筆者が「面白い」と思った経済学者を取り巻く話題を、日本との関わりやメッセージも含めて世界トップクラスの経済学者に投げかけてきた記事をまとめた本書だが、専門分野ごとの理論的な詳細を精査するのは専門家の役割で、ウォッチャーにすぎない筆者の力量を超える。分野や理論ごとのタテの理論的な構造を捉えるにあたっては、ぜひ各分野の専門書に目を通していただきたい。例えばスティグリッツ氏の章で紹介した幸福度やビヨンドGDPの理論的な考察や解説は、本書執筆中に『社会厚生の測り方　Beyond GDP』（マーク・フローベイ著、坂本徳仁訳・解説、日本評論社）という良書が日本語で発刊された。

筆者は好奇心と現実の疑問を出発点に、留学、仕事を通じたウォッチャーとして経済学や経営学を長年取材してきたわけだが、大学などにおける直接本書に関係しない探究も踏まえ、具体的に感じたことは以下の4つである。本書を書き終えるにあたってまとめておきたい。

①　学問にもグローバルとローカルがあり、どの国でも独自の歴史をたどり、文化や風土、国際関係の影響を受けて変容しながら発展している。数理的なものですら環境や文化の影響が払拭できない。政治や言葉の壁を含めた時々の事情で重要な知見が伝わらないことは日本に限らずかなり頻繁に起きている。現実の国力を反映して英国から発展したあとは、米国が経済学の中心地になってはいるが、ドイツにはドイツの、フランスにはフランスの、日本には日本の、中国には中国の流儀で議論される経済学もある。とはいえ経済学をはじめとする社会科学は世界標準化が進んでおり、経営学や政治学、社会学もその方向にある。社会心理学

や医学、物理学、工学、生物学の概念や分析手法などからもさまざまな人的交流を通じて影響を受けており、学術知識はアナログのかたまりである。

② 学問にもトレンドのサイクルがあり、米国では大学がそれを仕掛ける。経済学では、数々の賞の中でもノーベル経済学賞が、理論に関する一般的な認知・承認・普及のきっかけになることが多く、そこに大学の威信がかかる。

開発経済学はＭＩＴが大学ぐるみとなって、バナジー氏、デュフロ氏らが主導しながら盛り上げていった。また、１９８０年代からスタンフォード、ハーバード、ＭＩＴが競って組織の経済学を盛り上げた。覇権争いのようにも見えるが、新たな知の主導権を握ることは、世界に対する大胆な発信の大きな動機付けである。

いわゆる経済学ジャンルだけの出来事ではないが、現代的な意味における気候変動問題の出発点も同様である。１９５０年代半ば、ＭＩＴはハーバード経営大学院に対抗できる新しいビジネススクールをつくるため、シミュレーション手法であるシステムダイナミクスの生みの親、計算機科学者のジェイ・フォレスター（故人）を経営大学院に移した。１９７０年、フォレスターの著書を読んだ米ダートマス大学教授のドネラ・メドウズ氏がＭＩＴに特別研究員として参画し「システムダイナミクス学派」を提案した。彼女が主査となって１９７２年に出版したローマクラブの『成長の限界』（ダイヤモンド社）は、世界中にブームを巻き起こした。[2] つまり、気候変動問題も、ＭＩＴが大学の威信をかけた「システム思考」で、世界に発信したことがきっかけである。ちなみにメドウズ氏は化学者、生物物理学者であったが、ジャーナリストに転じている。「新しい概念の発信による影響力の構築」は、トップスクールにとって最重要プロジェクトなのである。

一方、ノーベル賞を受賞した研究者は、受賞対象になった領域に最初から一貫して打ち込んでいたわけではないことも案外多い（本書ではミルグロム氏、ロス氏、ヘックマン氏、バナジー氏、スティグリッツ氏など）。そして受賞を機に初期の「やりたかったこと」に改めて打ち込んだりしている。そうしたプロセスを経て、いったん忘れられた古い概念や分野が、技術革新や社会規範の変化を背景に見直され、復活し、著名な研究者やシンクタンクに加え、トップスクールの先導でブームを起こす（本書でいえばオークション理論、開発経済学、モノプソニーなど）。ちなみに近接分野である経営学の概念の場合は覚えやすいキーワード（米ハーバード大学マイケル・ポーター氏のファイブ・フォース、CSVはその筆頭）や、一般向け経営誌の掲載、啓蒙書の大ヒットなどメディアでの反響がよりきっかけになりやすい（「パーパス経営」「両利きの経営」「心理的安全性」など）。

③　②とも関係するが教授陣の人生や研究のバックグラウンドを見ると、何事もそうではあるが、狭くて属人的な人間の相互作用や努力、タイミング、偶然の出会いがかなり影響している。その是非については、本稿では問わない。時々のトップスターの個人的な関心や動向が政策や世論に影響し、回り回って学界のトレンド全体に波及することもままあるし、それがまた逆方向に作用していくサイクルだ。また本当に影響力のある最先端の理論を生み出して勝負するには、その知的サークルの内側、あるいはその内々の議論が耳に入り得るポジショ

ン（必ずしも肩書きを意味しない）にいることが大変重要である。そこに入り込むには世界トップクラスの人々に対して、ただいるだけでなく積極的に、リアルに顔を売っていかなければいけない。過去にインタビューした多くの研究者が以前、「日本人は世界の知のネットワークに入っていない」と懸念しながら指摘していたが、それはそういう機会がやや足りないからのように思える。

④ 経済学界隈で認められて尊敬されている実績のしっかりした著名研究者と、世間から見た著名研究者は必ずしも一致せず、専門家の間の知名度や評価と、一般的な知名度と評価には大きな落差があることが多い。善し悪しというよりそもそも何を評価するかが違うし、当人のスタンスにもよる。ただ、時折両方の意味で実力を発揮し続ける希有な方も現れる。例えばノーベル経済学賞を取った後、あるいは前でも啓蒙書をヒットさせ、受賞分野や自身の研究歴（専門性）を離れ、自らの信念に基づく意見について発信を始めるような方たちだ。ミルトン・フリードマン、ゲイリー・ベッカー、ポール・クルーグマン、ジョセフ・スティグリッツといった経済学者はこうした人たちと言えるであろう。

今後有望なのは、ポッドキャストなどでユニークかつ積極的な発信を続けている、世界的なベストセラー『ＦＲＥＡＫＯＮＯＭＩＣＳシリーズ』（翻訳書は『ヤバい経済学』シリーズ、東洋経済新報社）共著者のスティーブン・レヴィット氏あたりだろうか。また、筆者が前著『世界最高峰の経営教室』（日経ＢＰ）にインタビューを収め、本書でも随所に登場するスーザン・エイシー氏も発信を増やしている。実はアセモグル氏も一般向けの発信を積極的にし始めている。

研究者の発信スタイルは実にさまざまだが、上記に加えて政策・ビジネス・インフルエンサーが発するアジェンダのトレンドなども加味しつつ観察すると、今後社会にインパクトをもたらすジャンルが何なのか、見えてくるかもしれない。AI、気候変動、ウェルビーイングは今後も議論が続くだろう。

さて、最後になるが大変重要なこととして、拙い力量の筆者による本書書き下ろし原稿の執筆にあたっては、数多くの国内外の研究者や、仕事仲間に助けていただいたことにここでお礼を述べたい。国内の研究者の皆様については五十音順に、赤林英夫氏（慶応義塾大学）、依田高典氏（京都大学）、伊藤秀史氏（早稲田大学）、小野浩氏（一橋ビジネススクール）、菊池信之介氏（米マサチューセッツ工科大学博士課程）、小島武仁氏（東京大学）、澤田康幸氏（東京大学）、田中知美氏（米マッチ・グループ）、古川知志雄氏（横浜国立大学）、森口千晶氏（一橋大学）、安田洋祐氏（大阪大学）に貴重な時間を割いていただき、査読や取材に快く応じていただいた。

インタビューの再編集による書籍再録について個々の先生たちに改めて連絡するのは、コンタクトが10年以上ぶりの先生もいたため当初はかなり緊張したが、結果的にはとても心温まる経験になった。ダン・アリエリー氏からは最新の顔写真をいただいた。ポール・ミルグロム氏は、参考に送った当時のインタビュー記事の筆者の拙い英訳を査読して編集し、すぐ返信してくれた。

アビジット・バナジー氏は、共著の翻訳書『絶望を希望に変える経済学』を担当した日経BPの同僚金東洋氏を通じて、提供写真の使用も快諾いただいた。ジョン・A・リスト氏はすぐに「おめでとう！」と言って秒速で喜んでくれ、ラグラム・ラジャン氏は「ありがとう」と返信してくれた。ダロン・アセモグル氏も即快諾してくれ、本書への完全収録には至らなかったが、改めての取材にも快く応じてくれた。「参考になるといいけど」と、その当時まだ発刊前だった最新著作の英文ゲラを送って下さった。ダニ・ロドリック氏、ロス氏も、驚くほど素早く快諾してくれた。セイラー氏、ヘックマン氏は、大変多忙な中、ざっと英訳した筆者の概説を含むゲラを査読して下さった。とりわけヘックマン氏は、手書きで詳細なコメントを入れたPDFを自ら送って下さった。

本書の加筆内容を探索していた時期に、寄稿や取材でコミュニケーションの機会をいただいたジェシカ・パン氏（シンガポール国立大学）、北村周平氏（大阪大学）、植田健一氏（東京大学）とのやりとりからは、本書の概説を執筆するうえで大きなヒントを学んだ。

また本文中にもいくつか引用しているが、筆者は新型コロナ禍で対面イベントが制約を受けていた2020年、日経ビジネスLIVE「インタビュー映像で読み解く世界の頭脳」シリーズを日経ビジネス編集部の当時のLIVEチームと展開した。経済学者や経営学者へのインタビューを時に了解を得て動画を撮り、その内容を自分たちで編集・翻訳したうえ字幕入力をし、司会者として解説するという体当たりの企画だった。今でこそウェビナーの生配信も編集も字幕も効率化され、誰でもできる簡単なものだが、当時はノウハウにも乏しく、大変な労力だった。

この企画の経済学ジャンルで、前述の澤田氏（当時はアジア開発銀行チーフエコノミスト兼経済調査・地域協力局局長）、小島氏（当時は米スタンフォード大学在籍）、田中氏（当時は世界銀行在籍）に加えてスコット・コミナーズ氏（米ハーバード大学）、坂井豊貴氏（慶応義塾大学）、今井誠氏（Economics Design Inc.）にライブで登壇いただき、対談や解説などで、大いに議論を盛り上げていただいた。また安田氏（大阪大学）は、メディアで著名な経営学者の入山章栄氏（早稲田大学）とともに、非専門家の記者である筆者が出した前編著『世界最高峰の経営教室』を、逆に専門家が解説するというライブウェビナーに共同登壇し、楽しく応援してくださった。

毎回手探りで、夜の時間帯に経済学・経営学のオンラインLIVEを共に手がけたのは、元同僚の細田孝宏氏、大竹剛氏だ。当時は人前で話した経験に乏しく苦手意識があり、モデレーター役から逃げ回っていた筆者に、挑戦する機会をつくってくれた。

2021年に筆者がプログラムディレクターとして開催した3日間9セッションの大型企画、日経ビジネスLIVE「資本主義の再構築とイノベーション再興」における経済学がテーマのセッションでは、小島氏、アルビン・ロス氏（米スタンフォード大学）、リチャード・セイラー氏（米シカゴ大学）、小林庸平氏（三菱UFJリサーチ&コンサルティング）がライブで登壇し、発言は本書でも引用している。このウェビナーでは、入社したばかりだった同僚の藤原明穂氏、アルバイトの佐々木方子氏がチームになり、細かい事務・連絡作業や全打ち合わせへの同席などに全力で一緒に取り組んでくれた。ロス氏との調整や脚本執筆は、金東洋氏が担当してくれた。

また、2023年4月現在の上司である『日経ビジネス』編集長の磯貝高行氏は、本書が一番良い形で世に出るよう支援してくれた。本書の編集を担当してくれた日経ＢＯＯＫＳユニット第1編集部の田口恒雄氏は、提出した原稿に対するコメント、助言、そして力強い励ましで、週末の執筆が滞りがちな筆者を勇気づけてくれた。田口氏をはじめ、経済学や経営学に造詣の深い経済書チームの力なくして、本書は決して世に出なかった。本書は、当初の目論見よりもっと書きたい意欲が増してしまい、大幅に内容が膨れ上がった。だが記者の立場と視点からのびのびと書けたのは、温かく見守ってくださった田口氏のおかげである。また、本書の各章扉などは、筆者が一時期毎年手掛けていたムック『新しい経済の教科書』を思わせるデザインやフォントでできている。装幀家の新井大輔氏とマーリンクレイン社の尽力のおかげである。そうだ、こういう感じの雑誌を、関心を共にする仲間と作りたかったんだ、と懐しく思い出した。

最後は、プライベートなつぶやきである。本書は、家族との共同作品でもある。30代半ばで一人目の子を出産するまでの筆者は長年いわゆる「特ダネ記者」で、当時の環境では、自分が産後に記者として一線で働き続けられるとは到底思えず、一時は絶望しかけた。そうした中で不意に課された（自ら勝手にのめり込んだ）、部内で誰もやりたがらない学術担当の記者兼編集者という役割が性に合って続けられ、それゆえの困難も無数にあったものの、いつの間にかライフワークになった。本書は、家族のおかげで生まれたものでもある。

筆者は、自己流のアンテナを張り、何度かブランクはありながらも折に触れて有力な経済学者の関心事を個別に探りつつ、研究動向の取材やリサーチなどを続けてきた。テーマを追いかけるうち、経営学、社会学、心理学、あるいはコンピューター科学や医学など、知らぬうちに領域を完全に超えていたことも度々ある。

筆者の雑然としたキャリアの引き出しには、筆者の価値観と関心を軸にして、それなりに役立つ面白い知識が収まってきた。専門領域にとらわれ過ぎず、誰にでも話を聞くことができるのがジャーナリズムの強みであると、つくづく思う。

ありがたいことに、ご縁があって２０２３年春から経済産業省管轄の政策シンクタンク、独立行政法人経済産業研究所コンサルティングフェローに就任した。今後も、世の中の大きな変化を捉え、課題解決につながりそうな研究に幅広く注目していきたいと考えている。

２０２３年6月10日

広野彩子

注

1 "President Eisgruber's message to community on removal of Woodrow Wilson name from public policy school and Wilson College", by the Office of Communications, Princeton University, June 27, 2020. https://www.princeton.edu/news/2020/06/27/president-eisgrubers-message-community-removal-woodrow-wilson-name-public-policy

2 ドネラ・メドウズ著、枝廣淳子訳、小田理一郎解説『世界はシステムで動く』英治出版、２０１５年。

各章収録のインタビュー記事 ―― 初出一覧

第1章「賢人の警鐘　大競争時代のリーダーとは　人的資本の活用　ゲーリー・ベッカー　議論の応酬がリーダーを創る」『日経ビジネスマネジメント』Autumn 2008 vol.3、36〜40ページ、2008年9月22日発行

第2章「行動経済学の本質、それは『にんげんだもの』にあった！　リチャード・セイラー米シカゴ大学教授が語る新著と『相田みつを』」『日経ビジネスオンライン』2009年10月6日配信

第3章「ナッジを提唱したセイラー教授　善意装うスラッジに惑わされるな」『日経ビジネス電子版』「グローバルインテリジェンス」、2022年12月1日配信

第3章「ダン・アリエリー教授に聞く『人は「予想通りに不合理」なのです』」『日経ビジネスオンライン』「新しい経済の教科書」、2014年4月18日配信

第4章「ポール・ミルグロム教授に聞く　経営で経済学の知識は役に立つ」日経BPムック『2014〜2015年版新しい経済の教科書』26〜29ページ　2014年5月発行

第5章「ノーベル経済学賞アルビン・ロス教授に聞く『禁断の取引』」『日経ビジネスオンライン』「キーパーソンに聞く」、2015年2月2日配信

第6章　「米ウーバーや温暖化ガス削減で実践、アイデアを『スケール』する経済学」『日経ビジネス電子版』「グローバルインテリジェンス」、2022年2月7日配信

第7章　「ノーベル賞ヘックマン教授『5歳までのしつけや環境が、人生を決める』」『日経ビジネスオンライン』「キーパーソンに聞く」、2014年11月17日配信

第8章　『日経ビジネス』連載「世界の最新経営論　MIT流経済成長の処方箋」（全4回）、2020年10月5日号74～75ページ、2020年10月12日号86～87ページ、2020年10月19日号78～79ページ、2020年10月26日号88～89ページ

第9章　「既得権益層が居座り続ければ、国は衰退する」『日経ビジネスオンライン』「新しい経済の教科書」、2013年6月3日配信

第10章　「『汚職政権を助け、タリバン復活を許した米国の愚』アセモグル教授」『日経ビジネス電子版』「キーパーソンに聞く」、2021年8月26日配信

第11章　「［議論］J・スティグリッツ『高齢化から付加価値生み出せ』」『日経ビジネス電子版』「目覚めるニッポン　再成長へ、この一手」、2019年10月1日配信

第12章　「『グローバリゼーション』は死なず　米ハーバード大ロドリック教授」『日経ビジネス電子版』「グローバルインテリジェンス」、2022年8月22日配信
「ラグラム・ラジャン元インド中銀総裁『米インフレ、1年以上続く』」『日経ビジネス電子版』「グローバルインテリジェンス」、2022年12月16日配信

（筆者はいずれも広野彩子）

ま行

や行

ら行

わ行

さ行

た行

な行

は行

人名索引

あ行

か行

ら行

は行

ま行

や行

た行

な行

さ行

か行

事項索引

広野彩子

（ひろの・あやこ）

1993年早稲田大学政治経済学部経済学科卒。同年から新卒入社で朝日新聞記者、2001年から日経ビジネス記者に転じる。休職して2005年、CWAJの給付奨学金および学費免除により米プリンストン大学大学院（旧ウッドローウィルソンスクール）修了（MPP、公共政策修士）。最先端の経済学や経営学を2008年ごろからウオッチ。2013年から日経ビジネス副編集長。2016年から2018年まで日本経済新聞社の英文媒体 *Nikkei Asian Review*（現 *Nikkei Asia*）に出向、手がけた特集が2017年、アジア出版者協会賞（SOPA）最優秀賞受賞。2018年に日経ビジネス復帰、本誌・ウェブ・書籍・動画編集・LIVEなど幅広く手がける。2021年7月、独立行政法人経済産業研究所（RIETI）エディトリアル・コメンテーターを兼任。2022年4月から慶應義塾大学総合政策学部特別招聘教授に就任、通年で講座「知識編纂の技法」を設計・講義。2023年4月からRIETIコンサルティングフェロー。著書に、『現代経済学の潮流2021（パネル討論収録）』（東洋経済新報社）、『世界最高峰の経営教室』、『日経ビジネス　日本経済入門（編著）』（以上、日経BP）など。

世界最高峰の
経済学教室

2023年7月5日1版1刷
2023年9月1日　2刷

編著者　広野彩子

発行者　國分正哉

発行　株式会社日経BP
日本経済新聞出版

発売　株式会社日経BP マーケティング
〒105-8308　東京都港区虎ノ門4-3-12

装幀　新井大輔

DTP　マーリンクレイン

印刷・製本　中央精版印刷株式会社

ISBN 978-4-296-11649-2

本書籍に関するお問い合わせ，ご連絡は下記にて承ります。
https://nkbp.jp/booksQA